欣悉我的著作系列即将在中国人民大学出版社
出版，结构主义人类学理论亦将在有着悠久文明历
史的中国继续获得系统的研究，对此我十分高兴。
值此之际，谨祝中国的社会科学取得长足进步。

克洛德·列维－斯特劳斯
2006 年 1 月 13 日
于法兰西学院社会人类学研究所

Claude Lévi-Strauss

列维-斯特劳斯文集

16 **结构人类学** (0)
ANTHROPOLOGIE STRUCTURALE ZÉRO

〔法〕克洛德·列维-斯特劳斯／著
Claude Lévi-Strauss

〔法〕樊尚·德巴纳／编
Vincent Debaene

张祖建／译

中国人民大学出版社
·北京·

克洛德·列维－斯特劳斯

总　序

　　克洛德·列维-斯特劳斯为法兰西学院荣誉退休教授，法兰西科学院院士，国际著名人类学家，法国结构主义人文学术思潮的主要创始人，以及当初五位"结构主义大师"中今日唯一健在者。在素重人文科学理论的法国文化中，第二次世界大战后两大"民族思想英雄"之代表应为存在主义哲学家萨特和结构主义人类学家列维-斯特劳斯。"列维-斯特劳斯文集"（下称"文集"）中文版在作者将届百岁高龄之际由中国人民大学出版社出版，遂具有多方面的重要意义。简言之，"文集"的出版标志着中法人文学术交流近年来的积极发展以及改革开放政策实施以来中国人文社会科学所取得的一项重要学术成果，同时也显示出中国在与世界学术接轨的实践中又前进了一大步。关于作者学术思想的主旨和意义，各位译者多在各书译后记中作了介绍。在此，我拟略谈列维-斯特劳斯学术思想在西方人文社会科学整体中所占据的位置及其对于中国人文社会科学现代化发展所可能具有的意义。

　　列维-斯特劳斯的学术思想在战后西方人文社会科学史上占有独特的地位，其独特性首先表现在他作为专业人类学家和作为结构主义哲学家所具有的双重身份上。在人类学界，作为理论人类学家，50 年来其专业影响力几乎无人可及。作为"结构主义哲学家"，其声势在结构主义运动兴盛期间竟可直逼萨特，甚至曾一度取而代之。实际上，他是 20 世纪六七十年代法国结构主义思潮的第一创始人，其后结构主义影响了法国甚至西方整整一代文化和学术的方向。比萨特更为重要之处则表现在，其影响不限于社会文化思潮方面，而是同时渗透到人文社会科学的各个专业领域，并已成为许多学科的重要理论和方法论的组成部分。可以说，列维-斯特劳斯的结构主义在诸相关学科领域内促成了各种多学科理论运作之交汇点，以至于以其人类学学科为中心可将其结构理论放射到许多其他相关学科中去；同时作为对传统西方哲学的批评者，其理论方法又可直接影响人文社会科学的认识论思考。

当然，列维-斯特劳斯首先是一位人类学家。在法国学术环境内，他选择了与英美人类学更宜沟通的学科词"anthropology"来代表由自己所创新的人类学-社会学新体系，在认识论上遂具有重要的革新意义。他企图赋予"结构人类学"学科的功能也就远远超过了通常人类学专业的范围。一方面，他要将结构主义方法带入传统人类学领域；而另一方面，则要通过结构人类学思想来影响整个人文社会科学的方向。作为其学术思想总称的"结构人类学"涉及众多学科领域，大致可包括：人类学、社会学、考古学、语言学、哲学、历史学、心理学、文学艺术理论（以至于文艺创作手法），以及数学等自然科学……结果，20 世纪 60 年代以来，他的学术思想不仅根本转变了世界人类学理论研究的方向，而且对上述各相关学科理论之方向均程度不等地给予了持久的影响，并随之促进了现代西方人文社会科学整体结构和方向的演变。另外，作者早年曾专修哲学，其人类学理论具有高度的哲学意义，并被现代哲学界视为战后法国代表性哲学家之一。他的哲学影响力并非如英美学界惯常所说的那样，仅限于那些曾引起争议的人生观和文化观方面，而是特别指他对现代人文社会科学整体结构进行的深刻反省和批评。后者才是列维-斯特劳斯学术理论思想的持久性价值所在。

在上述列举的诸相关学科方法论中，一般评论者都会强调作者经常谈到的语言学、精神分析学和马克思哲学对作者结构人类学和神话学研究方式所给予的重大影响。就具体的分析技术面而言，诚然如是。但是，其结构主义人类学思想的形成乃是与作者对诸相关传统学科理论方向的考察和批评紧密相连的。因此更加值得我们注意的是其学术思想形成过程中所涉及的更为深广的思想学术背景。这就是，结构人类学与 20 世纪处于剧烈变动中的法国三大主要人文理论学科——哲学、社会学和历史学——之间的互动关系。作者正是在与此三大学科系列的理论论辩中形成自己的结构人类学观念的。简言之，结构人类学理论批评所针对的是：哲学和神学的形而上学方向，社会学的狭义实证主义（个体经验主义）方向，以及历史学的（政治）事件史方向。所谓与哲学的论辩是指：反对现代人文社会科学继续选择德国古典哲学中的形而上学和本体论作为各科学术的共同理论基础，衍生而及相关的美学和伦理学等部门哲学传统。所谓与社会学的论辩是指：作者与法国社会学和英美人类学之间的既有继承又有批判的理论互动关系。以现代"法国社会学之父"迪尔凯姆（Émile Durkheim）为代表的"社会学"本身即传统人种志学（ethnography）、人种学（ethnology）、传统人类学（anthropology）、心理学和语言学之间百年来综合互动的产物；而作为部分地继承此法国整体主义新实证社会学传统的列维-斯特劳斯，则是在扩大的新学术环境里进一步深化了该综合互动过程。因此作者最后选用"结构人类学"作为与上述诸交叉学科相区别的新学科标称，其中蕴含着深刻的理论革新意义。所谓与历史学的论辩是指：在历史哲学和史学理论两方面作者所坚持的历史人类学立场。作者在介入法国历史学这两大时代性议题时，也就进一步使其结构人类学卷入现代人文社会科学认识论激辩之中心。前者涉及和萨特等历史哲学主流的论辩，后者涉及以年鉴派为代表的 150 年来有关"事件因果"和"环境结构"之间何者应为"历史性"主体的史学认识论争论。

　　几十年来作者的结构人类学，尽管在世界上影响深远，却也受到各方面（特别是一些美国人类学和法国社会学人士）的质疑和批评，其中一个原因似乎在于彼此对学科名称，特别是"人类学"名称的用法上的不同。一般人类学家的专业化倾向和结构人类学的"泛理论化"旨趣当然会在目标和方法两方面彼此相异。而这类表面上由于学科界定方式不同而引生的区别，却也关系到彼此在世界观和认识论方面的更为根本的差异。这一事实再次表明，列维-斯特劳斯的人类学思想触及了当代西方人文理论基础的核心领域。与萨特以世界之评判和改造为目标的"社会哲学"不同，素来远离政治议题的列维-斯特劳斯的

"哲学"，乃是一种以人文社会科学理论结构调整为目的的"学术哲学"。结构主义哲学和结构人类学，正像20世纪西方各种人文学流派一样，都具有本身的优缺点和影响力消长的过程。就法国而言，所谓存在主义、结构主义、后结构主义的"相互嬗替"的历史演变，只是一种表面现象，并不足以作为评判学派本身重要性的尺度。当前中国学界更不必按照西方学术流派演变过程中的一时声誉及影响来判断其价值。本序文对以列维-斯特劳斯为首的结构主义的推崇，也不是仅以其在法国或整个西方学界中时下流行的评价为根据的，而是按照世界与中国的人文社会科学整体革新之自身需要而加以评估的。在研究和评判现代西方人文社会科学思想时，需要区分方向的可取性和结论的正确性。前者含有较长久的价值，后者往往随着社会和学术条件的变迁而不断有所改变。思想史研究者均宜于在学者具体结论性话语中体察其方向性含义，以最大限度地扩大我们的积极认知范围。今日列维-斯特劳斯学术思想的价值因此不妨按照以下四个层面来分别评定：作为世界人类学界的首席理论代表；作为结构主义运动的首席代表；作为当前人文社会科学理论现代化革新运动中的主要推动者之一；作为中国古典学术和西方理论进行学术交流中的重要方法论资源之一。

　　20世纪90年代以来，适逢战后法国两大思想运动"大师凋零"之会，法国学界开始了对结构主义时代进行全面回顾和反省的时期，列维-斯特劳斯本人一生的卓越学术贡献重新受到关注。自著名《批评》杂志为其九十华诞组织专辑之后，60年代初曾将其推向前台的《精神》期刊2004年又为其组编了特刊。

我们不妨将此视作列维-斯特劳斯百岁寿诞"生平回顾"纪念活动之序幕。2007 年夏将在芬兰举办的第 9 届国际符号学大会，亦将对时届百龄的作者表达崇高的敬意。凡此种种均表明作者学术思想在国际上所享有的持久影响力。列维-斯特劳斯和结构主义的学术成就是属于全人类的，因此也将在不断扩展中的全人类思想范围内，继续参与积极的交流和演变。

作为人类文化价值平等论者，列维-斯特劳斯对中国文化思想多次表示过极高的敬意。作者主要是通过法国杰出汉学家和社会学家格拉内（Marcel Granet）的著作来了解中国社会文化思想的特质的。两人之学同出迪尔凯姆之门，均重视对文化现象进行整体论和结构化的理论分析。在 2004 年出版的《列维-斯特劳斯纪念文集》（L'Herne 出版社，M. Izard 主编）中有古迪诺（Yves Goudineau）撰写的专文《列维-斯特劳斯，格拉内的中国，迪尔凯姆的影子：回顾亲属结构分析的资料来源》。该文谈到列维-斯特劳斯早年深受格拉内在 1939 年《社会学年鉴》发表的专著的影响，并分析了列维-斯特劳斯如何从格拉内的"范畴"（类别）概念发展出了自己的"结构"概念。顺便指出，该纪念文集的编者虽然收进了几十年来各国研究列维-斯特劳斯思想的概述，包括日本的和俄罗斯的，却十分遗憾地遗漏了中国的部分。西方学术界和汉学界对于中国当代西学研究之进展，了解还是十分有限的。

百年来中国学术中有关各种现代主题的研究，不论是政经法还是文史哲，在对象和目标选择方面，已经越来越接近于国际学术的共同标准，这是社会科学和自然科学全球化过程中的自然发展趋势。结构主义作为现代方法论之一，当然也已不同程度上为中国相关学术研究领域所吸纳。但是，以列维-斯特劳斯为首的法国结构主义对中国学术未来发展的主要意义却是特别与几千年来中国传统思想、学术、文化研究之现代化方法论革新的任务有关的。如我在为《国际符号学百科全书》（柏林，1999）撰写的"中国文化中的记号概念"条目和许多其他相关著述中所言，传统中国文化和思想形态具有最突出的"结构化"运作特征（特别是"二元对立"原则和程式化文化表现原则等思考和行为惯习），从而特别适合于运用结构主义符号学作为其现代分析工具之一。可以说，中国传统"文史哲艺"的"文本制作"中凸显出一种结构式运作倾向，对此，极其值得中国新一代国学现代化研究学者关注。此外，之所以说结构主义符号学是各种现代西方学术方法论中最适合中国传统学术现代化工作之需要者，乃因其有助于传统中国学术思想话语（discourse）和文本（text）系统的"重新表述"，此话语重组的结果无须以损及话语和文本的原初意涵为代价。反之，对于其他西方学术方法论而言，例如各种西方哲学方法论，在引入中国传统学术文化研究中时，就不可避免地会把各种相异的观点和立场一并纳入中国传统思想材料之中，从而在中西比较研究之前就已"变形"了中国传统材料的原初语义学构成。另一方面，传统中国文史哲学术话语是在前科学时代构思和编成的，其观念表达方式和功能与现代学术世界通行方式非常不同，颇难作为"现成可用的"材料对象，以供现代研究和国际交流之用。今日要想在中西学术话语之间（特别是在中国传统历史话语和现代西方理论话语之间）进行有效沟通，首须解决二者之间的"语义通分"问题。结构主义及其符号学方法论恰恰对此学术研究目的来说最为适合。而列维-斯特劳斯本人的许多符号学的和结构式的分析方法，甚至又比其他结构主义理论方法具有更直接的启示性。在结构主义研究范围内的中西对话之目的绝不限于使中国学术单方面受益而已，其效果必然是双向的。中国研究者固然首须积极学习西方学术成果，而此中西学术理论"化合"之结果其后必可再反馈至西方，以引生全球范围内下一波人类人文学术积极互动之契机。因此，"文集"的出版对于中国和世界人文社会科学方法论全面革新这一总目标而言，其意义之深远自不待言。

　　"文集"组译编辑完成后，承蒙中国人民大学出版社约我代为撰写一篇"文集"总序。受邀为中文版"列维-斯特劳斯文集"作序，对我来说，自然是莫大的荣幸。我本人并无人类学专业资格胜任其事，但作为当代法国符号学和结构主义学术思想史以及中西比较人文理论方法论的研究者，对此邀请确也有义不容辞之感。这倒不是由于我曾在中国最早关注和译介列维-斯特劳斯的学术思想，而是因为我个人多年来对法国人文结构主义思潮本身的高度重视。近年来，我在北京（2004）、里昂（2004）和芬兰伊马特拉（2005）连续三次符号学国际会议上力倡此意，强调在今日异见纷呈的符号学全球化事业中首应重估法国结构主义的学术价值。而列维-斯特劳斯本人正是这一人文科学方法论思潮的主要创始人和代表者。

　　结构主义论述用语抽象，"文集"诸译者共同努力，完成了此项难度较大的翻译工作。但在目前学术条件下，并不宜于对译名强行统一。在一段时间内，容许译者按照自己的理解来选择专有名词的译法，是合乎实际并有利于读者的。随着国内西学研究和出版事业的发展，或许可以在将来再安排有关结构主义专有名词的译名统一工作。现在，"文集"的出版终于为中国学界提供了一套全面深入了解列维-斯特劳斯结构主义思想的原始资料，作为法国结构主义的长期研究者，我对此自然极感欣慰，并在此对"文集"编辑组同仁和各卷译者表示诚挚祝贺。

李幼蒸

国际符号学学会（IASS）副会长

中国社会科学院世界文明研究中心特约研究员

2005 年 12 月

序 言

　　《结构人类学》文集的出版曾遭布里斯·帕兰婉拒，那时他担任加斯东·伽利玛的秘书和出版顾问。据克洛德·列维-斯特劳斯说，帕兰的原话是"您的思想尚不成熟"。看来这是他给出的婉拒理由。列维-斯特劳斯没有说清这件逸事发生的具体时间，只说"那是在写作《忧郁的热带》之前"，也就是 1953 年或 1954 年[①]。不久以后，列维-斯特劳斯说，帕兰"敌视民族学"[②]。尽管如此，我们对于帕兰的理由不必较真。我们猜想，帕兰必定对这部文章合集心怀疑虑，因为这一类文集往往收入内容混杂和重复的文章，能够结集成一部好书者寥寥。列维-斯特劳斯把《结构人类学》的书稿交给了普隆书局，文集最终于 1958 年出版。这已经是《忧郁的热带》问世三年之后的事了。列维-斯特劳斯并没有满足于把旧文汇辑起来，配上应时的序言。他提交的是一部结构严谨的文集，各篇文章不是敷衍地依照发表时间编排，而是按照 5 个部分共 17 章组织思考。文集从最基本的层面开始，即社会现象的组织结构

　　[①]　Claude Lévi-Strauss et Didier Éribon, *De près et de loin. Suivi d'un entretien inédit «Deux ans après»*, Paris, Seuil, «Points», 1991, p. 100.

　　[②]　Claude Lévi-Strauss, *Anthropologie structurale*, Paris, Plon, 1958, p. 357.

（"语言与亲属关系"），逐步进入"社会组织"的层面，然后从仪式和神话（"巫术与宗教"）里以及塑形创作（"艺术"）里捕捉隐蔽结构的具体表现，最后一部分探索民族学在社会科学和教学中的地位（"关于方法和教学的问题"）。全书冠以一篇雄心勃勃的序言，分别阐述民族学和历史学的角色。那个时期，历史学是社会科学里最引人瞩目和最有新意的学科；在高等研究实践学院新创办的第六学部里，历史学享有重要地位。这间学府后来更名为社会科学高等研究院。克洛德·列维-斯特劳斯在名为"宗教科学"的第五学部执教。

　　回想当年，在结构主义的传播和兴起的过程中，《结构人类学》的问世显然标志着一个关键的阶段。这本编排得当的书在这个过程中无疑起到了重要作用。在一个基于民族志数据的明确主题之下，它阐发了极新颖的思考和理论抱负，同时吸纳了其他学科（语言学、历史学、心理分析）的知识和英语文献，从而赋予这个主题很大的效力，而且用一个提纲挈领的书名强化之。我们还记得，那是一场冒险，事先没有成功的把握。必须指出，回顾性文字很容易依照刻板的时间顺序，逐一列举出版和建制方面的成就，然而，作为定语使用的"结构"一词当年还相当生僻，起这样一个书名要冒点风险，因为思想史上不乏此类标新立异的新名词，一时间喧嚣鼓噪，转瞬即烟消云散。

　　因此，《结构人类学》绝非在一个书名之下，勉强地撮文结集。对于1973年发表的，体例跟第一卷相似的《结构人类学 (2)》亦应作如是观。《结构人类学 (2)》的第一部分题为"展望"，探讨当代人类学的历史或史前史，接下去是第二部分"社会组织"和第三部分"神话和仪式",最后一个部分"人文主义和人文学科"篇幅较长。这一卷里的文章也是按照思考阶段编排的,无关时间先后。该书的末尾收入了 1952 年发表的《种族与历史》,时隔 20 年,这篇讨论文化多样性和演化论的文章,尽管观点依然新颖,但是在第一卷里却没有合适的位置(第一卷的论述语气更为确定,学科针对性更强,较少关注把民族学放入对人类命运的思考)。不过,这篇论文对于思考人文主义和进步等概念,是一个恰逢其时的补充。

《遥远的目光》于 1983 年出版。若不是"结构"一词被思想界跟风滥用,"掏空了意义"①,列维-斯特劳斯本来打算用《结构人类学(3)》作为书名。这本书尽管结构与前两卷文集不同,依循的原则却是一样的;书的内容不再局限于民族志,而是更直接地跟当代的理论和观念形态展开对话,主要涉及人类活动的制约形式。

总之,两条结论摆在我们面前。首先,两卷《结构人类学》不单单是文章合集,而完全是两本书,是在尝试重新界定的辩论空间之内的理论阐述。其次,纵观列维-斯特劳斯的整个职业生涯,他对人类学、人类学的方法和对象的构想从未改变。他著述的一个引人瞩目的特点就是一以贯之。唯一的真正例外也许是自然与文化之分。这个区分起初是作为一个人类学的不变量提出来的(见于 1949 年的《亲属制度的基本结构》),这跟 18 世纪初以降的社会科学一脉相承;后来,根据 1962 年的《野性

① Claude Lévi-Strauss et Didier Éribon, *De près et de loin*, *op. cit*, p. 131.

的思维》里的说法，这个区分变得"尤其有方法论意义"①。这个变动与重新界定象征②密切相关。除此以外，列维-斯特劳斯的思想始终忠实于若干指导原则，其演变应当更多地从多样的应用对象去解释，而不是因为指导事业的"质朴的信念"（《忧郁的热带》里的说法）发生了什么改变。

结构人类学的史前史

1957 年，从"近 30 来年写下的上百篇文章"当中，列维-斯特劳斯甄选了 17 篇，连缀成《结构人类学》一书（据他在该书的简短序言里所说）。除了两篇从未发表过，其余 15 篇中有一篇最早发表于 1944 年。据此来设想作者略去"青葱时代"的文字，只选用了思想显得更成熟的晚近文章，这种假设是站不住脚的。相反，这本书的目录显示，作者做过一番汰选。这正是我们在策划这本《结构人类学（0）》之初，最先注意到的。③ 这里汇集的 17 篇旧文均未被 1958 年的《结构人类学》采用。放弃其中数篇的理由不难解释，列维-斯特劳斯自称："我有取有舍，有些单纯是民族志的和描写性的，有些有理论价值，但是内容已经包含在我的《忧郁的热带》里了。"至于另一些文章，例如《美国自然史博物馆藏西北海岸的艺术》一文（本书第十二章），也许他觉

---

① Claude Lévi-Strauss, *La Pensée sauvage*, in *Œuvres*, Paris, Gallimard, «Bibliothèque de la Pléiade», 2008, p. 824.

② Voir Gildas Salmon, « Symbole et signe dans l'anthropologie structurale », *Europe*, n° 1005 - 1006, 2013, p. 110 - 121.

③ 2011 年，我跟洛朗·让皮埃尔和弗雷德里克·凯克有过一次集体讨论，讨论中冒出了"结构人类学（0）"这个书名，令我们三人都很感兴趣。当时的设想是把这些不为人知的文章汇集成一本评注版的书。计划虽未实现，但我依然要感谢他俩慨允我使用这个书名。

得已经过时，学科的进展使其理论视角（即扩散论的叩问）显得陈旧，尽管激赏之情仍在。再有，新的成果使得一些研究失去了效力，例如《印第安人的美容术》（本书第十一章）。此文为读者详细描述了卡杜维奥人的化妆术，1942 年发表在美国超现实主义杂志《VVV》上，然而，《忧郁的热带》对此却有更深入的分析。我们对长文《法国社会学》（本书第一章）也有类似的看法。因为我们敢担保，列维-斯特劳斯本人必定会认为，此文已经被 1950 年发表的《马塞尔·毛斯著作引论》[1] 一文所超越。

此外，本书希望做一点拾遗补阙的工作。缺失之一：列维-斯特劳斯在汰选时剔除了一些理论阐述。《原始社会里的权力理论》（本书第八章）即为一例。列维-斯特劳斯在《忧郁的热带》里随意使用了该文若干段落，然而放弃了关于"自然权力"的出色的最终结论；与此相仿，《法国社会学》一文对涂尔干[2]的著作有细致的讨论，却不见于 1950 年关于马塞尔·毛斯的论文——一篇很重要但很难读的论文，人称"结构主义的圣经"，评论者众多[3]。1945 年写下的这些有关涂尔干的段落应当有助于理解 1950 年的那篇文章。缺失之二：列维-斯特劳斯舍弃的一些文章虽然不合《结构人类学》的理论思路，却在结构主义以外的思想发展里扮演了重要角色。《南美印第安人的战争和贸易》（本书第七章）跟上面提到的《原始社会里的权力理论》

---

① «Introduction à l'œuvre de Marcel Mauss», *in* Marcel Mauss, *Sociologie et anthropologie*, Paris, PUF, 1950, p. IX-LII.

② 涂尔干也译为迪尔凯姆。——译者注

③ 评述过此文的可谓 20 世纪法国哲学的一众中流砥柱，例如，莫里斯·梅洛-庞蒂、克洛德·勒福尔、吉尔·德勒兹、雅克·德里达、雅克·拉康、罗兰·巴尔特、皮埃尔·布尔迪厄、让·巴赞、雅克·朗西埃。

同属此类。这两篇都是社会政治理论方面的重要文献。这种理论认为，南美印第安人社会代表着既无财富也无政治组织的最简单的社会，即国家和资本原始积累出现之前的一种社会形式。皮埃尔·克拉斯特的著作在这些政治人类学的思考当中最值得注意。[①] 另一篇文章《亲属称谓在巴西印第安人当中的社会应用》（本书第十三章）是头一次译成法语，也值得我们做出相似的提示。列维-斯特劳斯在次主题《南比夸拉印第安人的家庭和社会生活》里仅部分引用了此文。可是，时间来到20世纪90年代，巴西的印第安文化专家们再次提起它。此文连同20世纪40年代的其他民族志著述，成为有关人类学最新进展之一的重要文献，即通过将亲缘关系的概念扩展到人类以外的世界，达到重构美洲印第安人的本体论。"亲缘关系最初被看成一种构建局部群体的内部机制，后来成为一种关系性设置，用于组织超越局部的关系，将亲属以外的人或人群连接起来，最终成为自身与他者之间，同与异之间的一个语言的或关系的概念程式。"[②]

因此，不难想象，行文诙谐而深刻的《幸福的技巧》一文（本书第六章）何以未适合收入列维-斯特劳斯1957年筹划的文集中，尽管文章对象是他亲历的20世纪40年代的现代美国社会。此文写于1944年，次年发表于《黄金时代》杂志，一年后

---

① Voir en particulier Pierre Clastres, *Recherches d'anthropologie politique*, Paris, Seuil, 1980.

② Carlos Fausto et Marcela Coelho de Souza, «Reconquistando o campo perdido: o que Lévi-Strauss deve aos ameríndios», *Revista de Antropologia*, São Paulo, vol. XLVII, n° 1, 2004, p. 98 - 99. Voir Vincent Debaene, «Claude Lévi-Strauss aujourd'hui», *Europe*, n° 1005 - 1006, 2013, p. 11 - 36.

重登《精神》杂志的"美国人"专号。在同一期上发文的还有美国作家和思想家（肯尼斯·伯克、玛格丽特·米德），以及战争期间流亡美国的另外一些知识分子（乔治·古尔维奇、德尼·德·鲁热蒙）。这篇文章已经很接近 20 世纪 70 年代和 80 年代的某些更为"解放"的思考，例如《遥远的目光》里关于"后具象和前具象的纽约"，以及在他身后出版的《我们都是食人族》里的文字。与之不同的是，这篇发表于 1945 年的文章显得有点彷徨，甚至忧心忡忡，充满来自日常观察的矛盾情绪，对美国社会的不舍和排斥兼有。当年这种矛盾情绪并不鲜见。不过，文章的内容仍然极有见地。可以看出，一如《忧郁的热带》里有关南亚的可怖段落，作者在竭力对抗和克服厌恶情绪（面对服从社会和谐的全面强制，普遍的幼稚病，难以忍受的孤独……），进而从理论上跟欧洲社会进行比较。虽然不像描写加尔各答的人群时那样深恶痛绝，但是文中依然透露出一种挣扎在自身窘迫感里的主观性。而且，为了跟单纯负面的反美情绪拉开距离，作者不时利用一些鲜明有力的提法，尽力把握北美社会的某些特点。例如，一个"骨架依然是裸露"的芜杂不齐的社会["时而惊羡，时而恐惧，日日展露无遗"（第 82 页）]，凭借"狂热的"社交活动拒绝悲剧性以及理想化的童年，"无怨气的少年"和"无嫉恨的人性"（第 89 页）；有时候，出于某种压抑后的反弹，对于社会生活中种种矛盾的这种否认会导致社群之间大规模暴力冲突。

列维-斯特劳斯虽然多次对"很可能救了我的命"的美国及其大学和图书馆表达敬意，但仍然表达了一种真实而深切的保留。这一点多年后得到证实：在罗曼·雅各布森的大力支持下，塔尔科特·帕森斯和克莱德·克拉克洪建议哈佛大学聘用列维-斯特劳斯，却遭到他本人的坚决反对。"我很清楚，我从头到脚都属于旧大陆，无可改变。"①《幸福的技巧》一文的今日读者可能会惊讶，跟《忧郁的热带》里有关巴基斯坦和伊斯兰教的章节一样（根据 20 世纪 50 年代的笔记写成，但对于紧随英属印度分治而来的屠杀和人口大迁徙却一笔带过），作者何以对时局和观察者的立场保持沉默和视而不见，因为他本应对美国社会做出见证，却几乎只字未提种族隔离和社会冲突，尽管他对"世代、性别和阶级"的隔绝表示惊诧。②

　　无论如何，本书把一些常被忽略的重要文章汇集起来，以飨读者。它们大多起初用英文写就，发表它们的各种刊物如今大多难以寻觅。③ 这 17 篇列维-斯特劳斯 1958 年搁置的文章，除了本身的价值以外，能够勾勒出一部结构人类学的史前史，是一个反溯的证据，能够让我们更清楚地了解列维-斯特劳斯在 20 世纪 50 年代中期的理论计划及其工作方向。

---

① Claude Lévi-Strauss et Didier Éribon, *De près et de loin*, *op. cit*, p. 82 - 83. Voir aussi Roman Jakobson et Claude Lévi-Strauss, *Correspondance*, *1942 - 1982*, Paris, Seuil, «La Librairie du XXIe siècle», 2018, p. 174 - 185.

② 保持缄默的并非列维-斯特劳斯一人，还包括这一期《精神》杂志的其他撰稿人（这跟《现代》杂志有关美国的各期不同）。例如，从列维-斯特劳斯当年写给父母的信件可见，他是克劳德·麦凯的读者，也经常造访哈莱姆区，尤其是出名的萨瓦舞厅。不过，正如他 20 世纪 30 年代描写圣保罗的黑人和混血群体那样，看来他那时只把种族歧视当作历史遗留问题，而不是社会或政治问题。

③ 最初发表的原文出处见于本书正文之后。

纽约：1941—1947

以上并非事情的全部。借用列维-斯特劳斯喜用的一个词，本书不全是历史遗存或东鳞西爪（odds and ends），它不缺乏完整性。首先是时空的完整性，这一时空即指 1941 年至 1947 年的纽约。各篇文章均为列维-斯特劳斯在美国，甚至是在居留纽约期间撰写的。他起初是逃难的犹太人，或称流亡的学者（scholar），是洛克菲勒基金会赞助的欧洲学人救援计划的救助对象，后来成为法国大使馆的文化参赞。这些文章发表于 1942—1949 年之间，早于《亲属制度的基本结构》。后者的问世处于一个很容易记住的时间节点。若用一个浅显而适当的说法，这篇文章既标志着结构主义发轫，也标志着列维-斯特劳斯最终回国。虽然就个人生活和职业生涯而言，20 世纪 40 年代末 50 年代初是动荡的年代，但是他仍然完成了学位论文，获得了国家科学研究中心的研究员职位，重新融入了法国。

因此，这里的 17 篇文章见证了一个有传记和历史两方面意义的时期。我们看到，这位年轻的民族学者一边打造武器，一边作为南美文化专家，特别是"低地国家"的专家，踏入了比法国人类学历史更悠久也更稳定的美国人类学的领域。"低地国家"的提法是为了区别于"高地国家"即安第斯地区的伟大文明。后者直到 20 世纪 30 年代以前，一直吸引着美国的南美研究的主要力量。读者在本书末尾可以看到五篇民族志文献，其中三篇引自《南美印第安人手册》。这套手册是重要的文献，共六册，都是在朱利安·H. 斯图尔德主持下完成的（列维-斯特劳斯直到 2001 年依然认为，这套手册虽有不足，却不因晚近的出版物而显得过时①）。这些文章完全能够驳倒针对列维-斯特劳斯的常见批评："钻理论牛角尖"——只因这位专科出身的哲学家经常被指责研究印第安社会的方法抽象有余，而实证不足。

实情恰恰相反，在这些写于 20 世纪 40 年代的文章里，列维-斯特劳斯并没有以理论家现身，而是作为一位严谨的民族志学者：哲学出身，曾经研修社会学，如今是研究巴西高原民族的专家。那个时期，这个学科从扩散论的视角，或至少从南美人口流动和移民史出发，优先关注甄别民族，描写领土分布及其使用。无可怀疑，列维-斯特劳斯当年是民族志学者，他广泛披览当时的可用文献。不过，他的田野经验很有限（仅在博罗罗人和南比夸拉人当中生活过几个星期，见《忧郁的热带》里的记载）。对于马林诺夫斯基和尼缅达居这样的田野调查老手，他不吝钦佩之意（见本书第一章和第五章），这表明他推崇长期的民族志调查。他预感到，单人匹马地"沉浸式"长期驻留对象群体，将成为学科的规范做法。他正确地宣告："从今往后，民族志工作大概会有马林诺夫斯基'之前'与'之后'的分别，全视当事者躬亲投入的程度"（第 44 页）。需要注意的是，他本

①　参阅对于《剑桥美洲原住民的历史》第三卷《南美洲》的论战性书评，发表于《人类》杂志 [*The Cambridge History of the Native Peoples of the Americas*, vol. 3 : *South America*, paru dans *L'Homme* (n° 158 - 159, p. 439 - 442)]。列维-斯特劳斯一共为《南美印第安人手册》撰写了五篇文章。这里翻译和收入的三篇中大部分内容都基于第一手资料。未予收入的两篇，一篇是综合了当年可用的有关欣古河上游各部族信息的长文，另一篇是民族植物学的研究（发表在 1950 年出版的第六册上），该文专论热带美洲的印第安人如何利用野生植物。

人的民族学者的资格是从另一类调研工作中取得的（他自称在美国"乃一书斋中人，而非田野中人"①）。正如我们在体例一致的《南美印第安人手册》里所见，这一类调研工作更为老派，是以采集信息为主的集体工作，在对象族群里勾留的时日不多。1936年，他发表了有关博罗罗印第安人的第一篇文章（该文引起罗伯特·罗维的注意，间接地促成洛克菲勒基金会将他列入救援计划的名单）。跟这篇文章一样，这些调研文本虽然基于第一手资料，却以描写为主。他非常重视经验数据（如物质文化、技艺、年龄组），不过，当涉及社会组织、宗教和巫术的形式时，思考较为粗略。这些文章的主要价值在于立足于纷杂多变的原始信息，在熟悉情况的基础上进行归纳，而原始信息往往跨越数十甚至数百年。

我们也注意到，由于民族志普查和统计是当时美国人类学的重心，这项工作令这位年轻的民族学者得以初入门径。列维-斯特劳斯当时参加了一个学科的集体规划。对于一些面临人口和文化崩塌的族群，人们当年普遍心怀紧迫感。朱利安·H. 斯图尔德本人在策划《南美印第安人手册》时，立足于应用人类学的构想，目标是使美洲大陆的传统印第安社会融入新兴的民族国家。因此，这些文章属于美国人类学的时代课题。在这些文章里，我们会遇到一些多少有点陈旧的用语，例如特别是当年常用的 cultural level 或 level of culture 的说法（勉强译为"文化水平"或"文化程度"），这个概念指社会组织的复杂程度或

---

① 　Claude Lévi-Strauss et Didier Éribon, *De près et de loin*, *op. cit*, p. 66.

物质文化的贫乏程度。列维-斯特劳斯后来不再使用这一类提法，因为即使在打算跟演化论划清界限的美国人类学者眼里，它们也有演化论的意味。

况且，列维-斯特劳斯是涂尔干派学者塞莱斯廷·布格莱派往巴西圣保罗大学的前社会学教授。参与国外的专业研究这个经历促使他正视自己所出自的理论传统。本书收入的多篇文章莫不以确定社会科学的地位为目的，而且通过跟其他国家的传统比较，说明其特点。这方面最出色的例子莫过于概括性的雄文《法国社会学》（本书第一章）。这篇长文最初是应古尔维奇之邀，用英文为《20世纪的社会学》一书撰写的，题献给马塞尔·毛斯。列维-斯特劳斯首先介绍了社会学的几个主要方向和几位较为边缘的人物，随后仔细分析了涂尔干的著作。他敏锐地指出，涂尔干始终徘徊在"历史观"和"功能观"之间，也徘徊在缺少解释价值的原始事实和虽有归纳但脱离实际观察的社会学理论之间。究其根源，是一条隐而不宣的假设："心理学观点和社会学观点"之间，表象分析和建制分析之间，都缺乏连续性。列维-斯特劳斯认为，这个尴尬的局面后来被毛斯破解，因为他不把象征手段看成结果，而是看成社会生活的条件，同时在个人意识、集体表象方式和社会组织之间建立起连续性。列维-斯特劳斯随后进入核心论述，回应美国大社会学家阿尔弗莱德·克罗伯对法国社会学的批评。克罗伯指责法国社会学方法不够严谨，过于抽象，缺少对实地的具体现象的关注。这后一条指责是20世纪20年代以来美国人类学的老调，直到今天依然如此，列维-斯特劳斯则成为一个突出的标靶。我们这位年轻的民族学者当时担任外交官，而且更积极地加入"弘扬祖国文化"的运动，那时法国尚未摆脱战争（文章写于 1944 年或 1945 年初）；对于这种指责，他显然不会无动于衷。首先，列维-斯特劳斯肯定克罗伯言之成理，指出《社会学年鉴》团队的"哲学出身"（第 25 页）导致他们忽视实地工作。他随后强调，由此造成的滞后现象正在得到弥补："20 世纪 30 年代，新一代年轻的法国社会学者成熟起来。为了填补这一空白，他们在将近 15 年里几乎完全放弃了理论工作，尽管或许只是暂时放弃"（第 26 页）。为了支持这个看法，他举出不少人最近的民族志工作——马塞尔·格里奥尔、米歇尔·莱里斯、雅克·苏斯代尔、阿尔弗莱德·梅特娄、罗杰·巴斯蒂德、乔治·德弗罗、丹尼丝·波尔姆，其中也包括他本人。

列维-斯特劳斯最为关注克罗伯对毛斯的批评，认为克罗伯有不少"误解"，但是也"引出很多重要问题"，于是态度坚定地做出了一番理论阐述。克罗伯的论点十分经典：他责备涂尔干和毛斯运用的一些范畴，例如"自杀""馈赠"等，既不是土著人的说法，也不是严谨的概念，难以发展出一套学术话语。列维-斯特劳斯回答：除非完全放弃学术研究，否则总得从某个可供观察之处入手。不过，他强调，这些范畴绝不是分析的结果，在分析的过程中会逐渐消解，它们只服务于到达更深刻的现实。这种现实的解释力更强，简单的观察发现不了。例如，自杀现象中的个人如何融入群体的问题，馈赠要求互惠性的问题。针对克罗伯否认人类学享有真正的科学地位，也在更广泛的意义上针对文化至上的美国人类学，列维-斯特劳斯重新肯定了涂尔干的方法论原则的效力［及至 1948 年，他仍然说："我们依然坚信，应该把社会现象当成事物来研究"（第 70 页）；他认为，对这些"事物"采取原子论的和机械的观念才是涂尔干的不足之处］；他还重新肯定了人类学在解释力和普遍性方面的勃勃雄心①。这篇文章也第一次透露了他的深刻忧虑（亦可见于一些当今的论述）：虽然批评 19 世纪的演化论是合理的，但是可能导致把人类学约简为一批专题论文，丧失比较的视野和普遍性的理想。"我们是否注定要成为新的达纳俄斯的女儿，必须不停地往人文科学之桶里灌水②，即盈千累万地堆积专题论著，却总也得不到更丰富、更持久的成果？"（第 113 页）事后回想，他觉得，留美岁月的最大益处是意识到这个学科几乎陷入陈规旧例的泥沼，即盲目积累。列维-斯特劳斯胸怀壮志，以睿智和近乎疯狂的工作效率给自己立下使命：让人类学摆脱陈规旧习，赋予它成为"放之四海皆准的真理"（第 113 页）的任务。

我们于是注意到两件事。首先，这些表面上的闲文其实许多都是做出重大理论思考的机会。其次，这些思考跟写作中的列维-斯特劳斯的流亡生活直接相关。这里收入的多篇总结性文章、书评或表达敬意之作表面上没有多少论证的价值，但是，就连向马林诺夫斯基致敬的文章也没有掩饰后者的理论会招致

---

① 关于这篇长文和列维-斯特劳斯所说的"法国社会学观点"［«le point de vue so-ciologique français» (p. 82)］，参阅樊尚·德巴纳《告别旅行——介于科学和文学之间的法国民族学》（Vincent Debaene, *L'Adieu au voyage. L'ethnologie française entre science et littérature*, Paris, Gallimard, 2010, p. 86 - 103）。

② 据古希腊神话，埃及王达纳俄斯的女儿们因杀害亲夫而激怒天神，死后在冥府里不得不舀水以灌满无底桶，比喻被迫完成毫无希望完成的工作。——译者注

"严重怀疑"。这个时期，横空出世的批判文章《历史学与民族学》[《结构人类学（1）》第一章] 尚未问世，然而，读者可以看出，数年当中，对于马林诺夫斯基的功能主义及其重复絮叨的特点的批判在逐渐加强（尤其是本书第一章和第五章）。为芬兰社会学家爱德华·韦斯特马克写下的翻案文章（第三章）亦可作如是观，尽管出乎意外，初读还会令人觉得有点奇怪。1891 年，韦斯特马克出版了《人类婚姻史》一书，试图解释乱伦禁忌。由于特别是涂尔干的批驳，以及 19 世纪的英国演化论者更广泛的批评，他的解释在很大程度上已经难以令人信服。但是，1945 年，韦斯特马克逝世六年后，列维-斯特劳斯在这篇悼文里（战争推迟了撰写）重提对逝者著作的批评，既强调了他的功绩 [理论抱负，博学，"追求一门做出全面解释的社会学"，维护社会学和心理学之间的联系，"对历史的或局部的解释提出质疑"（第 50 页）]，也特别提议重新表述一个日后在他的著作里扮演决定性角色的问题："禁忌的根源既不是亲缘关系的生理纽带，也不是密切程度的心理纽带，而是纯属制度方面的兄弟姐妹关系或亲子关系。"（第 55 页）换言之，关于乱伦禁忌的伦理法则，其根源和解释完全是一条社会的强制性要求。这一看法已经很接近一个令人耳目一新的转向，提前预告了《亲属制度的基本结构》的问世。他提出，不要把乱伦禁忌视为一道禁规，它是外婚制造成的。

同样，一些技术性文章和趣闻逸事也成了他阐发理论的机会，例如《关于南美的二元组织》（本书第十四章）和《南比夸拉印第安人》（本书第十六章）。它们或者涉及一些社会组织形式的历史真实性（以及历史假设在人类学中的地位），或者涉及一些部落的名称。取名方法往往是个伪问题，可能把人类学封闭在无结果的学院争论里。初读《互惠性和等级制》（本书第九章）也许多少会引起误解，但是，通过细致分析博罗罗社会组织里的半族称谓，可以看到，虽然从属关系貌似更为突出，但是长期存在于社会生活的基础当中的互惠原则才是关键问题。

在各篇书评里，列维-斯特劳斯与美国人类学的对话有最生动的体现。本书收入的五篇书评虽然都不太出名（本书第五章），然而意义深远（60 年后的今天仍然有重要意义）。书评是列维-斯特劳斯为涂尔干创办的杂志《社会学年鉴》（二战结束后恢复刊行）撰写的，评论对象均为美国出版的著作。当年，法国人对美国人类学传统了解有限，列维-斯特劳斯充当了摆渡人。其中两篇当时已经用英语发表过，不过，文章经列维-斯特劳斯译成法语后，语气有时不像原文那样温和。他认为，英语世界的人类学正在陷入死胡同。无论是对于功能主义及其天意派①，还是对于正在"文化与个性"的旗号下建立起来的美国学派，他莫不借机大力批判，认为它们过度简化个人心理和文化之间的关系，也过于倚重土著人自己的说法。

此外，对于美国兴起的"吸收外来文化"的研究，他的批判语气更为尖锐。这种研究以土著社会为对象，关注在支配性的现代文明的影响下，它们如何变化和丧失旧的生活方式。这些群体面临人口和文化崩塌，功能主义的普世公设借口它们"正在运转"，将其与传统社会相提并论。这是列维-斯特劳斯强

---

① 天意派即基督教天意派（Providentialisme），亦称清教徒天意主义，认为世上一切事件都是上帝的意志使然，同时强调个人与社区的关系，始于美国新英格兰地区的清教徒。——译者注

烈反对的。列维-斯特劳斯既是悲观的——他给这些没落群体描绘的图景极为阴暗，无人能够幸免，也提出了控诉，因为那种认为"举凡人类群体，只要它存在，莫不是社会学的研究对象"的平等观（第75页），虽然貌似在认识论上宽宏大量，在价值观上不偏不倚，却掩盖了暴力冲突。在他看来，这无异于否认谴责一种文明不公正地把并非自主选择的道路强加于另一种文明。我们从中看到，两种对立的历史观开始浮现：一种是社会之间的借鉴和交流及其跟互相影响同时发生的演变；另一种来自外部，是某一西方文明对于旧有的社会形式的毁灭，是破坏性的、长期的和悲剧性的。前一种历史观可以作为科学研究的对象，而且在人类学上十分重要。至于后一种历史观，只有现存力量之间的失衡才能解释，以及席卷天下的现代性对于其他文化和被它无法弥补地糟蹋的大自然的傲慢态度。

不过，这些思考跟异乡生活和他在二战期间及战后在纽约的特殊经历有深刻的联系。[1] 理解这一点尤为重要。所有这些文章不是列维-斯特劳斯在流亡期间，就是在外交生涯当中写成的。他担任外交官的时间虽然不长，后来在一些访谈里也总是被淡化，但是并非无所作为。[2] 这一期间，对于本国的和东道国

---

[1] 以下的议论颇多得益于洛朗·让皮埃尔有关流亡的知识社会学的研究，特别是《流亡者的思想结构——克洛德·列维-斯特劳斯的结构主义的形成》一文（《Les structures d'une pensée d'exilé. La formation du structuralisme de Claude Lévi-Strauss», *French Politics, Culture and Society*, vol. 28, n° 1, printemps 2010, p. 58 - 76）。

[2] Voir Laurent Jeanpierre, «La politique culturelle française aux États-Unis de 1940 à 1947», *in* Alain Dubosclard *et al.*, *Entre rayonnement et réciprocité. Contributions à l'histoire de la diplomatie culturelle*, Paris, Publications de la Sorbonne, 2002, p. 85 - 116.

的思想传统，他一直夹在一种奇特的双重关系当中。对他来说，这些年里，他既完成了专业化，也在更重要的意义上重建了他在知识界和社会上的身份——同时重建了个人生活：战争前夕，他与第一任妻子分了手。整个过程得到他在纽约的亲戚的支持，切实有助于他适应当地生活，也使他能够往来于各色人等之间。① 同时，他在工作和掌握陌生课题方面的能力极强。这一点从他利用纽约公共图书馆系统地消化人类学文献，在定居纽约的姨妈的帮助下学习英语，而且很早就写出了第一批英语论文②，便可以证明。这方面，他的流亡生活跟其他一些年纪较长的知识分子有明显的不同，古尔维奇即为一例，遑论以只讲法语为荣③的安德烈·布勒东。列维-斯特劳斯在纽约与后者往来甚密。身为异乡人的激励，专业地位和前程也未确定（尚未完成论文答辩），列维-斯特劳斯必须给自己确定思想传承，提炼自己的原则。这些都给搜集这些文章增加了一条理由：不仅仅是向个人经历和特殊的历史局面致敬，而且以之见证思想创造的历史和社会条件。

---

① Voir Laurent Jeanpierre, « Les structures d'une pensée d'exilé », art. cité, p. 63 - 65.

② 关于这个有趣的学习过程，读者可以通过列维-斯特劳斯致当年避居塞文山中的父母的信来了解时间顺序。见于克洛德·列维-斯特劳斯《致亲爱的二老：列维-斯特劳斯家书》[Claude Lévi-Strauss, *« Chers tous deux ». Lettres à ses parents* (1931 - 1942), Paris, Seuil, « La Librairie du XXIe siècle », 2015]。

③ Voir Laurent Jeanpierre, « Une opposition structurante pour l'anthropologie structurale : Lévi-Strauss contre Gurvitch, la guerre de deux exilés français aux États-Unis », *Revue d'histoire des sciences humaines*, n° 11, 2004/2, p. 13 - 44.

另起炉灶

这些文章写于 20 世纪 40 年代，后来被列维-斯特劳斯束之高阁，它们提供了一个把握结构主义来龙去脉的机会，而简单肤浅的记述却只将其视为一股 20 世纪 60 年代的思想风潮。结构主义表现为一场脱胎于美国的欧洲思想运动，它回应了功能主义的危机和美国唯名论的困境，这种唯名论拒绝对被认为不可省约和独特的文化实体进行比较。如果说，高等研究自由学校①的教员和研究员并非都是结构主义者，比较研究却是流亡中的欧洲知识分子的共同抱负，其中犹太人居多。这也是结构主义在这场广泛的运动中的计划，即把认识论的地位重新赋予思想比较。② 此外，我们注意到，这个发轫过程不是直线发展的。结构人类学的诞生往往被说成获得一连串荣誉后的"崛起"，包括列维-斯特劳斯返法后得不到承认的时期（1949 年和 1950 年在法兰西公学接连受挫，《亲属制度的基本结构》的反响寥寥），1955 年《忧郁的热带》出版，1958 年《结构人类学》出版，后来才有了 1959 年入选法兰西公学。回顾这些旧文是要说明，这个过程并不是结构主义凭借本身的理论实力克服了障碍和抵制以后完成的，而是产生于列维-斯特劳斯对自己在一些方面的思

① 高等研究自由学校是法国流亡学者在美国纽约市创办的社科研究机构，1919 年在洛克菲勒基金会赞助下成立。包括列维-斯特劳斯在内的很多知名学者曾在此授课和工作，例如俄裔语言学家罗曼·雅各布森、法国哲学家让·瓦尔和雅克·马里丹等等。——译者注

② Voir Gildas Salmon, «Symbole et signe dans l'anthropologie structurale», art. cité, et id., Les Structures de l'esprit. Lévi-Strauss et les mythes, Paris, PUF, 2013.

考做出的重构、撷选和"忘却"的工作。"忘却"尤其涉及这些文章的一个重要方面：放入政治视野中的人类学思考。自《结构人类学》出版以后，这方面的思考就从这位人类学家的著述里消失无踪了。这也许是本书收入的文章的一个最突出的特点。

我们今天知道，投身政治活动是青年列维-斯特劳斯的一项重要的生活内容。他 18 岁就加入了工人国际法国支部（SFIO），1927 年起担任社会主义研究会秘书，又跟十位拥有教师学衔的同窗一道于 1931 年创立了"建设性革命"小组，志在革新该党派的思想。1930 年，他担任工人国际法国支部的议员乔治·莫奈的助理。在他第一次以教师学衔获得者的资格执教马尔桑高中期间，曾于 1933 年竞选地方议员而落败。

因此，作为人类学家，潜心研究消失的文明，既感世伤怀，又遁世绝俗，这个形象是很晚才建立起来的。20 世纪 80 年代和 90 年代的思想史研究披露了青年列维-斯特劳斯的政治活动，这个形象并没有彻底改变。列维-斯特劳斯认为自己的政治"生涯"结束于竞选失败，戏称全怪一场车祸。[①] 那辆专为竞选购置的五马力雪铁龙汽车跌入了沟里。回想起来，这反倒预兆了改弦更张：数月后，他被派往巴西，担任社会学教授，从此开始了跟年轻时期的政治抱负无关的民族学研究生涯。然而，细读 40 年代的文章，不难发现，步入壮年的列维-斯特劳斯没有放弃

---

① Claude Lévi-Strauss et Didier Éribon, *De près et de loin*, op. cit., p. 24. Voir Claude Lévi-Strauss, dans «*Chers tous deux*», op. cit., les lettres de mars 1933, p. 272 - 276. Voir aussi Emmanuelle Loyer, *Lévi-Strauss*, Paris, Flammarion, «Grandes biographies», 2015, p. 103 - 107.

"政治幻想"，没有把学术研究与政治思考彻底分离，他已经在为战后做出铺垫。他在高等研究自由学校和国际思想界的一个小圈子里的活动也能证明这一点。战争未结束就提前回国，后来被任命为文化参赞，这两件事都说明戴高乐政权认为他值得信赖。

首先，几件小事可以展示这个政治维度。例如，社会学奠基人涂尔干的目的论的缺陷被奇怪地拿来对照反对大革命的路易·德·波纳德，列维-斯特劳斯于是有了这种令人不安的看法："任何一种社会秩序都可以把这个学说当成碾压个人自发性的理由"（第35页），但是"伦理的、社会的和思想的进步首先都是个人反抗群体促成的"（第35页）。这是摈弃马林诺夫斯基的功能主义的一条额外的理由，它从涂尔干那里只保留了群体的至高权力，而且以一个"解释系统"出现，这就有"可以为任何制度的正当性辩解的危险"（第44页）。这条批评是从认识论出发的（功能主义导致循环论证），它的力量在于可以从被质疑的论点中推导出政治后果。与之相反，为韦斯特马克平反却基于理论上的理由，然而，韦斯特马克的严谨分析"使他的作品具有批判性和战斗性，对此他本人很清楚"。"他认为，道德的演化是有方向的：它应当使人类更接近自由和理性的理想，摆脱谬误和偏见。〔……〕他把相对主义的批判活动视为一个解放心灵的手段。"（第59页）

撰写这些文章时的具体情境表明，在更广泛的意义上，它们往往是集体的政治思考的一部分。例如，发表于1944年的《原始社会里的权力理论》（本书第八章）最初是一次讲座的文稿，这个系列讲座在高等研究自由学校举行，名为"现代政治学说课程"，此前有过一系列报告，涉及人权、关于国家的不同构想、路易·德·波纳德和查理·穆拉斯的政治思想。律师鲍里斯·米尔金-盖茨维奇曾为汇集这些讲座和报告的文集撰写序言，按照他的回忆，那些都是有关第三共和国晚期的第一个系列课程的延伸。由于要因应一些时下的问题，米尔金-盖茨维奇强调团队工作的必要性和不同学科的学者合作的紧迫性。同样，《一个原始社会的对外政策》（第十章）最初发表在《外交政策》杂志上。这份杂志从 20 世纪 30 年代起就刊登论文，揭露对纳粹的经济和外交政策抱有的幻想，1939 年一度停刊。1949 年，列维-斯特劳斯给它投稿时，杂志刚刚恢复发行。这一期的总目将他的论文归入"避难者问题"和"美苏中三国问题"，以及不久前分裂为二的德国的局面。列维-斯特劳斯 1938 年在巴西高原考察过南比夸拉人的交换活动，这方面的情况此前已在别处说明过（亦可在《忧郁的热带》第七部分中读到）。所以，这篇文章的创意不在此。正如此文结尾所说，它把南比夸拉人的"对外政策"当成一种模式，因为这个聚落代表了"最基本的社会生活形式之一"，从而在更一般的意义上，可以作为思考陌生群体之间关系的依据。[①] 表面上，此文仅仅描述了马托格罗索高原的印第安人的个别情形，但是作者的心愿仍然不难看出：为一个饱受二战蹂躏，即将进入冷战的世界重构外交关系献言。

[①]　此处不可把这个模式当成一种应当仿效的现实，而应当理解为一个体系，它能够凸显那些无法一目了然的属性。模式通常是形式上的，可是，南比夸拉人属于一个罕见的经验案例，社会现实被还原为基本属性（Claude Lévi-Strauss, «Sens et usage de la notion de modèle», *Anthropologie structurale deux*, Paris, Plon/Pocket, 1996, p. 89 - 101）。

对于 1949 年读到此文的读者来说，这篇文章里随处可见一些能够引发共鸣的说法。今日的读者大概不会有同感。例如，文中最后几行文字批评了天使般的说法："我们目前的关注使我们从开放而且日益开放的社会的角度，去思考人类问题"。这里暗指卡尔·波普尔 1945 年在《开放社会及其敌人》一书里重提的亨利·柏格森的观点。列维-斯特劳斯认为该书妄言"基督教和现代民主思想"，认为这种观点将"人类群体的限度"无限扩大，忘记了有必要把人类视为由具体的群体组成的整体，必须控制侵略和无节制合作的倾向。此外，世界获知灭绝营的存在已有四年，必须考量这个发展可能带来的影响："永远会有一个限度，超出这个限度，个人从此不再具有人类的基本特征。〔……〕但是，这种对人性的否认没有或很少有攻击性。一旦不承认别的群体有人性，那些群体就不再是人了，因而也不会以人类对待之"（第 146～147 页）。这篇文章的中心论点是，群体之间的暴力行为跟承认存在伙伴关系是一张纸的两面；彻底的否定只会反映在无兴趣或"规避的技巧"当中。因此，应当从"另一个相反的局面即合作"（第 149 页）来看待两个群体之间的攻击性。换言之，昨天的敌人并不因为首开衅端就是我们的天敌，凡是群体都有这种属性。在经过调节的国际合作的实践中，他们明天就可以成为我们的伙伴。跟追求普适原则（即把战争或合作说成一切群体的"本能"）不同，南比夸拉人的案例表明，战争和贸易都体现着一条单一的交换原则，这条原则是介于侵略和合作之间的一个梯度，它也证实了毛斯的论点：馈赠在逻辑上先于市场。"我们于是看到一个连续体，或者

说一条制度链，从而实现了从战争过渡到贸易，从贸易过渡到婚姻，从婚姻过渡到群体的合并。"（第 143 页）

此时已经出现了《南美印第安人的战争和贸易》一文的核心命题："在南美洲，战争冲突和经济交流不单单是两种并存的关系，实际上更是同一社会过程的两个彼此对立但不可分割的侧面"（第 110 页）。文章于 1943 年发表在高等研究自由学校的校刊《复兴》上。文中强调，有必要为战后时期做出预见，为国家和未来欧洲的政治生活打下基础——这正是许多流亡纽约的法国知识分子所关心的。[1] 想到这一点，我们不能不为这些有的还很年轻的法国人的乐观精神所感动（列维-斯特劳斯未满四十岁）。这些人身处战争当中，但远离欧洲的恐怖，为了重新设计战后世界，他们愿意开展"团队工作"。此处我们想到《复兴》（创办于 1942 年）这个刊名引起的联想，以及从 1945 年起涌现的一些以"文明"为目标的综合性刊物，刊名展现了希望，例如《世界之路》和《黄金时代》（加尔曼-莱维[2]的杂志，既雄心勃勃又昙花一现。列维-斯特劳斯起初便把《幸福的技巧》一文投给了这家杂志）。我们同样可以从这个意义上谈论这本《结构人类学（0）》：它既呈现了《结构人类学（1）》和《结构人类学（2）》的史前史，也展露了"另起炉灶"的心迹，它激励着作者与其他人共襄盛举——在新的基础上重启文明。

---

[1]　Voir Emmanuelle Loyer, *Paris à New York. Intellectuels et artistes français en exil 1940 - 1947*, Paris, Grasset, 2005.

[2]　加尔曼-莱维（Calmann-Lévy）是法国的一家出版社，成立于 1836 年，今属拉卡戴尔跨媒体集团。——译者注

福利国家和国际合作

　　这几年当中，列维-斯特劳斯的政治思考主要涉及两个主题：首先是个人与集体如何结合。在自由民主制度下，这意味着重新思考阶级归属和民族归属，与之保持同样的距离。他认为，缘于苏联模式的阶级归属走不通，民族归属也是如此，因为晚近的历史证明它只能表现为侵略和导致战争。细读这个时期的文章会发现，列维-斯特劳斯的分析跟同一时期英语世界的著述十分接近，尽管他不一定全都知悉。英语世界的著述特别注重打造"社会公民"和福利国家等概念，以保障民主制度下的个人和集体之间的关系。① 在南比夸拉社会里，首领的宽宏大量是主要的权力工具，列维-斯特劳斯从这个案例里留取了群体与首领的联系所凭借的互惠关系（首领本人不具备任何威权或强制性权力）；互惠性使得双方都负有义务，因为"拒绝给予"类似于议会制度下的政府引起的"信任问题"。因此，权力的形成不仅靠赞同（忠实于卢梭的思想，《忧郁的热带》里着力强调过），还得有整个群体的赞同（不是个体的凑集）。列维-斯特劳斯特别做出结论："新近有关国家保险制度的讨论（例如《贝弗里奇

---

　　① 关于这一点，可参阅影响极大的英国社会学家 T. H. 马歇尔 1949 年的研讨会演讲，题目是"公民身份与社会阶层"，收入《公民身份与社会阶层，以及其他论文》[T. H. Marshall intitulée «Citizenship and Social Class» (reprise dans *Citizenship and Social Class, and Other Essays*, Cambridge, CUP, 1950)]。

报告》① 和其他计划），虽然提出了国家保障体系的构想，却不完全是一个现代的发展，而是返归社会和政治组织的根本属性。"（第 127 页）这些对 20 世纪 40 年代的美国的看法或许距今已经很遥远，可是跟现在对这方面的关注并非完全无关。《幸福的技巧》一文针对一个看起来专注于个人的物质和心理满足的社会——这些人被视为"大孩子"。题目固然带有一种欧洲人的讥讽口吻，但是同样表明要认真对待一些"社会技能"，因为它们的目标是消除冲突，建立一个"大众和精英都能从中找到自己的位置"的文明。跟南比夸拉社会一样，当代北美社会也的确是一场独辟蹊径和内容丰富的实验，值得人们"怀着热切的兴趣"（第 91 页）密切关注。

列维-斯特劳斯的第二个思考领域不再是个人与集体的关系，而是集体之间的关系。二者其实相互关联，因为——这方面的文章仍然是那个时代的见证——它们都反映了当时许多学者的一个共同信念：民族国家是一个陈旧的模式。列维-斯特劳斯所做的，是为建立新型的国际关系出谋划策，联邦制那时似乎势不可挡，例如美国和苏联，以及巴西和墨西哥等国。这方面，互惠性再一次成为基本原则，尽管它在相关国家内部被一些从属关系打破。在世界范围内，这个原则不仅通过双方的赠予把不同的社会联系起来，而且使每一个社会跟由它们组成的集体相联系，因为人类并不是一个抽象的现实，仅靠一些原则

---

① 《贝弗里奇报告》（Beveridge Report），即《社会保险和相关服务》，是英国经济学家威廉·贝弗里奇编写的一份报告，发表于 1942 年 11 月。这份报告对英国社会保障制度的诞生起了重要作用。——译者注

维系整体性，而是"在具体的群体之间，应当通过预先准备的机制，建立起竞争和侵略之间的持久平衡，以消除可能分别朝两个极端发生的变化"（第149页）。写下这几行字时，列维-斯特劳斯正在文化参赞任上，这些看法极可能与他同亨利·洛吉耶（此官职即靠此君引荐）的交流有关。后者参与创建了不久前成立的"联合国组织"，并担任助理秘书长。因此，在《一个原始社会的对外政策》一文里，印第安人将河流视为"共有水道"，为消除对抗而发展出一些"无疑有攻击性，但并不是太危险"的谋略，都具有样板的意义。同理，对于欣古族部落的"工业和贸易方面的专长"的描写，实际上是在悄悄地呼吁某种形式的国际分工。外交官很像每个村庄都有的操多种语言的矛盾调解人，肯定会支持这个工作。南比夸拉人的领土观无疑为现代政治学提供了一个含义丰富的例子，因为在印第安人的头脑里，领土和土地是不同的概念，从而开启了一个以非物质的意义规定集体的方向。一个集体的完整性不靠疆界，要靠共同的价值观："在我们看来，南比夸拉人的领土是一块地域，一块用边界线划定的空间。在他们看来，领土是一个现实，正如同一身体透过 X 射线看到的和白天看到的是不同的形象。领土本身什么也不是，而是化为一套模式，一个情境和价值的系统，它对外族人毫无意义，甚至根本不会引起注意。"（第145页）

披阅这些写于20世纪40年代的文章，我们感到，互惠性理论之所以后来被用于《亲属制度的基本结构》，首先是因为其丰富的启发性，能够解释极为多样的情境；它有丰富的政治反响，意涵非常具体。我们也看到，列维-斯特劳斯当年认为社会科学所应扮演的角色，完全不同于结构人类学后来扮演的角色。及至结构主义风行时期，尽管非其所愿，在远离民族学的不同领域里，他的名字被当成一个权威的形象不断提及。他的立场也不像萨特所说的那种知识分子的立场，因为关于战争和贸易的关系，他的思考完全不属于对此有过大量讨论的哲学传统，例如马基雅维利、霍布斯、孟德斯鸠、本杰明·康斯坦等人的论述。此处这番政治学思考是这位人类学专家以业内人士的身份做出的，他擅长社会比较，学识扎根于跟巴西高原的印第安人打过的交道，而不在于对哲学概念和传统的把握。况且，他认为，社会学和民族学合作是法国社会科学的特点，这一点不同于别的国家，社会学"要求一些随时准备服从社会秩序的头脑"，民族学则是"难以融入社会环境者的避风港"（第5页），"从重塑法国社会的意愿中产生了现代社会学，然而，在孔德和涂尔干的背后，还站着狄德罗、卢梭和蒙田。他们做出了民族学思想——因而也是批判的思想——的早期论述，法国社会学始终是其继承者"（第6页）。因此，在法国社会科学里，把继承社会批评（蒙田和卢梭）的民族学者跟希望影响立法者和政府决定的社会学家（孔德和涂尔干）截然分开是错误的。后者的实用思想跟前者的深刻思考并未割裂。再者，这些20世纪40年代的文章意欲维持理论论述和政治创意之间的活跃联系。在经历动荡的年代之后，它们表明在向某种"社会哲学"求助：涂尔干社会学以研究社会现象和重塑1870年战争后的法国社会为双重目标；同样，20世纪40年代的列维-斯特劳斯也希望（同其他人一道）为二战后的国内外新政贡献绵薄之力。于是，我们再次看到，这些见解与时局和立场紧密相关，是一位夹在不同世界之间的犹太流亡学者的判断，这个情形很像他曾经大赞功劳匪浅、操着巴西高原"双语"（第 143 页）的那些土著调解员。

"国家主权本身不是财产"

此外还有一个重要问题：政治维度为什么在 1950 年以后的列维-斯特劳斯的著述里消失了？再有，当他编辑《结构人类学》时，为什么只选入没有这个维度的文章？他后来的著述，特别是《忧郁的热带》，吸收了一些 20 世纪 40 年代的思考，可是为什么"剪掉"了政论性极强的段落？

这些问题不是三言两语就能够明确回答的。文中的某些影射固然可以用情势使然、很快过时来解释，可是列维-斯特劳斯带有普遍性的政治思考超出了有限的当下情势。我们首先想指出，正如列维-斯特劳斯本人常说的，20 世纪 50 年代对他来说是一个危机时期——在理论、个人和职业方面都是如此。① 据他说，1949 年和 1950 年两度入选法兰西公学受挫是主要原因。"两次挫败以后，我觉得我永远不会从事常言所说的职业生涯了。我跟过去决裂了，重建了私人生活〔……〕"② 这一连串决裂之外，还应当加上纽约时期收藏的美洲印第安人艺术藏品的失散。1951 年，他把它们都拍卖了。不难想见，"收藏的热情"跟他建构自己的身份密切相关，藏品失散对他不仅是打击，而且象征着在流亡中建立起来的个人和心灵的完整性破碎了。他曾经对后来成为他第三任妻子的莫妮克·罗曼倾吐心声："我在

① 见《忧郁的热带》的"出版说明"，收入《克洛德·列维-斯特劳斯作品集》（Voir la notice de *Tristes tropiques*, in Claude Lévi-Strauss, *Œuvres*, op. cit, p. 1676 - 1678）。

② Claude Lévi-Strauss et Didier Éribon, *De près et de loin*, op. cit., p. 76.

坟墓里苟活。"① 无论如何，我们在阅读他写于 20 世纪 50 年代的文章时，能够觉察到一种心情和语气的变化。40 年代的政论里随处可见的那种擘画未来的乐观主义（可视为他年轻时期的改良派马克思主义的遗产②）不复存在，政治在他的视野中杳然无踪。有人曾向晚年列维-斯特劳斯问起这个问题，面对执意提问，他没有把时间放在 30 年代初，而是放在战争期间，坦承 40 年代初参加过几次戴高乐派的集会。不过，这么说仍然是为了淡化他于 1945—1947 年间在纽约担任文化参赞的外交工作，以及他在联合国教科文组织的国际社会科学理事会的活动——他从 1952 年到 1961 年担任该理事会的秘书长。没有必要怀疑他的说法有什么不真诚。其实，重述过去更多地表明悄然分道扬镳的深刻程度，它显然给过去增添了一抹色彩，对于像列维-斯特劳斯这样一位对平生谈得很多，旧事已经沉淀下来的人来说，尤其如此。21 世纪初，列维-斯特劳斯谈起一封 1942 年 9 月写给父母的信，信中说他计划写一本书，此书跟民族学无关，但是跟"从前跟阿瑟的晤谈"一脉相承（指把他带入政界的比利时马克思主义活动家阿瑟·沃戴斯③），目的是"澄清一些概念"，他还说当时的政治讨论中充斥的混乱观念使之成为必要。对此，列维-斯特劳斯干脆回答："完全记不得了。"

　　放弃政治的时间无论如何确定，列维-斯特劳斯的解释都不

----

① Cité in Emmanuelle Loyer, *Lévi-Strauss, op. cit.*, p. 375.

② Voir Wiktor Stoczkowski, *Anthropologies rédemptrices. Le monde selon Lévi-Strauss*, Paris, Hermann, 2008, p. 139 - 184.

③ 阿瑟·沃戴斯（Alexis Joseph Arthur Wauters, 1890—1960），比利时左翼政治活动家，曾担任政府部长和驻苏联大使。——译者注

变。他总是述说幻想的破灭，即他所说的一场彻悟带来的后果：他的政治分析总是不够充分，预言也总是被实际发生的事件戳破。列维-斯特劳斯不像有些人那样，具备政治"嗅觉"，能够预感到社会生活的走向，而且引领思考，使学者有时也能成为决断者和行动者。于是，荣登职业巅峰，成为知识界名人，同时也成就了一位安于甚至追求退隐，摆脱时下的公众生活的思虑和观念之争的人类学者。这位专治哥伦布之前的失落文明的学者，倾全力于法兰西公学的课程，夏季则躲进丽涅罗尔镇的乡居，"沉醉于神话"，编写皇皇两千页的四卷本《神话集》，完全置身于 20 世纪 60 年代的动荡之外。这个时期浮现的他的公众人物形象，从 80 年代起完全恢复，直到去世。

个性完全不适应政治活动的要求，而且较晚才发现，这个假设不应排除，不过它不足以解释 20 世纪 50 年代初发生的转折。首先，我们注意到幻灭发生的时间和地点：第四共和国时期的法国。自从 1935 年第一次去国前往巴西以后，这是这位人类学家时隔 13 年后重返祖国，同时憧憬新生和另起炉灶。这 13 年当中，除了几次回国短暂逗留以外，共有 10 年光阴在国外度过。这些年中，他遭遇了地位和身份的巨大变化。在巴西，他是法国的思想大使（不满 30 岁的大学教授）；1939 年，处于上升时期的青年民族学者一回国就开始服兵役，好几个月里跟着法国军队"溃退"，搭乘"载着家畜或羊群的火车"，"不停地变换宿营地"[①]；1940 年

---

① Claude Lévi-Strauss, *Tristes tropiques*, *op. cit.*, p. 11.

10 月 13 日的法律①一举把他打回犹太身份，尽管他不觉得这个身份很要紧。于是，他又成了被迫逃亡的"集中营的猎物"②。历经艰险抵达纽约后，他逐步融入了美国人类学界和当地知识界。他在高等研究自由学校积极投入，并且在法国解放后担任文化参赞。但是，回国以后，他看到的却是一个不甘心承认曾经战败的国家，而且显得尤其关心重写自己的历史。制度和思想的昔日分野再次浮出（他认为自己在法兰西公学的挫败是"守旧派"战胜了"现代派"）。回来的是同一批人，例如体质人类学家亨利·瓦卢瓦是人种分类学家，1943 年被维希政权任命为人类博物馆馆长，取代保罗·里维；1950 年当选同一机构的首长，取代法国著名的人类学家和抵抗运动人士雅克·苏斯代尔。于是，列维-斯特劳斯辞去了返法后一直担任的副馆长职务。这种对法国莫名而深刻的不适感，在《忧郁的热带》头几章里可见端倪：那是一些"〔如果〕致力于竞争某个大学职位，〔他本来〕不会敢于出版"③的"忏悔文字"，而且是在持续数月的"愤怒"和"气恼"的心情下写出的。

列维-斯特劳斯批评法国心胸狭隘，尤其表现在法国拒绝"基于权利平等"，将法兰西共同体向前殖民地的"两千五百万穆斯林公民"开放。跟这种畏首畏尾的做法形成对照，美国上个世纪曾毅然决定大量接受贫穷和资格较差的欧洲移民。美国赌

---

① 法国维希政权 1940 年 10 月 13 日颁布法令，要求犹太人必须就近到警察局报到，以领取带有"犹太人"字样的身份证。——译者注

② Claude Lévi-Strauss, *Tristes tropiques*, *op. cit.*, p. 10. 关于这个说法，另见该书第 49 页。

③ Claude Lévi-Strauss et Didier Éribon, *De près et de loin*, *op. cit.*, p. 76.

赢了——"单凭此举，美国就不再是盎格鲁-撒克逊世界的一个
小小的省份"①。两国命运的这一比较出现在 1955 年成书的《忧
郁的热带》的最后一章。当时，法兰西联盟——从 1946 年起就
是这个殖民帝国的政治组织——正在分崩离析，阿尔及利亚战
争方才开始。在列维-斯特劳斯看来，失败的原因在于，法兰西
联盟有一个虚伪的代表制度，即所谓"双选举团"制度。尽管
有一部理论上平等的宪章（取消了原居住地身份，凡侨民皆为
公民），这个制度仍在宗主国的法国人和殖民地人民之间搞出一
种极不平等的代表制。这也是《忧郁的热带》里唯一一次影射
法国当年的重要现实和国际局势的基本动态，即非殖民化进程，
而它在列维-斯特劳斯人类学里被认为付之阙如。这是因为无论
是国内还是国外，战后时期都没有信守对新格局的承诺。

《一个原始社会的对外政策》一文末尾，列维-斯特劳斯引
用了一份非常重要的政府通报，即总督菲利克斯·艾布威 1941
年 11 月 8 日颁布的"法属赤道非洲原住民的新政策"。列维-斯
特劳斯读到了通报的英译稿。艾布威在通报里倡导一种结合进
步主义和现实主义的政策，它重视现有的社会结构，尊重传统，
而且依赖于首领们的一贯支持。列维-斯特劳斯提到的正是这最
后一点。在促成创立法兰西联盟的布拉柴维尔会议（1944 年 1
月 30 日至 2 月 8 日）上，这份通报被用作展开工作的基础文件。
至少在原则上，这次会议深受联邦制理想的启示。列维-斯特劳
斯赞同联邦制，而且早在信奉社会主义的时期，就认为民族主

---

① Claude Lévi-Strauss, *Tristes tropiques*, *op. cit.*, p. 435.

义是一个祸患。1943 年 2 月，应美国国务院的几位对话者之邀，他写道："民族主权的瓦解应当从内部开始，一方面经由一个联邦制的过程，另一方面通过建立经济团体，打破民族群体之间的差别。"① 然而，这个理想待到 20 世纪 50 年代中期已经不合时宜。联邦制成为右翼和殖民阵营针对皮埃尔·孟戴斯-弗朗斯的一条指控（列维-斯特劳斯十分敬重孟戴斯-弗朗斯，而且在写作《忧郁的热带》期间与之会面过），甚至针对苏斯代尔。苏斯代尔本人是职业民族学家，青年时期信奉社会主义，1955 年被任命为阿尔及利亚总督。至于那些独立运动的领导人，联邦制在他们眼里不过是一道空洞的饬令，而且一如法兰西联盟的矛盾所表明的，是一种偷偷摸摸地延续法国统治的方式。于是，国籍的原理问题到处再次浮现。列维-斯特劳斯很清楚，它必须服从那个他后来称为"强大的引擎"的东西，"任何统治政体，甚至是联邦政体，都没有持久的力量去抗拒它"。不过，他随即补充道，这里头"没有任何可以令我们亢奋不已的东西，因为国家主权本身不是财产；一切取决于如何运用它"②。从这个方面看，20 世纪 50 年代之初的确是列维-斯特劳斯遭遇幻灭的时期，当他把"权力理论"的文字纳入《忧郁的热带》的时候，凡是涉及菲利克斯·艾布威以及民族学者与殖民地官员的必要对话之处，都被他删去了。

　　这是因为，在列维-斯特劳斯看来，现代西方的扩张改变了

---

　　① 为外交关系委员会和平目标小组准备的文件，转引自艾曼纽尔·卢瓦耶《列维-斯特劳斯》（Emmanuelle Loyer, *Lévi-Strauss*, *op. cit.*, p. 297）。

　　② Claude Lévi-Strauss et Didier Éribon, *De près et de loin*, *op. cit.*, p. 256.

世界历史的方向，而且在某种意义上使之焦头烂额。没有什么力量或调节机制能够抗拒它。"我们把殖民地人民"置于"悲惨境地"；他们"被迫在我们这一方和化为乌有之间做出取舍"①。这就能够解释，殖民问题何以在列维-斯特劳斯的著述中付之阙如。因为民族国家的复归要求区别以下两者：一是"传统的小社会——它们靠与世隔绝避开了文明的摧残，只盼〔在现代资本主义以外〕另起炉灶"；二是一些民族"要求在平等基础上加入国际生活，成为他们自觉姗姗来迟的工业社会的完整成员"②。两者各有各的历史，不寻求相同的行事方式。这方面，《一个原始社会的对外政策》（本书第十章）无疑是一个转折点，因为此文首次提出了 1952 年的《种族与历史》的结尾的观点，也是 1971 年的《种族与文化》的中心论点——只是语气更趋悲观——即文化之间是相对不可比的，有必要维持群体之间的差异。通过使"人性的概念与地球上的整个人类同外延"，我们固然取得了进步；可是，南比夸拉人的对外政策提醒我们，"较之并相对于其他群体"，每个群体都有必要继续保持"以群体自处的能力"，因为只有维持这种平衡，才能摆脱非此即彼的取舍，即 1949 年才走出的"全面战争"和"乌托邦式的全面和平"（第 149～150 页）。

因此，与其说列维-斯特劳斯 20 世纪 50 年代初期放弃了政治，不如说转入了不同层次的思考——不错，是转入更深沉的悲观主义。从此以后，整个西方文明的"单边体系"和所谓进

---

① Claude Lévi-Strauss, «Diogène couché», *Les Temps modernes*, n° 110, 1955, p. 1194.

② Claude Lévi-Strauss et Didier Éribon, *De près et de loin*, *op. cit.*, p. 256.

步的说教成为列维-斯特劳斯的抨击目标。他也从这个时期起，把借自热力学的"熵"的概念用于世界历史。这个词引申后增加了信息论和控制论等新学科的含义，即人类群体日益增多的交流打通了封闭的世界，迫使它瓦解。① 不过，这并没有妨碍他作为专家，为联合国教科文组织连续工作了多年，这个组织的巴黎总部距人类博物馆不远。列维-斯特劳斯是 1949 年成立的专家组成员，他思考的问题后来促成了联合国教科文组织发布第一份《关于人种问题的声明》②。1950 年 8 月，他前往印度和巴基斯坦，履行一项为期四个月的使命。这次是应负责"人种和种族主义"系列丛书的阿尔弗莱德·梅特娄的要求，从事名为"巴基斯坦的社会科学教学状况"的专题调研。在领导联合国教科文组织的国际社会科学理事会期间，他撰写了《种族与历史》，1952 年出版。根据维克多·斯道兹科斯基的披露③（跟列维-斯特劳斯后来的描述相反），列维-斯特劳斯的做法表明，虽然对这个组织的行动的指导方针有某种怀疑，但是，至少在头几年里，他工作还是非常积极的。在这个框架下，他从批判传统的人文主义出发，深入思考"普遍的人文主义"。他认为，传统人文主义从一开始就中了一种"自尊心"之毒，导致人类疏离了环境和其他生命体。④ 同样，从这个时期起，他就抱有一个

---

① Voir la notice de *Tristes tropiques*, *in* Claude Lévi-Strauss, *Œuvres*, *op. cit*, p. 1711 - 1712.

② Voir Wiktor Stoczkowski, *Anthropologies rédemptrices*, *op. cit.*, p. 26 - 33.

③ *Ibid.*, p. 224 - 242.

④ Claude Lévi-Strauss, «Les trois humanismes», *Anthropologie structurale deux*, *op. cit.*, p. 319 - 322.

信念："人类被认可的权利在其他物种的权利上撞上了天然界限。"① 这个信念当年不合时宜，如今却有令人尴尬的现实性。

美洲印第安人的种族灭绝与欧洲犹太人的毁灭

然而，如果把 20 世纪 50 年代的这次转变简单地看成幻灭的结果，仍然不够令人满意。这样描述显得轻而易举，似乎有意为之，不符合列维-斯特劳斯的思想性格。此处我们打算大胆尝试另一个假设：列维-斯特劳斯的南亚经历和 1950 年秋季的印度和巴基斯坦之行起了决定性作用。由于这次逗留带来的考验，也由于它的影响所及，他的人类学思考中重新出现了一个一直被避开的元素：欧洲犹太人的灭绝。

跟许多经历过战争的撰著者和学者一样，列维-斯特劳斯很难确定自己何时意识到这场浩劫的真实性和广度，以及评估它对自己的思想活动的影响。但是，毫无疑问，从 20 世纪 40 年代的美国岁月到返回法国，从相对乐观的纽约时期的文章——尽管有流亡生活的考验——到 20 世纪 50 年代对人类生存状态的悲观预见，这中间有深刻的和客观的差异。不过，细读《忧郁的热带》，可以看到两点：一是在列维-斯特劳斯看来，一个事件的真正意义从来不会立即昭显，过后回想才能显示意义；二是这种意义产生于跟另一个过后看来有可比性的事件的联系。这些是他的思想的深层特点，而且是结构人类学的重要部分，正如他在《忧郁的热带》里所说："社会科学并非建立在各类事件之

---

① Claude Lévi-Strauss, « Réflexions sur la liberté », *Le Regard éloigné*, Paris, Plon, 1983, p. 374.

上，一如物理学并非建立在感性的数据之上。"① 只有通过比对孤立的元素才能找到相关特点。列维-斯特劳斯大约在 1945 年前后发现了犹太人浩劫的真相，然而，使之成为思考对象的却是令他心痛的南亚经历。这个经历无疑也使他懂得，即使不情愿，这段历史在某种意义上也属于他本人，因为这位融入法国社会的犹太学者自视为"犹太裔法国人"，而非"法国犹太人"②。

《忧郁的热带》一上来就声称厌恶旅行，接着述说"囚犯们"在保罗-勒麦赫尔船长号上的渡海经历，这个开篇却一直没有引起充分的注意。这艘"又脏又臭又挤"的客轮搭载数百位旅客，犹太人居多，还有一些受迫害的艺术家和知识分子，包括安德烈·布勒东、维克多·塞尔日、安娜·西格斯和维弗雷多·拉姆。关于这场经历，相比宪兵虐待被视为"无赖"的旅客，他对旅客被当成"人口贩运"印象更深，以及难以忍受的拥挤不堪和不人道的待遇：整整四个星期，他们挤入一艘仅有两间客舱的船上。这种不人道的待遇被"患有某种集体脑紊乱"的法兰西堡的接船军人再次证实。他们像对待"牲口"似的辱骂"一船替罪羔羊"般的旅客，拿他们"出气"，把他们关进马提尼克岛南端的集中营。③ 这些插曲，列维-斯特劳斯当时忙得没时间去分析，后来回忆时才寻回民族学者的思路。他感到，

---

①　Claude Lévi-Strauss, *Tristes tropiques*, *op. cit.*, p. 46.

②　见维克多·马尔卡 1983 年对列维-斯特劳斯的访谈录（*L'Arche*, n° 317, *août* 1983, p. 57）。关于这个具有根本性的问题，参阅丹尼尔·法布尔的《从伊萨克·斯特劳斯到克洛德·列维-斯特劳斯》一文（À ce propos, voir l'étude fondamentale de Daniel Fabre, «D'Isaac Strauss à Claude Lévi-Strauss», art. cité）。

③　Claude Lévi-Strauss, *Tristes tropiques*, *op. cit.*, p. 14 - 15.

在那种境况下，社会生活似乎完全中断。

　　在《忧郁的热带》前几章里（读者会感到，接下去的那些出名的巴西印第安人的照片和图表使之黯然失色），"空间开始紧缩"，接连出现了"社会群体像排脓水似的沁溢各种蠢行、抱怨和轻信上当的表现"①：马提尼克岛上蛮横的庭审，巴伊亚的巴西警察的折磨，在波多黎各遇上的美国警察，等等。这些场景跟描写加尔各答和德里的那几页几乎一模一样，用词也常常相同："蜂拥""感染"和"人口贩运"。不人道首先是由于空间逼仄。在加尔各答的现代化商旅客栈里，出现了"集中营的猎物"②的明确体验。这些南亚城市的相似经历没有出现在列维-斯特劳斯的旅行日记里，而是四年后，最终出现在《忧郁的热带》所分述的往事里："睡在里头的众人一起床就被送去做礼拜，祈求医治他们的疖疮、溃疡、疥癣和创伤，然后用喷枪冲刷一切，水泥睡台于是清空了，准备迎接下一批朝圣者过夜。除了集中营，也许没有任何一个地方，人类和屠宰场的畜肉会如此混杂。"③

　　这个场面令人联想到另一幅不人道的景象：达卡市南部的工人居住区。与世隔绝的亡命者在武装警察的看守下，挤住在"可冲洗的光秃秃的水泥槽里"，这使列维-斯特劳斯想起"用来喂鹅

① Claude Lévi-Strauss, *Tristes tropiques*, *op. cit.*, p. 17.

② *Voir supra*, note 2, *p.* 39 *et infra*, p. 49.

③ 克洛德·列维-斯特劳斯《忧郁的热带》，前引第116页。参阅樊尚·德巴纳《民族学家的拉撒路面貌》，收入米歇尔·伊扎尔的《莱尔尼单行本：列维-斯特劳斯》第82期［Claude Lévi-Strauss, *Tristes tropiques*, *op. cit.*, p. 116. Voir Vincent Debaene, «Portrait de l'ethnologue en Lazare», *in* Michel Izard (dir.), *Lévi-Strauss*, Cahiers de L'Herne, n° 82, 2004, p. 102-104].

的饲养棚"①。在这两种情况下，住所沦为"公用下水道沿线的连接点"，生活"沦为仅仅履行排泄功能"②。在拥挤混杂的环境里，管理部门逼迫保罗-勒麦赫尔船长号的旅客"集体下蹲"，说的正是这一排泄功能。

看来这是旅途中列维-斯特劳斯最难以忍受的事。这些景象和类比带有一种荒诞的意味，它们既表明很难理解不可想象的事物，也表明一种模糊的意识，因为这段经历直接涉及他这个犹太人，尽管他早已彻底融入主流社会。虽然他在叙述里没有提起，可是，据布勒东说，我们知道，下船时他遭到法兰西堡宪兵的反犹辱骂③。《忧郁的热带》未提此事，我们的民族学家只是说："我知道，当代人类由于人口太多，〔这种局面〕像凶险的水流一般缓慢地涌现〔……〕在物质的和思想的密集交流的刺激下，人们似乎变得器量狭窄。"④ 这个说法正好符合当年的观念：对资源有限的地球来说，人口爆炸是最大威胁。⑤ 然而，他得出的结论很特别：否认浩劫的特殊性，因为很不幸，欧洲遭遇的这场野蛮行径不可归咎于"出自一个民族，一种教义或一个族群的越轨行为。我认为，它们其实是向一个有限的

---

① Claude Lévi-Strauss, *Tristes tropiques*, *op. cit.*, p. 116.

② *Ibid.*

③ "有一位年轻的学者，倍受尊敬的那种，应召前往纽约继续他的工作。他们对他说：'在红点这个地方（岛上的营地之一）……您不算法国人，您是犹太人，对我们来说，所谓法国犹太人比外国犹太人更坏。'"（*Œuvres complètes*, Paris, Gallimard, «Bibliothèque de la Pléiade», t. Ⅲ, p. 387）

④ Claude Lévi-Strauss, *Tristes tropiques*, *op. cit.*, p. 17.

⑤ Voir Wiktor Stoczkowski, *Anthropologies rédemptrices*, *op. cit.*, p. 213 - 242.

世界演变的先兆，即如南亚比我们早一千或两千年所经历的那样"①。从这个意义看，列维-斯特劳斯 1954 年说的一句奇怪的话就让人豁然开朗了，他说自己 1941 年时"根本不明白〔保罗-勒麦赫尔船长号上的经历〕对于未来岁月的象征意义"。

从 20 世纪 50 年代起，列维-斯特劳斯的人类学仿佛无声地经受了回忆和可能有过的浩劫的打磨（他从未明确使用"浩劫"一词）。这种暗中进行的工作还有另一个标志：在 1954 年的《入睡的狄奥尼索斯》一文里，奇怪地出现了拉撒路的形象②。这篇长文是对罗歇·凯卢瓦攻击《种族与历史》的猛烈驳斥（由于语气激烈，他一直没有发表）。文中，民族学者被比喻为《圣经·新约》里的人物拉撒路：死而复生，却一直带着经历死亡的烙印。回到文明世界的民族学者"无法恢复最初的样子"，"苦于长期被连根拔起，他感到哪里都不是自己的家，一直是心理上的残疾人。〔……〕他不再往来于野蛮人的国度和文明人的国度，无论走到哪里，他都自觉从死者当中走来〔……〕把文化传统的残肢断臂拼接起来以后，如果他能归返故乡，仍然不免是死而复生之人"③。然而，拉撒路在 50 年代之初是一个重要的譬喻，它用于指称和思考集中营的幸存者，尤见于莫里斯·布朗肖和让·凯罗尔的著述。二人的思想世界与列维-斯特劳斯

---

① Claude Lévi-Strauss, *Tristes tropiques*, op. cit., p. 140.

② 耶稣令拉撒路死而复生的故事，见于《圣经·约翰福音》。——译者注

③ Claude Lévi-Strauss, "Diogène couché", art. cité, p. 1217.

十分迥异，这使得这个巧合更令人惊诧。① 也是在这个时期，列维-斯特劳斯着手写作《忧郁的热带》。不妨认为，一种无意识的类比暗中引领着撰写过程：欧洲的幸存犹太人和被现代西方摧毁的印度人，二者命中都是"猎物"，一个是"集中营的猎物"，一个是"机械文明的陷阱里的猎物"②；二者也都不得不重组崩坏的"文化传统的残肢"。从这以后，列维-斯特劳斯的人类学便以揭示这场重组的原理为己任。

不难看出他在这个时期的摇摆性。列维-斯特劳斯没有彻底放弃政治，他放弃的是专家的立场，以及整合学术分析与政治药方的理想。从个人轨迹来看，在某种意义上，20 世纪 50 年代初期重复了 1939 年从田野工作返法后的那场危机。正如许多民族学者身上常见的那样，自第二次巴西之行返法以后，他在个人生活和思想状况方面都遇到一个动荡时期。跟第一任妻子狄娜分居，文学尝试受挫，都是这方面的反映。这成了他的人生方向和个人成就的一个转折点。③ 几个月后，他避走纽约，在个人、职业和理论方面从事一番重建。④ 50 年代初期打乱了这些方面的格局。写作《忧郁的热带》的同时，他的个人坐标也发生

① Maurice Blanchot, «La littérature et le droit à la mort» (1947), repris dans *De Kafka à Kafka*, Paris, Gallimard, 1981. Jean Cayrol, *Lazare parmi nous*, Paris, Seuil, 1950.

② Claude Lévi-Strauss, *Tristes tropiques*, *op. cit.*, respectivement p. 10 et p. 29. Voir Vincent Debaene, «Cadrage cannibale. Les photographies de *Tristes tropiques*», *Gradhiva*, n° 27, printemps 2018, p. 90 – 117.

③ *Voir «En marge de Tristes tropiques»*, *in* Claude Lévi-Strauss, *Œuvres*, *op. cit.*, p. 1628 – 1650.

④ Laurent Jeanpierre, «Les structures d'une pensée d'exilé», art. cité.

了变化，这无疑有某种疗治的作用，令他走出这一人生阶段，同时为一种系统化的结构主义奠定基石，摆脱谋建法则的社会学。自此，列维-斯特劳斯的著作分流为两条脉络：一方面，根据一部灾难史的残留（在他心目中，美洲印第安人的种族灭绝跟毁灭欧洲犹太人没有根本的分别①），寻找可理解性。《野性的思维》交代了这场追寻过程的缘由，成果则见于根据神话和民族学者搜集的所有先于远征美洲②的古老习俗而撰写的四卷本《神话集》。另一方面是涉及全人类的深沉思考，而且跟环境和整个生命世界联系起来。这些思考后来成为《种族与文化》的内容，亦见于《遥远的目光》中的一些篇章和《猞猁的故事》里的一些段落。1949 年，这位民族学家还做着外交官之梦，"会说所有的语言"，为所有社会之间的合作奉献心力；如今呢，面对"满脑子优越感"的横行无忌的人类，他自任为非人类世界请命，从对弱小社群的研究里吸取"教训"，因为这些社群从来不把人类视为"创世的上帝和主宰，对大自然和生命的所有表现形式妄自滥施权力"③。

本书收入的文章均写于这次分流之前。列维-斯特劳斯那时仍然把历史视为人类能改变其走向的力量。他不久就放弃了这

---

① 列维-斯特劳斯写过一篇不大为人所知的文章，言辞罕见地激烈。文中把灭绝营、毁灭古老社会和动植物种相提并论，此即他在 1973 年获得艾拉斯谟奖时的演说（«Discours de Claude Lévi-Strauss», *Praemium Erasmianum*, Amsterdam, Stichting Praemium Erasmianum, 1973, p. 24 - 28）。

② 远征美洲（La conquête）当指 1492 年哥伦布"发现"美洲之后，西葡远征军针对以阿兹台克人、玛雅人和印加人为主的原住民的一系列征战。——译者注

③ «Discours de Claude Lévi-Strauss», art. cité, p. 27 - 28.

个想法。他竭力揭示的逻辑范畴跟历史是相反的，至少跟地球上迄今上演的历史相反，历史基本上是一个展现冲突的舞台，各种力量失衡导致现有族群的毁灭，后者的象征标记也被打得七零八落，只能找到残存的片鳞半爪。

"零"在结构主义的酝酿过程中至关重要，这是它的最后一层意思。罗曼·雅各布森的零现象，罗兰·巴尔特的"写作的零度"，当然都有明确的指向。对于列维-斯特劳斯来说，零施指（signifiant zéro）正是比较不同象征实体的条件；不过，这个字眼之所以获得青睐，也是因为它能够凝聚历史上十分矛盾的隐含意义，当然包括获得新生和再出发，但也包括可怕的和不可想象的事物。要理解这一点，不妨试想罗伯托·罗西里尼[①]的《德意志零年》、布朗肖的"零点的人"[②]，或凯罗尔的"零状态"的人——不仅是列维-斯特劳斯在二战结束后梦想的前景光明的"另起炉灶"，也包括一种预感，而且令人惊愕地被后来的环境灾难所印证，即悲伤地领悟到，文明会带来自身的毁灭。

樊尚·德巴纳

---

① 罗西里尼（Roberto Rossellini，1906—1977），意大利导演、编剧和电影制片人，意大利影坛艺术新现实主义的重要成员之一，曾因与瑞典影后英格丽·褒曼的私奔而名噪一时。——译者注

② Voir Maurice Blanchot, «L'homme au point zéro», *La Nouvelle Revue française*, n° 40, avril 1956.

出版说明

　　这部文集分五个部分，文章排序不按时间先后。事实上，各篇文章的正式发表日期是我们唯一掌握的时间顺序。然而，由于时局动荡，况且是在一个很短的时期内，这一时间顺序无法显示文章问世的真实时间，也无法显示撰写或构思的日期。根据主题给文章排序还有两条理由：首先，这样做符合列维-斯特劳斯本人为两卷《结构人类学》设计的体例；其次，避免把这里搜集的文章简单地当成"遗产"去阅读，因为我们的目的不是汇集一位大作家青年时期的文章①，也不是表明他的作品如何诞生，而是给读者提供一些被遗忘或不为人知的文章。这些文章丝毫没有丧失现实性——今日世界往往重新赋予它们某一方面的现实意义。

　　本书末尾附有这些文章最初发表的出处。17篇文章有12篇最初是用英文发表的。至于列维-斯特劳斯当初是直接用英文撰写——不排除有人帮忙——还是他本人用法语写就后译成英文，对此我们不得而知。有的文章发表时注明了法语原作的出处（第一章和第十二章），有的则在英语原作后头，附上列维-斯特劳斯本人的法语译文（第七章）。

---

　　① 况且，这个集子并非拾掇无遗。一些写于1943年至1947年间的文章没有收入，因往往极为简短，我们认为不是应时而作，就是偏重技术性。

第二章和第十一章的法语原作已经找不到，于是，我们在 1942 年帕特丽夏·勃朗的英译本基础上，将其回译为法语。如果文章是我们自行翻译成法语的（第二章、第四章、第九章、第十一章、第十三章、第十四章、第十五章、第十六章、第十七章），文末会予以注明。凡原文用大写字母的和断句之处，我们一律遵例照抄。不过，如果有些部落名称在各篇文章里有所不同，我们就按照排印的规矩，统一拼写法。

原文出版时所附的各类图表，我们也尽可能采用，尽管技术上并非总是做得到。例如，第十五章、第十六章、第十七章所用的单幅插图胶片，质量差得已经没法用了，于是我们只保留能够觅得高质量复制件的照片。至于第十二章的插图，部分采用原文里的图像（只要找得到），部分为 1943 年版里出现的器物的新近照片。①

＊ ＊ ＊

如果没有莫妮克·列维-斯特劳斯的鼓励和友情陪伴，本书难以问世。是她鼓励我重拾这个旧日的计划。此外，我与洛朗·让皮埃尔和弗雷德里克·凯克的交流和宝贵的讨论也是本书的一个源头。谨向三位致以热忱的谢意。这项工作承蒙另外一些对话者慨允校阅序言和译文，或在某个方面提供了协助，包括以下各位：玛丽·德玛蒂、埃莉奥诺尔·德弗韦、弗雷德里克·凯克、艾曼纽尔·卢瓦耶、吉尔达·萨尔蒙、托马·伊尔施、萨米埃尔·斯基蓬。一位重视保持"适当距离"的读者莫里斯·奥朗德始终善意关注本书的构想，并且提出过宝贵的建议。

---

① 第十二章插图因版权问题，在中文版中无法使用。——译者注

目　录

历史和方法

个人与社会

互惠性和等级制度

历史和方法

第一章 法国社会学

献给马塞尔·毛斯[1]

一

法国社会学是个早产儿，它有大胆的理论预见，但是缺乏具体数据或数据不足，这两者的差距是天生的，使它至今仍然深受其害。社会学——这个字眼连同内容——为奥古斯特·孔德所创。按照他的设想，社会学不仅是一门新的科学，而且是最高的一门人文学科，用于囊括和支撑其他所有学科的工作。可惜后者没有太多东西可以提供，孔德的社会学仍然空悬在沉重的抱负和脆弱的实证基础之间。这个困难的局面一直持续到 20 世纪初。对于法国社会学的目标和方法，世界各地，特别是英语世界最近出现的新关注显示，危机已经在很大程度上被克服。如果说，

---

① 1945 年的英语原文明确地说"献给双重受压下度过七十寿辰〔1942 年〕的毛斯的思想"，这无疑是曾指毛斯被迫从法兰西公学退休及其公寓 1942 年被征用，从而不得不住进一间"阴冷龌龊"的底层斗室（见他致伊尼亚斯·梅耶松的信）。

马林诺夫斯基摇摆不定的附会不妨被视为模棱两可，拉德克利夫-布朗的忠诚却显得意义更为重大：他的《安达曼岛民》一书，开篇就引用了亨利·于贝尔为尚特皮·德·拉·索赛的《宗教史课本》撰写的序言，再到他发表于 1935 年的《论社会科学里的功能概念》[①] 一文，他一向认可涂尔干及其同事在社会科学的方法方面的重大贡献。拉德克利夫-布朗曾在芝加哥大学逗留，其间引起美国年轻一代的社会学者和民族学者对涂尔干的极大兴趣[②]，对此我们耳熟能详。这次访问的结果之一是《社会学方法的准则》[③] 的英译本出版。这已经是该书问世 40 年之后。要是说一些像瑞德菲尔德这样的学者没有坐等如此之久才表明兴趣，绝非虚言。在他的最后一部著作里，瑞德菲尔德再次把涂尔干引为灵感源泉之一。[④] 最近这些年，人们对于涂尔干及其学派的兴趣不减反增。关于这一点，只需提出罗维[⑤]和帕森斯[⑥]的细致

---

①　Alfred Radcliffe-Brown，*American Anthropologist*，new series，vol. 37（3），1935，p. 394.

②　Fred Eggan（éd.），*Social Anthropology of North American Tribes*，Chicago，University of Chicago Press，1937.

③　Émile Durkheim，*The Rules of Sociological Method*，Chicago，University of Chicago Press，1938.

④　Robert Redfield，*The Folk Culture of Yucatán*，Chicago，University of Chicago Press，1941，préface，p. Χ；et p. 343.

⑤　Robert H. Lowie，*The History of Ethnological Theory*，New York，Farrar and Rinehart，1937.

⑥　Talcott Parsons，*The Structure of Social Action*，New York，McGraw-Hill Book Co.，1937.

述评，以及晚近发表的有关论文①和一本著作②，便可了然。法国学派的主要贡献虽然是 20 世纪头 25 年甚至包括 19 世纪的最后几年的事，可是并没有过时。

对法国社会学的兴趣复苏由来已久，主要因为法国思想界早就预见到，社会学跟其他学科同属一类，最终目标是揭示现象之间的普遍关系。此外还有一条理由，虽然重要性次之，但是应当一开始就指出。很久以来，特别是在英美等国，社会学一度由于与民族学隔绝而吃亏。林顿、瑞德菲尔德和沃纳等人的显例告诉我们，情形不复如此。克罗伯数年前就指出了这个现象，连同其缺陷："理论上，这两门学科有紧密的联系，差不多同时诞生于西欧，然而往往长期彼此隔绝，这个问题本身在文化史上很有趣，它暗示推动这两门学科的群体动机不同，目标各异。"③ 克罗伯还指出，法国从来不是这样。社会学被认为是一种用来强化群体自身，使之更有效率的技术，它要求一些随时准备服从社会秩序的头脑，民族学则往往是难以融入社会环境者的避风港。那么，是否应当把这个现象与"动机不同的群体"联系起来呢？也许是吧。对于法国的局面带来的问题，我们能够很容易找到答案。自蒙田以来，社会哲学几乎总是跟社会批评相关。搜集事实主要是为了搜集论据。不错，经历了法

---

① John Sholtz，《Durkheim's Theory of Culture》，*Reflex*，1935. Harry Alpert，《Émile Durkheim and the Theory of Social Integration》，*Journal of Social Philosophy*，6，january 1941，p. 172 - 184.

② Harry Alpert，*Émile Durkheim and his Sociology*，New York，Columbia University Press，1939.

③ Alfred L. Kroeber，《History and Science in Anthropology》，*American Anthropologist*，new series，vol. 37 (14)，1935，p. 559.

国大革命和 1870 年战争的破坏以后，从重塑法国社会的意愿中产生了现代社会学，然而，在孔德和涂尔干的背后，还站着狄德罗、卢梭和蒙田。他们做出了民族学思想——因而也是批判的思想[①]——的早期论述，法国社会学始终是其继承者。

为了不致误解，有必要强调一下法国社会学的另外几个特点。它从未自视为一门自顾自的孤立学科，而是一种研究人类现象的方法或态度。社会学并不非得是社会学者才能研究。在法国，不少以其他学科的名头取得的研究成果也可以归功于社会学。法国的"人文地理学"学派尤其如此，其代表人物只接受过地理学训练，但照样从事社会学工作，通常采取的形式是有关某地某国的专题报告，既谈环境，也谈人类。不妨举出几位深具社会学精神的地理学者的工作为例：朱尔·西翁的《东诺曼底的农民》（巴黎，1909），罗贝尔·迪翁的《论法国乡村风景的形成》（图尔，1934），皮埃尔·古鲁的《安南民居研究概要》和《东京[②]三角洲的农民》（巴黎，1936）。在年轻一代地理学者当中，例如皮埃尔·蒙贝格、让·戈特曼等等，这个倾向更为明显。

法国社会学的普世主义使之能够为多个学科的革故鼎新做出贡献。下文将进一步论述西米昂在经济学上的贡献。很多看起来不搭界的学科都获益于它的兴起。例如，现代欧洲的语言学巨擘

---

① 关于这一点，可参阅勒内·于贝尔《百科全书里的社会科学》（1928）和勒内·莫尼耶《社会学引论》（1929）［René Hubert, *Les Sciences sociales dans l'Encyclopédie* (1928), et René Maunier, *Introduction à la sociologie* (1929)］。

② 东京（Tonkin）旧指今越南北部红河三角洲流域。奠边府战役后，法国殖民势力被驱逐，"东京"之名渐渐被弃用。北部湾旧称东京湾，即因"东京"而得名。——译者注

弗迪南·德·索绪尔（《普通语言学教程》，1916）、安东·梅耶（《印欧语比较研究导论》，巴黎，1903；《历史语言学中的比较方法》，奥斯陆，1925；《历史语言学和普通语言学》，巴黎，1921—1936，两卷本），二人都不止一次提到他们赞同涂尔干，得益于他的教诲。

法国社会学因此怀有某种自负，其他社会学科的代表人物当然会注意到这一点，而且心生某种不满。法国社会学很早就能把握理论领域的整个广度，远在将其穷尽之前[①]，其他学科则遵循自己的方法，与之半路相遇是不可避免的。法国社会学如果不是有时以母亲自居，得意地辅助孩子学步和不吝发出忠告，这些邂逅本来会对每个学科都有益（在不少情形下也的确如此）。这种做法并不合那些勤奋的学者的胃口，因为他们对完成开创性的工作有充分的意识。有时他们会显露焦急情绪，腹中不无牢骚。例如，吕西安·费弗尔和朗乃尔·巴泰龙合著的杰作《大地与人类演进》（巴黎，1922）[②]里的历史学者和地质学者，以及最近发生在莫里斯·哈布瓦赫和阿尔贝·德芒戎之间的讨论。前者是涂尔干的学生，后者既是社会学大家，也是地理学翘楚，而且不服有时显得很强势的涂尔干学派。[③]再就是

---

① 关于这一点，可参阅马塞尔·毛斯《社会学的分支的分工和比例》（Marcel Mauss, «Division et proportions des divisions de la sociologie», *L'Année sociologique*, nouvelle série, 1924 - 1925）。

② 《历史的地理学导论》英译本（*Geographical Introduction to History*, New York, Alfred A. Knopf, 1925）。另见亨利·贝尔和吕西安·费弗尔的《历史》一文（Henri Berr et Lucien Febvre, «History», *Encyclopedia of the Social Sciences*, 7, 357 - 368）。

③ Albert Demangeon, *La Plaine picarde*; et (en collaboration avec Lucien Febvre) *Le Rhin* (Paris, 1935).

马克·布洛赫对西米昂著作的批评。当然，这并不妨碍布洛赫完成了人们所知的具有真正的社会学特点的历史杰作。[①]

除语言学以外，至少在两种情况下，双方都毫无保留地接受合作和互利互惠。第一种情况是亨利·于贝尔同时在两个方面进行的工作：宗教社会学，以及考古与历史（与毛斯合作）。他有两部著作：《凯尔特人和直至拉登文化时期的凯尔特扩张》和《拉登文化时期以来的凯尔特人和凯尔特文明》（巴黎，1932）。[②] 第二种情况是马塞尔·葛兰言[③]，他的著作直接脱胎于涂尔干学派。[④] 他晚期的探索性重构工作[⑤]不应使人忘记他早先的贡献，因为它们为研究古代中国的社会结构开启了令人炫目的新天地。因此，在社会学影响下，不光语言学和地理学，欧洲考古学和远东的古代史也都大获裨益。影响所及，甚至包括"先锋派"在内。第二次世界大战之前的数年中，在罗歇·凯卢瓦

---

① 马克·布洛赫《工资和长时段的经济起落》（Marc Bloch, «Le salaire et les fluctuations économiques à longue période», *Revue historique*, t. 173, 1934, p. 1 - 31），以及他的其他一些著作：《国王神迹》（*Les Rois thaumaturges*, Strasbourg, 1924）、《法国乡村史》（*Les Caractères originaux de l'histoire rurale française*, Oslo, 1931）、《封建社会》（*La Société féodale*, Paris, 1939）。布洛赫从 1929 年起主持的《社会与经济史年鉴》（*Annales d'histoire économique et sociale*）是一份既有历史学也有社会学内容的杂志。

② 英译本：*The Rise of the Celts* (New York, Alfred A. Knopf, 1934) et *The Greatness and Decline of the Celts* (London, George Rutledge and Sons, 1934)。

③ 葛兰言也译为格拉内。——译者注

④ Marcel Granet, *Fêtes et chansons anciennes de la Chine* (Paris, 1919); *La Polygynie Sororale...* (Paris, 1920); *La Religion des Chinois* (Paris, 1922); *Danses et légendes de la Chine ancienne* (Paris, 1926, 2 vol.); *La Civilisation chinoise* (Paris, 1929); *La Pensée chinoise* (Paris, 1934); la plupart de ces ouvrages sont traduits.

⑤ Marcel Granet, *Catégories matrimoniales et relations de proximité dans la Chine ancienne*, Paris, 1939.

的领导下，"社会学苑"成为社会学者与超现实主义画家和诗人的聚集地。这场实验很成功。社会学和研究人类及有关人类的所有思想潮流之间紧密合作，这是法国学派最重要的特点之一。①

应该从这个角度出发，去理解法国社会学对心理学、民族学、法学和经济学的贡献。

在不脱离早期传统的同时，社会学最终为每个学科规定了研究问题的特殊方式。社会学并不在乎观点出自何人，无论独立学人，还是中规中矩的社会学者。因此，在一篇简短的报告里，有时很难截然分清哪些是来自社会学本身的，哪些属于其他学科。读者如果对更周详的论述感兴趣，不妨从塞莱斯廷·布格莱的一本小书里详察实情：《现代法国社会学总汇》（巴黎，1935）。另外可以参考乔治·德斐的《社会学今昔》（巴黎，1931）。②

奥古斯特·孔德的体系没有给心理学留下任何位置。与之相反，涂尔干和毛斯始终强调社会现象的心理属性。自从涂尔干 1898 年在《形而上学与道德学刊》上发表了《个人表象和集体表象》一文以后，这一点变得显而易见。涂尔干承认，可能出现一种新型的心理学，既客观又具实验性质，它能够协调社会现象的双重特点：既是"事物"，又是"表象"。夏尔·布隆代尔指出（《集体心理学引论》，巴黎，1928），奥古斯特·孔德

---

① 见于亨利·贝尔主持的国际综合中心的全部工作，合作者包括许多社会学家；亦见于雷蒙·阿隆、阿尔贝·德芒戎、让·莫福海等人撰写的《法国社会科学》（Paris, Centre d'études de politique étrangère, 1937）。另见埃米尔·涂尔干和保罗·福孔奈的旧文《社会学和社会科学》（« Sociologie et sciences sociales », *Revue philosophique*, mai 1903）。

② 另见保罗·福孔奈的《法国的涂尔干学派》一文（Voir aussi Paul Fauconnet, « The Durkheim School in France », *Sociological Review*, 19, 15 - 20, janvier, 1927）。

所反对的，与其说是心理学本身，不如说是当年那种内省的、形而上学的心理学。但是，涂尔干并不满足于只强调社会过程的精神侧面[1]，而是据此逐步得出结论：社会过程属于理想的王国，主要内容是价值观。[2]

如果说，涂尔干把社会学视为心理学之一种，它却是一种十分特殊的心理学，不可跟个人心理学混同。这正是他反对塔尔德[3]的要义。塔尔德认为，一切社会现象都能用个人心理过程来解释，即模仿和时尚。涂尔干曾经激烈地批判过他（《自杀论》，巴黎，1897），虽然如此，从心理学和社会学始终存在的紧密联系看，塔尔德至少看到了问题的几个要素。如果依照有关文化传播的现代思想，重新评价他几乎被遗忘的著作（《集体心理学引论》），那会很有意思。涂尔干和塔尔德的对立并不像两人所想的那么大。

最近几年，心理学（包括心理分析、形式理论和对条件反射的研究）为社会学带来了更多前所未有的启示。可是，相反的倾向在法国占了上风。一方面，丹尼尔·埃塞捷尽力拉近心理学和社会学的成果之间的距离（《解释的低级形式》和《心理学和社会学》均于 1927 年问世；《社会学》，1930），社会学家哈

---

① Émile Durkheim, *Les Règles de la méthode sociologique*, préface à la 2ᵉ édition, Paris, Alcan, «Bibliothèque de philosophie contemporaine», 1901.

② *Id.*, «Jugements de valeur et jugements de réalité», *Revue de métaphysique et de morale*, 1911; Célestin Bouglé, *Leçons de sociologie sur l'évolution des valeurs*, Paris, Armand Colin, 1922.

③ Gabriel Tarde, *Les Lois de l'imitation*; *Essais et mélanges sociologiques*; *La Logique sociale* (1895); *Études de psychologie sociale*; *Les Lois sociales* (1898); *L'Opinion et la Foule* (1901).

布瓦赫、心理学家布隆代尔则不失时机地借重社会学的成果，重新提出心理学问题。

冲突发生在涂尔干自己选择的研究领域：自杀现象。沿着他开辟的道路，阿尔贝·巴耶（《自杀与道德》，巴黎，1923）和莫里斯·哈布瓦赫（《自杀肇因》，巴黎，1930）分别把分析扩大到道德观和社会动机的历史领域。与他们相反，心理医生阿基尔-戴尔马和莫里斯·德·弗勒里则要求对自杀现象做出严格的心理学和个体的解释。意味深长的是，综合工作是由有社会学头脑的心理学家布隆代尔在《论自杀》（1933）一书里完成的。

众所周知，社会学和民族学在法国是同道。巴黎大学民族学研究所就是这种合作的生动体现。直至1938年，这个研究所一直由马塞尔·毛斯、吕西安·列维-布留尔和保罗·里维博士共同领导。里维博士还兼任人类博物馆的馆长。合作精神也激励了海外法兰西国立学校①的教学活动，其教学目标较为实用。

----

① 在法国殖民地上，有一些从事社会和语言、考古和民族学研究的专门机构，其中最重要的是法国远东学院、非洲研究所、摩洛哥高等研究院和撒哈拉高等研究院。关于法国殖民地的社会人类学研究，可以举出数例：阿尔弗莱德·格朗迪迪埃的《马达加斯加的物质、自然和政治的历史：1875—1917》；莫里斯·德拉福斯的《上塞内加尔-尼日尔大区》（1912，3卷）及其伏利日曼的英译本《非洲黑人》（华盛顿，联合出版社，1931）；亨利·拉布雷的《洛比分支的部落》（1931）、《曼丁人》（1934）、《恩达尔哨所的渔民》（1935）；罗贝尔·蒙塔涅的《柏柏尔人和马赫增制度》（1930）、《柏柏尔村庄和要塞》（1930）〔Alfred Grandidier, *Histoire... de Madagascar* (1875 - 1917); Maurice Delafosse, *Haut-Sénégal Niger* (1912, 3 vol.); *The Negroes of Africa*, traduction de F. Fligelman (Washington, Associated Publishers, 1931); Henri Labouret, *Les Tribus du rameau Lobi* (1931); *Les Manding* (1934); *Les Pêcheurs de Guet N'dar* (1935); Robert Montagne, *Les Berbères et le Makhzen* (1930); *Villages et kasbas berbères* (1930)〕。

不过，应当说明几个倾向：

首先是一些独立著述家，他们在涂尔干学派形成以前就有传承，选择了走自己的道路，而不是附庸新的正统。这里仅举数位：埃米尔·努里（笔名圣蒂夫），作品以民俗学为特点，可以间接地跟社会学发生关联。阿诺尔德·范热内普的情形不同，他也是民俗学者①，但是发表过好几部主题广泛的作品，例如《马达加斯加的禁忌和图腾崇拜》（1904）、《过渡礼仪》（1909）、《宗教、风俗和传说》（1908—1912）、《图腾崇拜问题的现状》（1920）。勒内·莫尼耶，律师出身，可是对北非的法律和习俗特别有兴趣，跟里维-毛斯的团队合作密切。他编辑了《社会学和司法民族学研究汇编》（始自 1931 年），著作包括一些总论：《论社会群体》（1929）、《法律民俗引论》（1938）、《殖民地社会学》（1932—1936，两卷）。他还写过一些专题论文：《卡比利亚地区的集体筑屋》（1926）、《北非的交换仪式研究》（《社会学年鉴》，新系列第 2 期，1927）、《北非社会学汇编》（1930）。

列维-布留尔跟涂尔干学派一向关系密切，尽管双方均称有

---

①　阿诺尔德·范热内普著有《民俗》（1920）、《勃艮第民俗》（1934）、《多菲内民俗》（1932—1935，两卷）、《法兰德斯和海诺的民俗》（1935—1936，两卷）、《当代法国民俗手册》第 3 卷和第 4 卷（前两卷已发表，1937—1938）〔Arnold van Gennep, *Le Folklore* (1920); *Le Folklore de la Bourgogne* (1934); *Le Folklore du Dauphiné* (1932 - 1935, 2 vol.); *Le Folklore de la Flandre et du Hainaut* (1935 - 1936, 2 vol.); *Manuel de folklore français contemporain*, vol. 3 et 4 (les deux premiers qui aient été publiés, 1937 - 1938)〕。

理论分歧。① 列维-布留尔的早期著作关涉雅各比和孔德②，仍然属于哲学领域。他的兴趣在《伦理学与风俗科学》（1903）一书里显然转入其他方面，致力于为归纳式的伦理研究铺路。从1910年起（见《低级社会中的智力机能》一书），他着力描写和分析原始精神：《原始思维》（1922）、《原始灵魂》（1927）、《原始神话》（1935）、《原始人的神秘体验和象征》（1938）。乔治·古尔维奇（《风俗的理论道德和学问》，1937）认为道德观跟风俗和规则同样包含经验现实。保罗·里维和拉乌尔·阿利耶则认为，列维-布留尔所说的原始精神的独特性在文明人那里也能看到。此外，奥利维耶·勒鲁瓦（《原始经济研究的批判性引论》，1925）强调原始精神的积极方面。

在涂尔干和毛斯的著作里，社会学和心理学是不能截然分开的。涂尔干在《社会学年鉴》第1卷里有一篇关于"乱伦禁忌"的文章，同时在他的两本书里社会学和心理学的联系非常明显：一本是《社会分工论》（1893；G. S. 辛普森的英译本，纽约，1933），另一本是《宗教生活的基本形式》（1912；英译本，伦敦，1915）。

涂尔干和毛斯合作发表过一篇别开生面的文章：《关于几种原始的分类形式》（《社会学年鉴》第6卷，1901—1902）。虽然这篇文章有把问题过于简单化之嫌，但是无人跟进，仍然令人

---

① Voir Georges Gurvitch，«The Sociological Legacy of Lucien Lévy-Bruhl»，*Journal of Social Philosophy*，5，61 - 70，1939.

② 列维-布留尔著有《雅各比的哲学》（1894）和《孔德的哲学》（1900）。弗里德里希·海因里希·雅各比（Friedrich Heinrich Jacobi，1743—1819）是德国哲学家，他跟莱辛就斯宾诺莎哲学的通信引发了欧洲著名的泛神论之争，史称德国唯心主义哲学以及康德的《纯粹理性批判》的先声。——译者注

遗憾。民族学因有毛斯而影响巨大。他跟亨利·于贝尔合撰的早期论文是研究宗教社会学问题的（《论献牲》，《社会学年鉴》第 2 卷，1897—1898；《魔法总论刍议》，同上，第 7 卷，1902—1903；《宗教史杂议》，1909）。他有三篇论文对同代人和年轻的社会学者有很大影响。三篇都是法国社会民族志的真正瑰宝：《爱斯基摩社会里的季节变化》（《社会学年鉴》第 9 卷，1904—1905），《论馈赠——原始交换形式》（同上，新系列第 1 卷，1923—1924），《人类精神的新范畴：关于个人的"自我"的概念》（赫胥黎纪念讲座，《大不列颠及爱尔兰皇家人类学研究所学刊》第 68 期，1938）。一位名叫让-路易·于弗兰的律师也为魔法问题贡献了两篇论文《魔法和个人权利》（《社会学年鉴》第 10 卷，1906）和《魔板和罗马法律》，文章收入亨利·列维-布留尔主编的《罗马商法史研究》（1929）一书。

毛斯对理论家和实际工作者都产生了影响。前者当中包括乔治·古尔维奇，他的《魔法与权利》一文被收入《社会学论文集》（1938），罗杰·巴斯蒂德的《宗教社会学纲要》（1935）；在一个略微不同的领域里，还有罗歇·凯卢瓦关于神话和神圣的论文（《神话与人》，1938；《人与神圣的事物》，1939）。实际工作者当中有阿尔弗莱德·梅特娄的《图皮南巴人的宗教》（1928），莫里斯·莱纳特的《新喀里多尼亚民族学笔记》（1930）和《新喀里多尼亚资料》（1932），以及马塞尔·格里奥尔的《多贡人的面具和游戏》（1938）。

虽然涂尔干和毛斯一向对通史表示不屑，文明史研究者却从他们那里得到了启发，尤其以思想史为著。前文已经提到葛兰言关于中国思想和文化的著作，现在可以补充皮埃尔-马克西姆·舒尔的《论希腊思想的形成》(1934)。我们还可以提及另一个领域里的乔治-亨利·吕凯。他学识渊博，但作品失之浮泛，例如《新喀里多尼亚的艺术》(1926)、《化石族的艺术和宗教》(1926)和《原始艺术》(1930)。社会学带来的启示超越了原始艺术的范围，达到了普通美学的高度，例如夏尔·拉洛的两部著作：《艺术和社会生活》(1921)和《生活在艺术里的表达》(1933)。

涂尔干相信，民族志的分析应当而且能够将社会现象导向一种综合的解释，阐明其现代形式如何脱胎于更简单的形式。在重要著作《社会学方法的准则》(1894)里，他提出了进行分析和综合的方法论原则。他认为，他的另一本较早的书《社会分工论》(1893)是这一综合性重构工作的首次尝试。或许也因如此，这本书是他最差的一本。不过，他的几个门徒继承了这个远大的抱负，例如乔治·德斐的《信誓旦旦》(1922)、乔治·德斐和亚历山大·摩勒合著的《近东古代史》(1923)。从《文明：词语和理念》一文（*Centre international de synthèse*, 1re Semaine, fasc.2，1930）可见，毛斯在这方面反倒显得有所保留。

应当说，涂尔干的综合工作最终在道德结论中结出了硕果。他在这方面的思想，可以在好几本书和文章里看到：《教育与社会学》(1922)、《道德教育》(1925)、《社会现象的确定》(《法国哲学协会通报》，1906；重印并收入《哲学与社会学》，1924)、《道德论引论》(《哲学杂志》，1920)、《职业道德》(身后发表于《形而上学与道德学刊》，1937)。古尔维奇研究过涂尔干的道德论，见其《涂尔干的道德论》一文（收入《社会学论文集》，1938)[1]。

---

① Voir aussi Roger Lacombe, *La Méthode sociologique de Durkheim*, Paris, Alcan, 1926.

涂尔干和他的同事特别关注法律社会学。他在《刑罚演变中的两条法律》(《社会学年鉴》第 4 卷) 一文里提出一种方法，后经两个门徒保罗·福孔奈和乔治·德斐阐发。福孔奈著有《责任》(1920)，论述责任的概念的演变过程，从最初的客观的形式到现代落实到个人。德斐的《信誓旦旦》(1922) 则认为夸富宴 (potlatch) 里有契约权利的源头。在另外一个方向上，阿尔贝·巴耶 (《道德现象研究》，1935;《高卢人的道德观》，1930) 强调了群体的成文法和非固化的道德观之间的冲突和侵越。与之类似，让·雷 (《论法国民事法中的逻辑结构》) 指出，成文法不是抽象的和理性的产物，而是群体生活及其所需的具体反映。乔治·德斐在《权力、理想主义和经验》一书里，对社会学和现代司法思想的关系做出了深入的分析。艾曼纽尔·莱维有极富创意的头脑，他对信用和司法等概念做出了社会学的阐发，为现代司法思想的进步做出了贡献。他在这方面的著作包括《集体权利的认定》(1903)、《法权的基础》(1929) 和《关于法权的社会主义观念》(1926)。

但是，对法律社会学贡献最大者，莫过于乔治·古尔维奇。他既主持《法哲学和法社会学档案》，又撰写了多部著作。他在这些书里分析并展示了有关社会权利的思想的来龙去脉：《社会权利的理念》(1932)、《今世和社会权利的理念》(1932)、《司法经验》(1936)、《法律社会学》(1942) 和《社会权利宣言》(1944)。

在经济社会学方面，弗朗索瓦·西米昂的名字超群出众。他坚决反对经济学是一门抽象的和理性的学问的说法，指出它无法跟其他研究人类的学科割裂，尤其是社会学和历史学。[1] 这位大学者研究问题的方式纵然把现代社会作为对象，却跟毛斯研究原始社会的方法有相似之处。在他的《经济学研究的实证方法》（1912）里，西米昂彻底批评了演绎经济学，指出那些诡辩论包含"经济人"（Homo œconomicus）的理念。根据油印稿（《政治经济学讲义：1928—1929，1930—1931》三卷），他在法国国立工艺学院的讲座阐述了一种基本的分类法："类别"（工、农、商……），"制度"（合作社、手工业……），"形态"（集中、分散……）。在两部相隔 25 年的著作里（《法国煤矿工人的薪水》，1907；《工薪、社会演变和货币》，1932，两卷本），他明确了一种解读社会变化的办法，名为"社会货币主义"，强调群体意志，并且阐述雇主和工人如何维持生活水平，以及由此产生的物价的一般运动如何取决于货币的流通量。归根结底，一切浮动都跟黄金生产的变化相关，这个理论后来在《探究物价的一般运动》（1932）和《长期的经济兴衰与世界危机》（1932）两部书里得到进一步的阐发和细化。历史学者讥讽社会学似乎接受了一种偶然性最大的解释。[2] 然而，在黄金生产的背后，还有社会群体及其工艺技术，因而也有整个西方文化。因此，跟毛斯一样，西米昂也是从"全部社会现象"里而非从历史变故当中寻找解释的。

莫里斯·哈布瓦赫的部分重要著述横跨政治经济学和社会形态。依照涂尔干的定义，社会形态学是根据群体的地理、人

---

[1] Célestin Bouglé, «La méthodologie de François Simiand et la sociologie», *Annales sociologiques*, série A., fasc. 2, 1936.

[2] Marc Bloch, «Le salaire et les fluctuations économiques à longue période», art. cité.

口和文化等具体基础进行的研究。哈布瓦赫在《社会形态学》（1938）一书里阐发了这一概念，这是一份关于其他国家在这方面的工作的优秀报告。最早的一篇社会形态学论文是塞莱斯廷·布格莱的《论种姓制度》（1908），古尔维奇则在一篇名为《人际关系的形式》（收入《社会学论文集》）的文章里，力图从质的方面揭示社会形态的基础。哈布瓦赫在两部著作里阐释了社会学方法，一部是《工人阶级与生活水平》（1913），另一部是《工人阶级的需要之演变》（1933）。于是，根据一些比经济学家所使用的更普遍的标准，哈布瓦赫用社会学方法确定了什么是社会阶级。从中可以看到，作者遵循毛斯在其第一篇社会形态学论文《爱斯基摩社会里的季节变化》（《社会学年鉴》，前引）里开辟的道路，努力抵达"全部社会现象"。

这份有关社会学主要倾向的报告表明，涂尔干和毛斯的观点有相当大的影响，至今仍然如此。因此，如果不对法国社会学的原理和方法做出分析，就无法做出评价。这是本文第二部分的主要任务。

二

在涂尔干的《宗教生活的基本形式》里，可以看到作者的所有高明之处和缺陷。首先是他的方法的基本原则，同时也是整个社会学的基本原则："法则一经从实际经验得到验证就带有普遍性。"[1] 比较法的所有陷阱就被汰除了。不过，矛盾仍然存

---

[1]　Émile Durkheim, *Les Formes élémentaires de la vie religieuse*, Paris, PUF, 1912, p. 593.

在："无论我们研究的体系有多么简单，依然可以看出一些重要的理念和例常的基本态度，它们是哪怕最先进的宗教的基础：神圣与世俗之分，灵魂、精神、神秘人物、一国的甚至跨国的神性等概念，以苦修为极端形式的消极崇拜，祭祀和领受圣体的仪式，模拟、缅怀、赎罪等仪式，无一不具有实质性。"① 因此，这种宗教（澳大利亚宗教）可以是简单的，但不是初级的。这恰恰是《宗教生活的基本形式》开篇所说的意思："本书的研究对象是在那些社会组织再简单不过的社会里，迄今所知的最原始、最简单的宗教〔……〕"，解释这种宗教可以"不通过任何从以往宗教中借入的元素"②。

从这段话里可以看出，历史的观点和逻辑的观点显然被混同了，寻找根源和揭示功能也被混为一谈。如果像涂尔干多少有点含糊的说法，宗教虽然属于"某种狂热"③，但不都"纯属幻想"④，虽然宗教思想的对象是"想象出来的"⑤，但是"人类的建制不可能完全建立在谬误和谎言之上"⑥，那么，直接研究和分析任何一种宗教，都应该足以彰显其缘由，即其履行的社会功能。与此同时，如果也有必要研究"早期的"宗教形式，那说明单凭功能的观点不足以解决问题。这个道理，涂尔干会毫无困难地赞成，尽管马林诺夫斯基称他是功能主义之父。"一个现象的存

① Émile Durkheim, *Les Formes élémentaires de la vie religieuse*, Paris, PUF, 1912, p. 593.

② *Ibid.*, p. 1.

③ *Ibid.*, p. 124.

④ *Ibid.*, p. 596.

⑤ *Ibid.*, p. 600.

⑥ *Ibid.*, p. 3.

在可以不服务于任何对象，要么因为从未经过调整，以适应某种
生活目的，要么曾经有用，虽然丧失了功用，可是在惯性下依然
存续。事实上，社会的残留物要比有机体的更多。"① 如果情况确
实如此，那么历史学方法必然在社会学里发挥主导作用，因为
"任何社会都是从别的社会里产生的"②；可是，涂尔干最终接受
的解释原则完全不同："凡是具有某种重要意义的社会过程，其
主要根源都应当到内部环境的构成里寻找。"③ 这是一种摇摆于今
称功能观和历史观之间的态度，在涂尔干的重要文章《乱伦禁忌》
里，它表现得特别明显。民族学者从中可以看到，母系二分法依
照基于居所的父系承嗣关系的双重区分完成交会，这是作者对分
成八级的澳大利亚体系产生过程的出色解读。④ 但是，从社会学观
点来看，这个一般性论断并不那么令人满意。我们知道，涂尔干
一边猛批（后来成为）马林诺夫斯基的理论，一边用厌恶经血解
释乱伦禁忌，厌恶本身则来自图腾信仰。假如必须接受这个理论，
唯一的结论将是我们中间的乱伦禁忌只是单纯的残余物，毫无现
实的社会学意义。可是，这个结论是涂尔干无法接受的。这样一
来，《社会学方法的准则》阐述的原则就不难理解了："器官独立
于功能；〔……〕使之存在的原因与它服务的目的是不同的。"⑤

---

① Émile Durkheim, *Les Règles de la méthode sociologique*, *op. cit.*, p. 112.

② *Ibid.*, p. 129.

③ *Ibid.*, p. 138.

④ *L'Année sociologique*, vol. I.

⑤ 见埃米尔·涂尔干《社会学方法的准则》（Émile Durkheim, *Les Règles de la
méthode sociologique*, *op. cit.*, p. 113）；另见后文中关于原因和功能之间的根本分别
（借自阿尔弗莱德·拉德克利夫-布朗），以及对于功能的概念的第一个社会学定义："应
当确定的是，在现象和社会机构的一般需要之间有无对应关系。"（*Ibid*, p. 117）。因此，
涂尔干希望把搜寻意向从对社会过程的解读中排除。

"历史观"和"功能观"同样重要，但是应当独立地分别运用二者。这至少是一个可设想的初步结论，但是，若想了解涂尔干如何使他的体系取得统一，就必须考察一下这个二元体系的基本结构。

如果象征手段不被社会学思想视为一个先验的条件，就无法解释社会现象，文化状态本身也难以理解。对于象征手段，涂尔干有清醒的认识，但是不够充分："没有象征，社会情感的存在不会稳定。"① 其实，应当说"根本没法存在"才对。他的犹豫不决虽然不严重，却很说明问题。这表明，这位康德主义者（影响他的思想之巨，莫过于康德哲学）不愿意辩证地思考问题，尤其当不可避免地必须求助于一种先验的形式的时候。社会学无法解释象征思想的产生过程，只能视之为一个既成事实。而且，正当功能主义方法成为必需的时候，涂尔干转向了遗传学方法：试图从表象推断出象征，从经验推断出标志。他认为，象征的客观性只是社会现象"外在性"的一种反映或表达，这种外在性是社会现象的一种固有属性。② 没有象征，一个社会无法存在。可是，涂尔干并没有指出象征思想的出现如何使社会生活成为可能和必要，反而认为象征手段是从社会状态里冒出来的。他觉得，这一点只需一部有关文身起源的妙论就能够证明，因为他从中看到一种从自然状态到文化状态的过渡。实际上，他认为文身几乎完全出于本能，并且举出它在某些社会阶层里扮演的角色为证。③ 然而，要么认为文身是一种不折不

---

① Émile Durkheim, *Les Formes élémentaires de la vie religieuse*, *op. cit.*, p. 330.

② *Ibid.*, p. 331.

③ *Ibid.*, p. 331 - 333.

扣的人类本能，一切论辩因而坍塌，要么认为它是一个文化产品，我们于是陷入了恶性循环。

借助精神的无意识活动，现代社会学者和心理学者解决了这些问题。可是，在涂尔干写作的时代，心理学和现代语言学尚未取得主要的成果。这就可以解释涂尔干为何难以摆脱一个他认为不可省约的悖论（这在当时已经是一个针对以斯宾塞为代表的 19 世纪末思想界所取得的可观的进步），即历史的盲目性与意识的目的性。二者之间，显然还有精神无意识的目的性。就社会学本身的对象而言，涂尔干高屋建瓴，认为有必要在集体现实中区分出中间层次。然而，对于个人现实，他却有点令人惊讶地拒绝采取同一态度。可是，正是在这些中间的或较低的层次上，例如无意识思维，个人和社会的对立消失了，从而有可能从一个观点过渡到另一个观点。这也许能够解释这个对立为什么始终存在于他的整个体系里。他先是这样规定社会学的分类原则的："一头是林林总总的历史上的社会，一头是人性，即唯一的和理想的概念，二者之间是有中间状态的，即社会种类。"[①] 他接着补充说，社会过程的法则不应从"历史上的社会"当中提炼——孔德和斯宾塞的做法有误——而应当从"种类"或类型当中提炼。他认为，任何有关人性的单线演变的理论因而都绝对行不通。[②]

我们可以批评涂尔干的社会类型学的方法论原则："社会是由各个补充的部分组成的〔……〕这些构件是一些更简单的社会。"[③]

---

① Émile Durkheim, *Les Règles de la méthode sociologique*, *op. cit.*, p. 95.

② *Ibid.*, p. 96.

③ *Ibid.*, p. 100.

对于任何一种依循社会"自我构成及其构件之间的构成"① 的方式的遗传形态学说，我们也可以质疑其效力。即使从最简单的社会里我们也能找到更复杂社会的每一个要素。不过，尽管涂尔干未能揭示一门健全的社会形态学的基础，但至少他是着手完成这项重要任务的第一人，因为他对其重要性洞若观火。

涂尔干承认存在着作为社会学研究对象的中间层次，这一点既不同于历史学，也不同于哲学。但是，在个人层面，他不认为心理学和社会学有类似的居间物，可供两种观点之间的过渡。在形形色色、支离破碎的历史过程以外，他只看到"人类的倾向，需求和欲望"②。因此，"除非假设一种被真正的天意预先规定的和谐状态，否则无法承认，人类从来就具备那些随时可被情境唤醒的倾向，其机遇当在演变过程中感知"③。因为"倾向本身也是一个事物，它无法只因我们觉得有用而形成或者更改"④。他的结论如下："不存在人人都必须接受的目的，更没有人人都必须接受的手段。"⑤ "所以说，如果历史确实按照无论明确还是模糊地被感知的目的发展，社会现象就应该是无限多样的，几乎不可能进行任何比较。"⑥ 这番论述完全立足于一条假定：社会和心理生活只能有单一的目的性，即有意识的目的性。同样令人瞩目的是涂尔干的立场带来的理论后果。按照涂

---

① Émile Durkheim, *Les Règles de la méthode sociologique*, *op. cit.*, p. 100.

② *Ibid.*, p. 113.

③ *Ibid.*, p. 114.

④ *Ibid.*

⑤ *Ibid.*, p. 116.

⑥ *Ibid.*

尔干在这几页里的说法，社会演变如果带有目的性，只会导致无序和无数互不相干的形式。另外，涂尔干正是通过预先假定社会过程不带任何目的，去解释相同情境下产生的社会现象的"令人惊讶的规律性"[1]。他说："假如在社会学上，目的拥有人们所说的首要地位，就难以解释集体形式的普遍性。"[2] 这些论述直接针对孔德和斯宾塞，因此，对于涂尔干为社会学做出的贡献，我们绝不会评价过高。因为假如不摆脱目的论的解释，社会学就不可能自命为科学。然而，摆脱目的论之后，必须用别的东西取代它，这样才能理解社会现象何以都有意义，都是结构化的整体。涂尔干觉察到了这个问题的重要性。不妨认为，他的全部著述都在为找到解决办法而努力。涂尔干的失败不是由于缺乏洞见，而是因为较为先进的人文学科——心理学和语言学——此时尚未打造完成其方法论工具，即形式理论（格式塔）和音位学，有了它们的助力，社会学才能继续前行。

　　社会学思想有两个陷阱：社会哲学和文化史。涂尔干在二者之间另辟一条路径，他看出并坚定地为同事们指明了前行的一条直路。文化分析从来无法遍及整个社会物种，只能触碰到一些历史阶段。[3] 专题论述的方法有利于搜集事实，却不应使我们忘记"寻常的事实只有为数众多才有指标意义，真正的实验方法有助于〔……〕用决定性的或关键性的事实取代它们，〔……〕因其〔……〕具有科学价值和意义"[4]。

---

① Émile Durkheim, *Les Règles de la méthode sociologique*, *op. cit.*, p. 117.

② *Ibid.*

③ *Ibid.*, p. 109, n. 1.

④ *Ibid.*, p. 97 - 98.

从埃米尔·涂尔干到马塞尔·毛斯，法国社会学走过的道路如今颇值得玩味。毛斯是涂尔干的外甥，曾与之合作并参与了《自杀论》的准备工作。至少从方法论角度看，这本书可以视为涂尔干的代表作。可以说，正是在《自杀论》里，涂尔干提前回应了克罗伯40年后对毛斯所代表的法国学派的批评。[1]

克罗伯认为《社会学年鉴》的团队"厌恶积极投身田野工作"[2]，将之归咎于他们的"哲学出身"。对此很难提出异议。不过，在这个问题上，有必要指出两点：20世纪初，英美学派已经搜集了大量事实，法国方面没有加入这种采集活动，而是着手对这些材料进行消化，这并没有什么不妥，否则材料很快将会失去目的和价值。实际工作和理论从来不可割裂，二者是相辅相成的。这一点已被最优秀的专家证明："尽管沃纳教授并未盲目追随涂尔干，他的著作却表明，对于原始仪式，涂尔干的新解〔……〕是靠得住的。对此我很久以来就深信不疑；通过斯宾塞、吉伦、斯泰娄和另外几位，涂尔干得以出色地深入澳大利亚土著生活，我自从有幸懂得那些人的生活以来，就一直艳羡不已。我们不会完全维护涂尔干的主张，可是他的著作仍然极富启示。"[3]

应当承认，《宗教生活的基本形式》虽然出自一个从未投入田野工作的人的笔下，但时隔25年以后却启迪了一位卓越的澳大利亚研究者，这是罕见的成功。再有，涂尔干的第一代学生

---

[1]　Alfred L. Kroeber, «History and Science in Anthropology», art. cit.

[2]　*Ibid*., p. 560.

[3]　A. P. Elkin, «Review of W. Lloyd Warner, *A Black Civilization*», *Oceania*, I, 1937 - 1938, p. 1191.

中有不少殒命于第一次世界大战，青黄不接的现象至今尚未得到弥补。罗贝尔·赫兹[1]那一批学者如果活下来，本来能够取得辉煌的研究成果。20 世纪 30 年代，新一代年轻的法国社会学者成熟起来。为了填补这一空白，他们在将近 15 年里几乎完全放弃了理论工作，尽管或许只是暂时放弃。[2]

　　严格说来，克罗伯对毛斯的批评令人颇为惊讶。克罗伯批评毛斯所说的"划分类别"，即"把各种现象按照馈赠和祭祀的概念加以组织"[3]。克罗伯认为这是白费气力，"因为这两个概念是从公众经验里提取的，不科学，不是我们研究的准确的文化现象"[4]。克罗伯接着说："物理学者和生物学者不会把经验事实按照'长期''平淡''圆通'等概念去处理文化现象，无论它们与日常生活的现实多么贴近和有用。"[5] 这些评语极易引起误解，而且对于正确理解法国社会学，会引起一些实质性的问题，因此有必要认真考察一番。

　　没有任何社会学派像法国社会学派那样，专注于学术现象

---

　　① Robert Hertz, *Mélanges de sociologie religieuse et de folklore*, Marcel Mauss (éd.), Paris, Bibliothèque de philosophie contemporaine, 1928.

　　② 非洲文化学者如马塞尔·格里奥尔、贝尔纳·莫普瓦、米歇尔·莱里斯、丹尼丝·波尔姆、罗杰·巴斯蒂德，美洲文化学者如雅克·苏斯代尔和若尔热特·苏斯代尔、克洛德·列维-斯特劳斯、亨利·莱曼、阿尔弗莱德·梅特娄和乔治·德弗罗——这后两位是曾在巴黎求学的美国人——以及另外许多人几乎都与人类博馈馆和巴黎大学民族学研究所保持着明确的关系。这两个机构都是由保罗·里维教授领导的。他们的工作因此具备人类学的性质，这里不宜细谈。但是，他们都不否认从社会学年鉴派，特别是从大师马塞尔·毛斯那里获益良多。

　　③ Alfred L. Kroeber, «History and Science in Anthropology», art. cité., p. 560.

　　④ *Ibid.*, p. 560.

　　⑤ *Ibid.*

的界定问题，并且区分什么是什么不是学术现象。恰恰在《社
会学方法的准则》里，涂尔干批评斯宾塞把两种完全不同的建
制笼统地归入"一夫一妻制"，第一种事实上存在于最低级的文
明，另一种即现代社会里法律上存在的一夫一妻制。他写道："这
个错误本来用一条恰当的定义就能避免。"①此外，客观的定义
必须满足一条基本要求：处理现象时，应当根据一个与之性质
相同的一致的元素，而不是它们是否适应一个多少有些理想化
的概念。这正是克罗伯提出的问题。对此的回答是：研究工作起
步时，现象尚未被消化，为了直接可见，只能根据较为外在的特
点进行处理。这些都不是最重要的。可是，由于此时更深入、更
有解释价值的层次尚不可知，所以应当把外在特点作为出发点。②

　　涂尔干和毛斯果真像克罗伯所暗示的那样，没有遵守他们的
方法论程序吗？在馈赠、祭祀和自杀等宽泛的范畴以外，如果真
的不存在所有形式共同具备的至少若干个特点，除了其他许多不
同特点以外，如果这些范畴无法当作分析的出发点，那么社会学
就只能放弃一切学术抱负了，社会学者也只好退而只求对个别群
体的描述，不再奢望这种罗列堆积在文化史以外会有什么用处。

　　但是，问题不在这里。涂尔干和毛斯从来不认为这些范畴
表明现象的最终性质。恰恰相反，他们一直寻求从这些现象背
后，找出那些作为现象的真实构件的隐含的基本要素，而且取
得过成功。涂尔干《自杀论》的结论广为人知：自杀不是一种，
而是多种。纵贯全书，作者都在力图把自杀这个失之笼统和肤

①　Émile Durkheim, *Les Règles de la méthode sociologique*, *op. cit.*, p. 48-49.
②　*Ibid.*

浅的范畴分出多个不可省约的类别，例如自私型自杀、利他型
自杀、紊乱型自杀。这些类别也不再被认为完全有效，因为自
1897 年以来，人们已经获得了新的观察结果，特别是原始族群
里的自杀现象。涂尔干区分了原始族群里和现代社会里的自杀
现象，而如今我们无法继续维持这一断然的划分。涂尔干研究
工作的不足缘于缺少事实或不够全面，这一点连他的学生们也
坦率承认。其一是莫里斯·哈布瓦赫，他撰写了处理同一论题
的新著（《自杀肇因》）。但是，克罗伯的批评是从方法论着眼
的，这些批评显然缺乏根据。

关于毛斯，我们也可以做出同样的回答。

的确，他写过祭祀这个题目（与亨利·于贝尔合著《宗教
史杂议》，1909）。为什么写这个题目呢？让我们读一读他本人
的评论："它〔社会学〕看到了社会现象的真实聚结，例如：流
传极广的祭祀神的观念，人们就用某些祭祀仪式和神秘观念的
融合去解释。"[1] 他还说："严肃的研究会把俗常分开的东西结合
起来，把俗常混同的东西区分开。"[2] 在同一篇文章里，他还说，
社会学不可满足于找到关联便罢，同样重要的是，指出无关联
之处与正面的对应物。良好的社会学解说理应"不但说明契合，
也要说明区别"[3]。甚至可以认为，法国社会学派的主要目标是
打破世俗的范畴，并且按照更合理的分类办法重组事实。

---

① 见马塞尔·毛斯和保罗·福孔奈为《大百科全书》撰写的"社会学"词条
[Marcel Mauss et Paul Fauconnet, article «Sociologie» in *La Grande Encyclopédie* (vol.
30, Société anonyme de la Grande Encyclopédie, Paris, 1901)]。

② *Ibid.*

③ *Ibid.*

正如涂尔干所说，社会学真正和唯一的基础，便是社会学方法，它是社会学的一部分，它的任务是"构建和区分社会类型"①。

此处应该顺带提到，这种分析工作（路易斯·摩根永远是这方面的伟大先驱）寻求把复杂的具体事实化为相对简单的结构，这依然是社会学的基本任务。这方面，毛斯的《论馈赠》和《爱斯基摩社会里的季节变化》可视为范本。不过，应当承认，因其哲学背景（涂尔干背后有孔德，孔德背后有孔多塞），法国社会学不时倾向于将分析延伸，方法论虽无可指摘，综合概括却不那么令人满意。待将具体材料归类之后，它会尽力将其整合成一个或多个系列。涂尔干反对单线演变的理论，不是因为这一理论是单线的或演变的，而是因为不满意孔德和斯宾塞试图系列化的材料的性质。涂尔干用社会类型取代了他们使用过的历史材料。可是，哪怕仅粗读《社会学方法的准则》，也会发现，应该根据一个或多个遗传系列来划分这些类型。这个倾向，涂尔干一直未能彻底克服，而且依然可以在他的一些学生那里见到。② 不过，这在他晚期的著述里已经远非早期著述那么明显。

我们现在可以回到关于克罗伯的讨论。涂尔干之所以研究劳动分工，是为了形成"有机的一致性"和"机械的一致性"一类概念。在分析自杀现象时，他阐明了个人融入群体的理念。当毛斯着手比较不同类型的馈赠时，他的目的是在各种形式的

---

① Émile Durkheim, *Les Règles de la méthode sociologique*, *op. cit.*, p. 100.

② 1945 年的原文举出福孔奈的《责任》和德斐的《信誓旦旦》两书为例。—— 编者注

背后揭示互惠性这个根本的理念。他之所以追踪有关"自我"的心理构想的历史变化，是因为要在社会形态和个性的概念之间建立起联系。这些范畴或好或坏，或许有用，或许选错了。①但是，如果它们不属于社会学要界定或分析的那一类范畴，我们就要说，社会学就应当放弃成为一门科学研究的雄心。它们不像是一些"长期""平淡"或"圆通"的范畴，而更像是物理学家名正言顺关注的"膨胀""波动"或"黏度"等范畴。②例如，物理学会研究气体的抽象特征及其在有机生命的分化过程中的关系史，而不去专门描写玫瑰、紫罗兰、松节油或醋酸甲酯的气味。

这方面，毛斯延续了涂尔干的工作。他一直表示，自己是涂尔干学统的守护者。不过，二人有许多不同，这并非出于什么分歧，而是因为，对于一门年轻科学的发展来说，十年二十年的时光意义重大。

首先，二人的思想方法很不一样。涂尔干一直是一位老派

---

① 例如，在《社会分工论》里，涂尔干区分了"有机的"团结和"机械的"团结，毛斯讨论过这一对立的意义（Marcel Mauss, «Fragment d'un plan de sociologie générale», *Annales sociologiques*, série A., fasc. 1, 1934）。

② 为清楚起见，让我们再次引用毛斯的话："我们所说的祭祀体系的统一性，现在看得更明白了。它并不像史密斯认为的那样，一切可能的祭祀形式都源自一种原始而简单的形式。这样的祭祀是没有的〔……〕我们所知道的所有祭祀仪式已经呈现了极大的复杂性。"但是，"如此复杂的祭祀，统一性从何而来呢？说到底，在形式多样的外表之下，它总是由一个相同的过程构成的，而且能够用于极为分殊的目的。这个过程主要通过一个牺牲者的中介，即一个在仪式过程中被毁灭的东西，在神圣世界和世俗世界之间建立起沟通"（Henri Hubert et Marcel Mauss, «Essai sur le sacrifice», *L'Année sociologique*, vol. II, 1897 - 1898, p. 132 - 133）。很难认为，这么看问题是"把经验转化为非科学的范畴"。

大师，勤勉不懈，教条式地肯定已经得出的结论。他受过哲学训练。虽然他的社会学和民族志知识非常丰富，但是他永远从外部入手，好像一个习惯于不同主题和不同思路的人。再有，在他汇集材料的时期，田野民族学尚未开始蓬勃发展，今天看来，他不得不使用的材料可能不够充分。毛斯的思维训练跟大多数法国社会学家一样，也在哲学方面。他从涂尔干的开拓性工作中受益颇多，不过，他能够涉猎更新颖、更准确和更丰富的材料。涂尔干属于过去，毛斯则一直身处最时下的民族志思想和研究当中。此外，惊人的记忆力、不知疲倦的求知欲，造就了他在世界和历史方面的博学多识；"毛斯无所不知"，门生们半调侃半钦佩地说，但始终十分敬重他。他不仅"无所不知"，而且有大胆的想象力，对社会现实有一种近乎天赋的直觉，这些都使他能够极富创意地运用广博的学识。他在著作里，乃至教学中，常常做出令人意想不到的比较。由于经常使用对比、表面上的反论和走捷径，人们过后才能领悟到更深刻的直觉的结果，所以时常显得晦涩难懂。但是，他会用突如其来的直觉犒赏受众，引得人们思考数月。此时，人们会感到已经触底，即如他在别处所说，"摸到了基石"。坚持不懈地探求实质，孜孜不倦地筛选大量数据，直至得出最纯粹的材料，这些努力和意志可以解释毛斯何以更喜欢实验而不是书本，他的著作因而不多。

涂尔干更多产、更系统，但也更持重，更教条；毛斯不那么"身手强健"和有条理，但更富于直觉，甚至可以说，更具有审美精神。二人的对比并不止于这些精神上的差异。在许多方面，毛斯的方法比他老师的更加令人满意。我们已经指出，他几乎完全不受综合性重构的诱惑。他追随涂尔干，拒绝把社会学与民族学分离，原因并非认为原始族群是社会演化的初级阶段。我们之所以求助于它们，不是因为它们在时间上居先，而是因为能够透过更简单的形式看待社会现象。我们听他说过，研究牡蛎的消化过程，要比研究人容易得多，这并不意味着高等脊椎动物从前是软体动物。毛斯还克服了涂尔干方法的另一个缺点。涂尔干一直批评比较法，尤其是英国学派的弗雷泽和韦斯特马克所使用的方法。① 但是，由于从对一个特例的分析（《宗教生活的基本形式》）中便得出了普遍结论，他本人也受到了严厉批评。毛斯的方法与这些危险都保持着距离。他永远处理合理选取的少数个案，只因它们能够代表有明确定义的类型。他把每个类型当作一个整体去研究，当作一个系统对待；他寻求发现的那种关系从来不存在于文化整体的两个或多个任意分离出来的元素之间，而是存在于其所有组成部分之间：这就是他所谓的"全部社会现象"。这个提法特别适合说明在别处以及后来被叫作功能主义的特点。

我们已经看到，涂尔干是如何困厄在方法论取向（使他把社会现象视为"事物"）与哲学训练（使他把这些"事物"当作固守康德的基本思想的阵地）之间的。因此，他时常摇摆于短视的经验主义和恣意的先验论之间。这一矛盾在下面这段话里十分明显："如果社会现象只是客观化的观念系统，那么，解释它们意味着按照逻辑顺序重新思考它们，而这种解释本身就可

① 参阅他在《社会学年鉴》上发表的关于当代出版物的那些卓越的文献评论，其中大部分甚至今天也不过时。

以自证，顶多有必要用几个例子来确认。相反，唯有有条不紊的实验才能从事物中萃取它们的秘密。"① 然而，涂尔干反复重申，这些事物，即社会现象，是"集体表象"。可是，除了"客观化的观念系统"，"集体表象"一词还能指别的什么呢？与此同时，如果社会现象的本质是心理的，那么，什么都不妨碍尝试"按照逻辑顺序重新思考它们"，尽管这一顺序并不直接进入个人意识。要解决涂尔干人为制造的矛盾，就必须认识到，这些客观化的观念系统是无意识的，或者说，一些无意识的心理结构是它们的基础，并且使之成为可能。它们作为"事物"的属性，以及它们的解释所具有的辩证的特点——我们指的是非机械的特点——均由此产生。

毛斯比涂尔干更清楚社会现象和心理现象之间的关系引起的根本性问题。他虽然从未写过任何有违老师教义的东西②，但是更关注现代心理学的反响，并且保持警觉，以防两个学科之间的桥梁被切断。在《社会学》③一文里，毛斯指出，虽然社会学是一门跟个体心理学明显不同的心理学，但是"仍然可以正确地认为，经过一系列连续的过渡，个体意识的现象转入集体表象"。他近来强调，社会学有必要跟精神分析和有关象征手段的理论合作。涂尔干对象征手段的犹豫态度已经彻底消失："集体思想的活动比个人思想的活动更具象征性，但方向一致。"毛

① Émile Durkheim, *Les Règles de la méthode sociologique*, *op. cit.*, p. 176.

② *Id.*, « Représentations individuelles et représentations collectives », *Revue de métaphysique et de morale*, 1898.

③ Marcel Mauss et Paul Fauconnet, article «Sociologie» in *La Grande Encyclopédie*, *op. cit.*, p. 172.

斯仍然忠实于涂尔干，因为他写道：他完全接受源自宗教和法律的象征的概念。不过，他迅速恢复了与心理学的联系，因为他用对巴甫洛夫的这句评语结束了分析：在狗的身上，音乐既引致分泌唾液，又是反应的条件和标志。

列维-布留尔反对涂尔干，他对以下论点提出异议：社会表象和社会活动是比个人行为更复杂、精神层次更高的综合。这种争议在法国社会学中并不鲜见。18 世纪哲学家的个人主义观点就遭到过持反动思想的理论家，尤其是波纳德的批评，理由是具有独特现实性的社会现象不仅仅是个别现象的简单组合。一个传统将个人主义与人文主义联系起来；但是，预设集体相对于个人有特殊性，似乎也从传统上暗示前者比后者更重要。至于这一两难困境是否应该被视为不可省约，本文不去考察，但是，在涂尔干那里，从客观性到规范性的转移几乎同他的前辈一样显而易见。毫无疑问，涂尔干是民主主义者、自由主义者和理性主义者。然而，他于 1901 年为《社会分工论》第二版撰写的序言，今天读起来却会引起令人不安的反响。在《宗教生活的基本形式》里的某处，他将残酷和不公正的社会秩序与魔鬼撒旦并提。① 然而，对于一个将社会生活当成一切精神活动的理由和起源的制度来说，很难把被视为人类生活的普遍形式的社会和每个群体的具体文化始终区别开来，具体的文化是群体唯一看得见的表现。相比一个受个人主义支配的群体，一个集体情感强劲的群体更"优越"："我们正在经历的时期〔……〕

---

① Émile Durkheim, *Les Formes élémentaires de la vie religieuse*, *op. cit.*, p. 601–602.

在道德方面平庸无奇。"①《社会学方法的准则》更明显地倾向于规范性结论："因此，我们的方法谈不上有什么革命性。在某种意义上，它甚至在本质上是保守的，因为它将社会现象视为某种不能随意改变的事物，无论它们多么灵活和具有可塑性。"②

与之相反的方法是"危险的"。《宗教生活的基本形式》里以下段落从反驳列维-布留尔开始，以将群体神圣化结束："社会绝不是有人经常津津乐道的那样，是一种违背逻辑或不合逻辑、不连贯和荒诞的存在。恰恰相反，集体意识是精神生活的最高形式，是意识之意识〔……〕，它只从永久的和本质的方面看待事物〔……〕它站得高，看得远〔……〕洞悉一切已知的现实。"③任何一种社会秩序都可以把这个学说当成碾压个人自发性的理由。伦理的、社会的和思想的进步首先都是个人反抗群体促成的。

今日看来，列维-布留尔将原始精神视为"前逻辑的"，这个观点古怪而且过时了。可是，不这样看待，就无法理解它。涂尔干将社会生活描述为道德思想和逻辑推理、科学和信仰之母，是永恒的哺育者。列维-布留尔相反，他认为，人类的所作所为都不是在群体的影响下完成的，而是反抗群体的结果。个人精神只会领先于集体精神。但是，尽管他从根本上反对涂尔干，却犯了同样的错误，他"误设"了一个函数。他设想的社会无逻辑可言，神秘而且受"参与"原则的支配，而涂尔干设想的社会是科学和道德观取之不尽的源泉。列维-布留尔的社会

---

① Émile Durkheim, *Les Formes élémentaires de la vie religieuse*, op. cit., p. 610.

② Émile Durkheim, *Les Règles de la méthode sociologique*, op. cit., préface, p. Ⅶ.

③ *Id.*, *Les Formes élémentaires de la vie religieuse*, op. cit., p. 633.

是后者的对立物。唯一的区别在于个人。个人在涂尔干那里是社会的温顺学生，在列维-布留尔那里是社会的逆子。不过，列维-布留尔在分析完全受群体主导的前逻辑精神时，他尤其试图估量个人开始独立于群体思考时的重大益处：这个益处就是理性思维。

因此，列维-布留尔虽然鄙视今日所说的涂尔干的主要教诲，即方法论，但是依然纠结于哲学遗存带来的危险。他的前期著作——约莫一半——致力于建立一个新的分类体系。我们是否应该认为，这个分类体系也属于哲学遗存之一呢？列维-布留尔大概打算跟"波纳德-孔德-涂尔干"的综合背道而驰。也许，他只是使之倒退了。然而，在人类思想所谓演化的起点上进行综合，并不比在终点上进行，或以之作为发展过程的终结更可接受。毛斯说得很对，如果研究"参与"很重要（就我们的精神，即原始人的精神而言），那么，研究"对立"对于社会学同样重要。①　不存在二者合流或混同的原始状态。

在生命的后期，列维-布留尔越来越意识到这些矛盾。他逐渐放弃了把原始精神独立地和客观地描述为与文明精神不同的早年尝试（《低级社会中的智力机能》，1910；《原始思维》，1922），转而采取一种较为保守的态度：文明精神的范畴不可用于研究原始思维。

从这个观点来看，他反对泰勒和弗雷泽的思想取向是有道理的。此外，田野民族学者也不得不自动摒弃旧学派的偏见。

---

①　Marcel Mauss, "Rapports réels et pratiques de la psychologie et de la sociologie", *Journal de psychologie normale et pathologique*, 1924, p. 910 - 911.

列维-布留尔的最后几本著作（1927 年的《原始灵魂》和 1938 年的《原始人的神秘体验和象征》）向来是想象丰富、启迪后人的读物。作者广征博引，运用起来有微妙的暗示和意蕴；思路罕见地清晰，文笔精妙，读起来时时令人愉悦。如此轻松流畅和妙趣横生的技术书是不多见的。在他的全部作品中，即使在他的敦请下，删去那些早期的结论，读者仍然能感受到作者的灵魂的清正、魅力和宽厚。

乔治·古尔维奇的作品很难盖棺论定。我们尚未找到恰当的说法。他跟列维-布留尔一样，属于独立的思想家群体，他们跟《社会学年鉴》团队有密切的合作，同时毫不掩饰与正统的涂尔干观念的分歧。古尔维奇的思想里交汇着两股迥异的思潮：一是柏格森和现象学的哲学遗产，二是现代社会里的社会学经验的某些方面的情感，这种情感由于长期与蒲鲁东以及工会的日常生活和斗争打交道而变得更加敏锐。一个是一种直觉主义的哲学；另一个是对某些社会现实的直觉的理解。理论与实践在古尔维奇的体系中永远相辅相成，趋向于同一种解读。这种解读既是本体论的，也是方法论的。我们从中看到一个断言：依照个人和社会划分人类现实纯属虚妄，社会学家关于社会现象的终极本质的传统辩论毫无意义，因为解决问题的每一种方式都只是关于现实的一个特殊观点，而现实本身是复杂多样的。

古尔维奇的社会学受法学的启发，材料主要来自分析法律在现代社会里的变化，尤其涉及所有权和劳动的因素。这些变化表明，虽然 18 世纪和 19 世纪初盛行一种取代了独立公民、拥有一切权利和权力的抽象的国家的观念，它却无法抗拒大势和具体需求的压力。古尔维奇提供了一幅反映实情的细致入微的画面，取代了法学家将抽象概念系统化的努力。此即众多群体的形成过程，其中每一个群体都孕育了自己的法律，并且在对立的力量之间逐渐建立起平衡。据此，古尔维奇认为，社会生活应当以涌现不断更新的多种社会形式视之。这是他的本体多元论的基础。

然而，这种多元化也是方法论的；它不限于认为社会终究只是一些集体与个人永远不会分离的群体。他还断言，在现象学上，这些群体的性质有多层面的表现，例如，社会生活的地理的和人口的基础，象征手段的社会系统，组织形式，既定但非固定不变的行为，理念和价值观的世界，以及集体意识。这些现实的层面并非相互对立，更不相互排斥。因此，古尔维奇的方法旨在将社会学者普遍认为的所有互不相容的观点整合到一个结构化的整体当中。它的多元现实主义的逻辑后果是一种相对主义，其本身又构成一种积极的经验主义的基础。

古尔维奇的体系极为复杂多样，很难预见它能否完美无缺地保持下去，因为我们不知道他打算如何完成它。但是，他的努力意义重大，因为当《社会学年鉴》的团队越来越感到有必要摆脱自己的哲学出身，把目光转向民族学时，古尔维奇却发现，用坦率承认的哲学立场比照具体的社会学经验，就有可能克服社会学思想历来的冲突。这种具体的体认无疑是他著作的真正基础，使之具有原创价值和意义。古尔维奇丰富而新颖的概念目前率先应用于思想史，我们期盼很快能够在分析社会现实的某些具体方面时得到体现。①

三

怎样预见法国社会学的未来呢？

以往四十年，主要在毛斯的影响下，法国社会学的主要进步是放弃了共变法，代之以剩余法。涂尔干认为，前者是社会科学的基本方法。② 他没有想到，一个特定文化的所有构成元素必然都是互相联系的，共变法永远必须给出一个积极的答案：任何两组变化总会显现相关性。涂尔干正是这样发现了西方社会劳动分工的进步与人口数量和密度的增长之间的相关性。塞莱斯廷·布格莱在他的著作《平等思想》（1899）里提出了相似的假设。毫无疑问，相关性是存在的，但是它并不像涂尔干所设想的那样能够解释现象。选择不同的系列就会出现另外的相关性，而且可能会无穷无尽。

毛斯对共变法有不一样的运用。他需要共变法，不是为了像涂尔干那样完成某种综合，而是为了遵照批判性分析的要求，将目标系列加以分解。但是，分析完成以后，某个东西仍然留了下来，它蕴含着现象的真正本质："关于崇信魔法行为，人们试图说明它的各种解释留下了一个剩余物，我们现在必须对这个剩余物加以描述〔……〕。其中潜藏着〔……〕这种崇信的深

---

① 关于古尔维奇的思想，罗杰·巴斯蒂德的出色文章有不同观点，见其《乔治·古尔维奇的社会学》一文 [Roger Bastide, «A Sociologia de Georges Gurvitch», *Revista do Arquivo Municipal de São Paulo*, 6 (68), 1940]。

② Émile Durkheim, *Les Règles de la méthode sociologique*, *op. cit.*, p. 159 – 166.

层原因。"① 这个方法与涂尔干的方法虽然不矛盾，却限制和深化了后者。重点因而是分析，而不是综合。

另一层考虑应该有助于法国社会学保持正确的方向。我们已经看到，涂尔干在两个东西之间犹豫不决：一个是对于被看成"事物"的社会现象的经验主义的外在观点，这些"事物"本身是按照机械论和原子论的方式想象的；另一个是方法，虽然也是实验性的，但是它对社会过程的辩证特点有更充分的意识。这种不确定的态度至少部分地导致马林诺夫斯基误解了涂尔干的教导，把它置换成行为："我的文化理论的全部实质〔……〕就是用行为心理学解释涂尔干的理论。"② 这个说法距离正确理解法国社会学的基本观点差之千里。不过，法国社会学必须提防一个相反的危险，即以一种完全外在的神秘主义为代价，挽救理性思维的权利。这种神秘主义过后反而会伤及理性思维本身。列维-布留尔就是这样以身犯险的。我们已经看到，他从有关原始思维的"前逻辑"特征的系统理论出发，逐渐陷入纯粹批判性观点的困境。提出"前逻辑主义"不会不受其害。列维-布留尔始于教条主义，终于彻底的不可知论：原始思维除了与我们的思维完全不同，没有什么可说的，它属于"经验"领域，完全异质。这个谜团笼罩着原始思维，悄悄污染了现代思维："需要解释的，并不是在原始程度不一的众多社会里，人们何以自然而然地相信大多数民间故事的真实性，

---

① Henri Hubert et Marcel Mauss, «Esquisse d'une théorie générale de la magie», *L'Année sociologique*, vol. Ⅶ, 1902-1903, p. 106.

② Bronisław Malinowski, «Culture», *Encyclopedia of the Social Sciences*, 4, 236.

而是我们为什么反而早就不再相信了。"① 于是，我们在他的早期著作里看到，文明思想居高临下地研究和评判原始思维特有的不同性质。但是，现代思维很快就在自身内部，发现了据信使原始心理与我们不同的奥秘。起先是一种教条的解读，随后是对原始思维采取不可知论的态度，仿佛非此不能拯救理性思维和个人自由。最后，现代精神由于降格为原始精神的延伸，显得对后者全无了解。

列维-布留尔的失败无疑警示法国社会学必须提防一般性的理论的危险。事实上，教条式建构的时代看来已经一去不复返了。毛斯在二战前出版了最后一批著述，其中之一向法国社会学提出了最详细、最清醒的具体研究计划②，这是法国前所未有的。他的结论表明，法国社会学者显然把握了前辈的某些不如意之处的原因："就一个社会里的个人的一般生活来说，在所有生物学、心理学和社会学的观察当中，以对于理应成为社会学观察的原则和目的的观察最为出色，不过极为罕见。也就是说，要从三重角度看待一个社会的诞生、生命、年岁和消亡，即从纯粹社会学的、社会心理学的、社会生物学的角度〔……〕就一般社会学高谈阔论没有多大用处，因为首先有那么多需要了解和认识的东西，然后，还有那么多事情要做才能进行理解。"③他在别处也说："争论没有用。观察和权衡才是应该做的。"④

---

① Lucien Lévy-Bruhl, *La Mythologie primitive*, Paris, PUF, 1935, p. 317.

② Marcel Mauss, «Fragment d'un plan de sociologie générale descriptive», *Annales sociologiques*, série A., fasc. 1, 1934.

③ *Ibid.*, p. 56.

④ *Ibid.*, p. 34.

　　面对这些新任务，当今的社会学者肯定会盯住伟大的榜样埃米尔·涂尔干。涂尔干接受过哲学和宗教史学的专业训练。他不是民族志从业者，却写了一本书，凭借当代的调查成果创立了一个关于宗教起源的新理论。人们普遍认为，他的著作作为宗教理论是不可接受的。可是，当代最优秀的澳大利亚调查人员仍然尊之为他们多年后做出的发现的先驱。为什么会出现这个明显的悖论呢？首先，做出有关人类建制的起源的一般性假设的时机未到；其次，因为涂尔干谙熟宗教科学的原理和分类，能够从别人搜集的资料中，找出本质特征和隐含意义，这是未经理论训练的研究者难以把握的。那么，我们现在需要得出什么结论呢？首先，社会学无疑应该放弃探索演化过程的起源和规律。这是从涂尔干那部分失败的工作里汲取的教训。但是，他的局部成功教给我们一些别的东西，即社会学者不可满足于当一名工匠，只受过研究特定群体或特定类型的社会现象的训练。即使研究很有限，他也必须熟悉人类研究的其他分支的原理、方法和成果：哲学、心理学、历史等等。他当然应该日益关注具体问题；但是，如果缺少一般的文化素养——以人文方面为主——的帮助和不断加持，就不可能获得成功。法国社会学的哲学渊源过去曾经捉弄过它，未来却很可能是它的一张最棒的王牌。

　　　　　　　　　　　　　　　　　写于纽约法国大使馆

第二章　缅怀马林诺夫斯基

　　一位伟大的民族学家和伟大的社会学家刚刚去世了。他的作品虽然基于对美拉尼西亚这个有限的省份的专门研究，但展现的多样性却十分惊人，这不能不给任何致力于真正自由的研究的人留下深刻的印象，无论他从事什么领域。他带领社会科学经历了几个关键步骤，在某种意义上，可以毫不夸张地说，马林诺夫斯基使民族学走上了通往自由之路。民族学和精神分析是我们这个时代两个最具革命性的学科，继弗洛伊德有希望但不成功的尝试之后，马林诺夫斯基是第一位着手将二者联系起来的人类学家。无论是从事实还是从对它们的解读考虑，我们都应该感谢他打破了信息滞塞的正统观念。终有一天，弗洛伊德派自己也会意识到，马林诺夫斯基拒绝从某种鬼才知晓的普遍心理推断出虚构的演化，将个人的心理历程从属于他成长的文化环境，从而在一个精神分析师们无法胜任的领域里，扩展了精神分析学，而且遵循一个完全忠实于后者起初所关注的方向。马林诺夫斯基也是第一个以开放的态度和科学的好奇心接触原始社会的人；更重要的是，他对之抱有强烈的人类同情心。作为客人，他毫无保留地接受了土著人，为他们放弃了一个社会的所有禁令和禁忌，而且比其他一切更重要的是，拒当这个社会的使节。从马林诺夫斯基开始，他身后的民族学不再是一个简单的职业或一门技术，而是成为真正的天职。如今，民族学者的职业要求显示出极大的独立性和真切的热情。不可否认，他的态度里有某种程度的矫情，以及想要撼动不值得如此大费周章的学术受众。尽管如此，他的影响仍然极富成效和深远，以至于从今往后，民族志工作大概会有马林诺夫斯基"之前"与"之后"的分别，全视当事者躬亲投入的程度。

马林诺夫斯基的工作的理论部分招致较严重的质疑。他对具体事物的倾心令人钦佩，可是他莫名地轻视历史，绝对地蔑视物质文化。他认为，无论是真实的还是虚拟的心理状态，文化不过是它们的总和而已。他发展出一个解释系统（即功能主义），于是就有可以为任何制度的正当性辩解的危险。不过，马林诺夫斯基时刻保持警醒和从未衰退的智慧和活力。面对这样的头脑，人们很容易忽略他的某些不完美的甚至矛盾的推理。即使人们极不愿赞成他的观点，他仍然是社会学思想的一针令人佩服的兴奋剂。诚然，他的作品有时会遭到质疑和遗忘。但是，在重新发现他的人看来，经历了凡是"活的思想"都会遇到的隐没以后，他的作品将永葆盎然的生机。

（英译法：樊尚·德巴纳）

第三章　爱德华·韦斯特马克的著作

　　爱德华·韦斯特马克故去了，社会学家都感到特别悲伤。噩耗唤醒记忆，引起反思，这些都无限地加剧了大师凋零带来的真切痛苦。他是那个时代的伟人之一。

　　的确，我们失去的不仅是一位杰出的学者，一个社会学思想的时代也彻底结束了。这要从两个方面来看。韦斯特马克是英国人类学派最后一位响当当的代表。他非凡的战斗力体现了一股思潮，革新了我们社会的和道德的知识。在这股思潮的核心，出现了完整表现人类的最初尝试。但是，韦斯特马克不仅用他的学说证明了这种沿革关系，而且以一种更私密、更感人的方式亲身做出了担保。高龄去世，这使他成为与其说是一位延续者，不如说是一位幸存者。这位 74 岁的老人 1936 年时仍然跟那些他认为鲁莽的创新者争论不休：罗维、拉德克利夫-布朗等。他结识了泰勒，持续多年与弗雷泽讨论，也跟我们法国的涂尔干展开讨论。这是一批气质、能力、学识和多产性都十分卓越的人；他们当中，他是坚持到底的一位。对比文艺复兴时期的大师之于现代思想，这群人在 19 世纪末的社会科学里扮演的角色完全相同。

1862 年，韦斯特马克出生于赫尔辛基。他的学业于 1889 年以一份博士论文结束，题目是《婚姻的起源》，这是他第一部重头著作《人类婚姻史》的雏形。① 他在《人类婚姻史》中运用相当渊博的学识，讨论一个通常很严肃的主题，而且很快就凭借流畅自如的文笔和趣味性令人折服。它还有两项重要的创新：一个是方法——社会学讨论被放入生物演化论的框架内，另一个是彻底否定了当时颇为权威的原始人滥交的理论。

从 1906 年到 1908 年，韦斯特马克出版了《道德观念的起源和发展》②，尝试对道德判断的性质和起源进行全面解读，随后是一个大范围的调查，旨在根据具体情况对理论做出验证。一种兼收并蓄的态度主导着这两个观念，这一点想必保证了作品的持久成功，从首个法文译本③比原文版迟来 20 年就能看出。他的最后一部著作《伦理相对论》从道德理论的领域得出了结论。

1906 年，韦斯特马克被任命为赫尔辛基大学的实践哲学教授。伦敦大学早在 1904 年就延聘他教授同一门课程，并于 1907

---

① Edward Westermarck, *The History of Human Marriage*, Londres, Macmillan, 1891.

② Id., *The Origin and Development of the Moral Ideas*, Londres, Macmillan, 1906, 1908.

③ Id., *L'Origine el le Développement des idées morales*, édition française par Robert Godet, Paris, Payot, 1928, 2 vol.

年委托他主持社会学讲席。他在伦敦大学和赫尔辛基大学交替任教，给每座城市留出一个学期，直至名为"奥博学院"的瑞典语大学成立。1918 年，他离开赫尔辛基，就任新大学的校长至 1921 年，并在那里任教直到生命的最后几年。

这些繁重的教学工作并没有使他远离田野工作。他曾多次勾留摩洛哥。他工作的一个重要部分是撰写民俗专著，主要处理道德观念和魔法信仰之间的关系。例如，我们可以举出《摩尔风格的魔法来源》①《摩洛哥的仲夏风俗》② 和《摩洛哥的婚礼》③；最后，《摩洛哥的仪式与信仰》是一部两卷本综合性著作④。

这些作品引起了非洲文化专家的浓厚兴趣，尤其表明了韦斯特马克如何看待民族学和民俗学的关系，同时也表明他如何看待理论反思和实证研究的关系。1928 年，皇家人类学研究所将里弗斯纪念章授予韦斯特马克，旨在奖励田野工作者。此前数年，里弗斯本人曾经向他的名文《消失的实用艺术》表达过敬意。⑤

* * *

1891 年，泰勒为《人类婚姻史》撰写了书评，他写道："韦

---

① Edward Westermarck. ，《The Magic Origin of Moorish Designs》，*Journal of the Royal Anthropological Institute of Great Britain*，vol. XXXIV，Londres，1904.

② *Id.*，《Midsummer Customs in Morocco》，*Folklore. The Journal of the Folklore Society*，1905，vol. 16，p. 27 - 47.

③ *Id.*，*Marriage Ceremonies in Morocco*，Londres，Macmillan，1914.

④ *Id.*，*Ritual and Belief in Morocco*，Londres，Macmillan，1926.

⑤ P. 109 - 130 de *Festskrift Tillägnad Edvard Westermarck*，Helsingfors，1912，reproduites postérieurement dans Rivers，*Psychology and Ethnology*，1926.

斯特马克博士的全套作品的独特之处在于，人类学有生物学侧面和文化侧面，他尽力将二者看成一个密实的单一系统的构件。"韦斯特马克本人不仅把批判滥交说视为工作的历史起点，也作为他后来的方法论取向的基础。1890 年的时候，人们普遍认为"原始人生活在滥交状态下，没有个人婚姻；在一个流浪的聚落或部落里，凡是男人都可以不问青红皂白地接近任何女人，通过这种结合生下的孩子属于整个聚落"。对于这个观点，韦斯特马克在他的哲学遗训《社会人类学的方法》①一文里做出了概括，并随之补充道："工作之初，我一度是这个假设的热烈拥护者。"

使他摆脱这个假设的——这一点对于理解他的思想活动非常重要——并不是他直接面对的社会现象本身，而是滥交理论企图把社会演化现象归入更普遍的生物演化过程及其引起的困难。"熟悉了关于有机界的演化的学说"以后，他得出"类人猿的社会习性必然有助于澄清原始人的社会习性的结论"②。因此，在他刚刚开始科研生涯之时，一个基本倾向开始明确起来，这很快使他跟涂尔干及其学派发生了冲突，同时也跟弗雷泽发生了冲突，他后来又跟美国"文化人类学家"以及拉德克利夫-布朗这一群"纯粹的社会学家"产生纠葛；这就是说，韦斯特马克认为，社会学解释本身永远无法令人满意，如果要用明白易懂的形式把握现象，就必须永远超越社会因素，达到它背后的心理层面，而且尽可能及于生物层面。

---

① Edward Westermarck, «Methods in Social Anthropology», Huxley Memorial Lecture, *The Journal of the Royal Anthropological Institute of Great Britain and Ireland*, vol. 66, 1936, p. 223 - 248.

② *Ibid.*

在这方面，韦斯特马克对于滥交说的批评很能说明问题。根据他的看法，事实证明，家庭构成了大猩猩和黑猩猩的社会单位，红毛猩猩和长臂猿也以一夫一妻制家庭作为生活的基础。另一方面，民族志调查也表明，家庭是人类的普遍制度。从这两个事实可见，"演化论者〔……〕自然会承认这个制度同样存在于原始人当中"[1]。

一组得益于达尔文主义的论点加强了这一结论：自然选择必然促成自发建立起家庭生活的夫妻。的确，从类人猿来看，幼小者为数很少，而且童年时期较长，这就要求雄性基于一种既有的本能，照顾雌性和幼崽。这些考虑也适用于人类物种。

韦斯特马克是否定滥交说的第一人，专家们 20 年以后才取得一致意见。不过，也有不少人反对他的论述及其蕴含的设定。如果说，滥交存在于某些人类社会里，那应该是一种文化创新，而不是自然的幸存物。类人猿的例子于是变得毫无价值。但是，最重要的是，为了解决人类生命初期的种种不确定性，谈到无所顾忌的灵长类动物的生活方式时，诉诸一些更脆弱的假设，这实在是相当冒险的尝试。在这个问题上，人们永远只能揣想，别无他法，更不用说 50 年以前了。[2]

不过，韦斯特马克的婚姻理论包含更大的雄心。它在社会

---

① Edward Westermarck，《Methods in Social Anthropology》，Huxley Memorial Lecture, *The Journal of the Royal Anthropological Institute of Great Britain and Ireland*, vol. 66，1936，p. 223 - 248.

② 韦斯特马克最近还特别指出，动物学的进展证实了他的论点（Edward Westermarck，《On Primitive Marriage: A Rejoinder to Mr. V. F. Calverton》，*The American Journal of Sociology*，vol. XLI，n° 5，mars 1936，p. 565 - 584）。

学和生物学之间建立的联系不仅对理论本身有效；如果成立，
这个理论赋予社会学的科学价值就会跟生物学一样突出，或许
更为突出。如果像韦斯特马克设想的那样，社会建制基于本能，
那么，只要能够将其归结为后者，就可以解释它们。不过，社
会学家比生物学家地位更优越，因为后者并不了解自然选择所
预设的有机变异的全部原因，社会现象的原因却是可以知晓的，
社会学方法适用于揭示这些原因。

＊　＊　＊

由于他追求一门做出全面解释的社会学，而且相信只有人性
的基本特征才能提供这种解释，因此韦斯特马克属于比较法的捍
卫者。根据他的看法，社会科学的进展在于揭示信仰和制度之间
的相似之处，把它们分类，用心理学或生物学的规律予以解释。
至于现象的解读，他并没有事先排除文化介入或接触，但全面限
制了应用范围。的确，如果不是出于同一天性，如何能够真正理
解同一物种的动物的同一行为？“同样的种子生长出极相似的植
物。”韦斯特马克反对传播论的观点，他坚决认为，不同民族的地
理邻近性，由来已久的亲密关系，不是支持制度因相互借用而相
似的解释的证据，不仅如此，它们反而加强了后者独自演化的或
然性。这是因为，它们越相似，我们就应越期待产生相同的社会
或伦理表现。这种对历史的或局部的解释提出质疑的论调，在他
的非洲专著里也很明显。摩洛哥陶瓷上的眼状纹饰和希腊人的爱
奥尼亚柱头不一定有同一个地理源头，但是都应该用眼睛有魔法，
可以免遭邪恶之眼的侵害的信念来解释。[1] 韦斯特马克认为，传

---

[1] Edward Westermarck，«The Magic Origin of Moorish Designs»，art. cité.

播论的方法完全依赖外部类比；那是博物馆学家的方法，不是社会学家的方法。

确实，在以文化接触为本的解释里，我们可以先验地排除最一般的特征：财产权、惩罚、血缘关系、婚姻、乱伦禁忌、外婚制、蓄奴等等。但是，即使历史联系建立了，解释也没有取得任何进展。现象最初是怎么出现的？总得有个开始。然而，要发现隐藏的起源必须通过比较所有类似制度所共有的残留。严格地说，甚至在没有比较的焦点时，心理学解释也能成功："我们在一个民族里看到某个特定习俗的原因，这个原因此时也能提示同一习俗在不同的民族里的意义。这种情形很常见。"[1]在韦斯特马克看来，这样推论的理由全在于承认普天下人类之间有一条纽带——"共通的人性"。

在生命的尽头，他仍旧坚定地主张演化论，不过，他有两条保留意见。他承认，英国学派失之于两个轻率的举动：一个是过度解释晦涩不明的现象，视之为其他较为人知的现象的"残留"。可是，一个习俗不能成为另一个逻辑来源未被认可的习俗的延续。例如，罗贝尔·布里福把一户之主跟氏族兄弟相提并论，将借妻现象解释为滥交的残留。可是，为什么这种残留在一户之主的个别情形下继续存在，在规范的和正常的氏族兄弟的情形下却没有？除了"荒唐而且缺乏批判精神"地运用生存原则以外，演化论者还犯下另一个偏激的错误，即"仅根据某一习俗或制度在一些野蛮人中的主导地位，便得出它们是

---

[1] Edward Westermarck, «Methods in Social Anthropology», art. cité.

全人类发展的必经阶段的结论"[1]。韦斯特马克因而抨击路易斯·摩尔根，以及一夫一妻制婚姻之前普遍存在的著名的十五个阶段。但是，单线序列既然被摈弃，他就画地为牢，勾勒出极简略的演化概图，因为在他看来，制度的起源永远相同，目的也永远相同。

＊＊＊

的确，韦斯特马克的演化论解释一直很有限，而且有时候受到在心理学方面寻找终极原因的影响。这是他的第二个思想倾向，在其巨著《道德观念的起源和发展》里表现得尤为明显。在该书第一部分里，作者把不同的道德准则与人性中普遍存在的某种制度化倾向联系起来，在我们已知的最低级的社会里已经有这种倾向。他认为，事实上，道德的类型没有本质的不同，道德只有一种，各种道德观只是其渐进的近似物。总而言之，这是旧的自然哲学的观点。但是，正如 18 世纪的撰著者所说，此外还有一种感觉（与前面提出的论点相抵牾），即道德是个复杂的东西，必须从它的历史表现去研究；而且，这些表现永远可以归结为几种基本的情感。

因此，看似矛盾的是，一部主要研究事实的著作始于陈述一个道德体系，没有提出或暗示参照了任何社会因素，陈述就完全结束了。根据韦斯特马克的观点，凡是道德判断都来源于一种特殊的情绪，他称之为酬报性情绪。对于他人的行为，我们有时会表现出恼火和愤慨，有时会表现出善意和同情。这一非常简单的情感过程可以通过内省发现。它是否足以构成道德

---

① Edward Westermarck, «Methods in Social Anthropology», art. cité.

观念的领域？大概不行，因为动物和人类都有。但是，尽管它是一番系统化处理的开头，尽管它有"某种普遍性的味道"，继而为义务、权利、公正、错误、善良、功绩和美德等基本范畴的先验的推理铺平了道路，而且已经具备道德观念的持久和普遍的总框架，它依然是康德主义，而且是一种稀释了的康德主义。

因此，社会观察无法自诩能够解释道德；它甚至发现不了道德观的大趋势，因为人们在安放框架的同时，在很大程度上也把内容规定了下来。社会观察顶多能够为心理学论点做出演示，或者用一个更好的动词确定它，而且有助于确定相对于预定方向的偏差、停顿、徘徊和进展，但这种方法的缺陷是显而易见的。正如里弗斯所说，"它令我们在结束时刚好回到起跑点"[1]。然而，最麻烦的是，这个缺陷会影响处理社会现象的方式，以及对它们做出介绍、批评和比较的严谨性。这部著作一出版，就遭到涂尔干的强烈批评。涂尔干指出，最初的（也是整个英国人类学派的）心理学设定促使作者满足于他所说的"一通迅速而杂乱的回顾"：如果认为道德的源泉必须从人性最永恒的倾向里寻找，"而不是为了弄清特殊之处，限定和划定范围〔……〕，既然混杂如此〔……〕那么我们就得无限延伸，以便澄清〔……〕理应完成的一般流程"[2]。我们于是就得堆积事实，而不是从中选择清晰的、能说明问题者。哲学思考的严谨性因而

---

① W. H. R. Rivers, «Sociology and Psychology», *Psychology and Ethnology*, 1926, p. 10.

② Émile Durkheim, « Sur l'évolution générale des idées morales », *L'Année sociologique*, 1905 - 1906, p. 385.

减弱，注意力转入实际调查；而且，为了捍卫预设的哲学命题，实际调查的严谨性也被削弱。

因此，《道德观念的起源和发展》的每一章，尽管文笔生动，讨论轻松，丰富的信息引人入胜，却令人感到不太满意；作者下的功夫跟结果不完全成比例，这也令人不解。关于《人类婚姻史》，弗雷泽和韦斯特马克之间有过一场有名的讨论①，就是这方面一个很好的例子。

弗雷泽在给乱伦禁忌的分析下结论的时候，提出了一些与女性不育有关的魔法信仰，以之作为最终解释。对于这个办法的缺点，他本人也有所意识。一方面，信仰要求先有禁忌，从中产生信仰；另一方面，这些信仰极为特殊和有限，难以令人满意地解释一种几乎无处不在的习俗。不过，弗雷泽至少尝试了用一个文化现象来解释另一个文化现象的办法。与之相反，韦斯特马克在提出上文提到的批评之后，宣称："家庭与乱伦关系清白无染，不是通过法律、习俗或教育，而是通过一种天性做到的，〔……〕天性使得近亲之间的性爱在心理上全无可能。"②这种"全无可能"源于习惯，而习惯是亲属的生活密切相关所致。然而，心理学方法此处反损自身；因为，且不说"全无可能"仍有例外，社会并不禁止关系密切的近亲有性关系（包括兄弟姐妹），然而它并非根据密切程度，而是根据家庭关系，才禁止近

---

① Voir Edward Westermarck, *The History of Human Marriage*, op. cit. ; Id., *The Origin and Development of the Moral Ideas*, *op. cit.*, chap. XL, et note additionnelle p. 362, n. 1 du tome II (trad. fr.), et James G. Frazer, *Tolemism and Exogamy*, Ⅳ.

② Edward Westermarck, *The History of Human Marriage*, *op. cit.*

亲发生这种关系。这条禁忌适用于所有可以亲属相待的个人，即使全无真实的密切关系。换言之，禁忌的根源既不是亲属关系的生理纽带，也不是密切程度的心理纽带，而是纯属制度方面的兄弟姐妹关系或亲子关系。

不过，韦斯特马克并不同意道德规则的起源可以在人性深处之外。"凡是〔有关乱伦禁忌的〕理论都有一个预设，即男人之所以避免乱伦婚姻，只是因为被教导要这样做。"① 一条社会规则会有另一个来源吗？然而，一个把道德视为独立的现实的理论既不会承认教育，也不会承认废弃："一个习俗的含义即使含糊不清或者已经丧失，研究人员凭借对土著心理及其思想感情的了解，也能够做出有根有据的推测。"②可是，如果据此就把土著意识当成群体文化的缩影，那么，不难想象，沉淀在盲从意识里的民俗副产品，而不是隐蔽的普遍心理的原理，就很可能被用来取代对象社会的具体历史。针对拉德克利夫-布朗和里弗斯，韦斯特马克视田野工作为一切正当的社会学思辨的必要基础，引证了他在摩洛哥七年的调查，提醒他的专著更多地属于民俗学，而不是民族志，绝不会贬低它们的极高价值。但是，同样在理论层面，他有意混淆了这两个学科。③ 如上文所说，如果说，他打算以硬使个人意识超越遗忘的方式，重建习俗的心理历史，那么，土著意识的"直接数据"也完全可以为他提供全部制度。他在《摩洛哥的仲夏风俗》④ 一文里，毫不迟疑地摈弃弗

---

① Edward Westermarck, *The History of Human Marriage*, *op. cit.*

② *Id.*, «Methods in Social Anthropology», art. cité.

③ *Ibid.*

④ *Id.*, «Midsummer Customs in Morocco», art. cité.

雷泽对圣约翰节活动①的解读，即祭祀太阳或求雨仪式的遗存，他举出的唯一理由是他问过柏柏尔人，他们不记得有任何这方面的含义。可是，个别人不记得含义并不能证明从未有过这一制度。

*　*　*

过度运用心理学招致好斗的理论家们的严厉批评。拉德克利夫-布朗宣布"英国几乎没有，甚至根本没有可以称为社会学的东西"，而且"对于特定的社会现象，任何心理学解释都没有价值"②。韦斯特马克不无苦涩地接受挑战。这些抨击对他极不公允。在一次关于心理学和社会学的关系的讨论中，他曾打断里弗斯的话问道，血仇假如不是出于复仇欲望，应该如何解释？里弗斯回答说，恰恰相反，不了解血仇，就理解不了复仇心理。只把习俗和社会规则看成内在倾向——心理的或有机的——的历史表现，实际上等于把文化简化为一次暂时的和虚幻的移位，一种自主的、可以先于任何客观经验把握的心理发展的移位，在特定的时地和特定的人群当中，作为此一或彼一制度的兴衰的原因，真实的事件、迁徙、战争、接触、介入、发明和破坏均遭排除（即使不是在事实上，也是在法律上）。人群的历史和地理都被消除了。

*　*　*

不过，在生命的最后几年里，尽管韦斯特马克疏远了社会

---

① 圣约翰节，亦称施洗约翰的盛宴。据《圣经·路加福音》，约翰比耶稣早六个月出生，基督教将其生日定在 6 月 24 日。圣约翰节恰逢北半球的仲夏日。——译者注

② *Presidential Address to the Royal Anthropological Institute of Great Britain and Ireland*，1931；voir Edward Westermarck，«Methods in Social Anthropology»，art. cité.

科学的方向，可是在他的作品里，仍然可以看到不少对于今日流行的观念的预感，有时是先知式的预言。有一个奇怪的悖论：如果说，他的心理学方法往往限制了他著作的学术影响力，那么他的思想反而在许多方面都领先于当时的理论。这一点应该归功于他对心理现实的强烈感受，同时也得益于一种新鲜感和活力，这使他成为最具现实性的英国学派的巨擘。

无疑，里程碑式的作品仍然是他最显著的特征。在社会科学领域，我们不仅从未见过付出如此巨大努力进行的综合，而且，这一努力一直得到着实令人称奇的渊博学识的支持。他在辑录撰著者时，始终注意只引用靠得住的证言。如此广泛地汇集众人的说法，除弗雷泽以外，在任何人那里都看不到。

最重要的是，韦斯特马克清算了滥交理论，使社会学跨出了重要的一步。对此，人们永远不会评价过高。滥交说仿佛一面扭曲的屏幕，横亘在原始心理学和我们的心理学之间。它使前者背负着观察者所谓丑闻、荒唐和谜团的重压，迫使理论家没完没了地增加毫无希望的中间制度，只因滥交和一夫一妻制是两种迥然不同的婚姻形式，必须对二者之间的假设性过渡有所交代。原始人和我们之间的鸿沟于是越掘越深。韦斯特马克的批判或许并不令人满意。这方面的最佳证明是，他对滥交说的反驳对社会演化论应该说是决定性打击，然而反驳的主要根据依然是演化论。不光是演化论而已，在全部证据和讨论的背后，我们能够猜到他的著作牢固而持久的基础：人类的同情心，通达的心理学常识，使他时时处处远离不靠谱的理论家。除了摩洛哥，他从未直接接触过真正的原始人，但是，他有一种隐秘的直觉，这使他在阐述他们的制度时，不会采用无法归结到"共同人性"的动机或解释，这是一个他经常引证的准则。

这样一来，他的"心理主义"产生了两个后果，一个消极的，一个积极的，影响都很深远。首先，他的作品表现出了矛盾，即搜集到的现象多种多样，提出的解释却很简略，但二者之间的矛盾有助于使后继者懂得，正是因为心理因素普遍和无时不在，所以不能解释多样的、特殊的、偶然的社会现象。出于对英国学派的论点的一种近乎自发的反应，自然与文化之分必然逐渐明确，从而使社会现象能够从文化和历史方面得到解释。

但是，如果说，文化应该被视为特殊的、时而混杂不匀的现实，我们却不会忘记，这些文化的成员在心理上是被友爱的纽带联结起来的；尽管工艺、信仰和习俗各不相同，但是作为个人，非洲或美洲的野蛮人和欧洲的文明人彼此相似，相互影响；即便身处不同环境，反应机制是一样的。

这个"永久人性"的概念，这种对于心理特征的坚定信念，构成了韦斯特马克作品的根基和比比皆是的伟大的原创性。在他对斯宾塞和路易斯·摩尔根的单线演化论的批判的深处，我们看到的正是这一点。因为在他看来，人类的演化过程并非一段经过一些日益芜杂的阶段的历程，而是观念和基本趋势的一场验证，是一个有风险的、渐进的过程。一个演化总纲为《人类婚姻史》提供了大框架，也为《道德观念的起源和发展》的每一章提供了特殊的框架，它可以概括如下：原始人性，从中显现了人类的心理和道德的基本要求，其形态是模糊而驳杂的；然后，伴随着古代和中世纪的中间文化，埃及、希腊、罗马、基督教欧洲、印度、中国、墨西哥，原始的趋向出现一系列畸变和专精化；最后，从文艺复兴时期开始，随着批判精神的兴起，渐进的合理化将人类引入了一种意识和实际应用，基本要求被清除。韦斯特马克于是预测到当代社会学思想最具创意的表现之一。通过解读，他将中间文化置于普遍演化过程之外，从而预告了里弗斯和艾略特·史密斯的传播论，这种理论认为地中海文明不是一个必要的过渡，而是一个例外的历史事件，既耸人听闻，又令人生畏。

此外，韦斯特马克一直很注意强调表面上相距遥远的文化在道德习俗方面的相似之处；对于通常被叫作"野蛮"的规则或习俗，他把责任归之于我们以其继承人自居的强大文明，这也使他的作品具有批判性和战斗性，对此他本人很清楚。他认为，道德的演化是有方向的：它应当使人类更接近自由和理性的理想，摆脱谬误和偏见。他第一个意识到，单线的演化论会表现为闭塞的保守主义，因为它按照一个必要发展过程的不可抗拒的模式去呈现一切制度，以证明其合理性。但是，在韦斯特马克看来，社会学的作用不是证明过去如何、现在如何，而是为应该如何做好准备。他把相对主义的批判活动视为一个解放心灵的手段。

要相信这一点，只需提到他在生命尽头时坚持进行的最后的论战之一。[①] 对方是布里福的门生，他反对韦斯特马克，再行为滥交说辩护。在韦斯特马克看来，自己的著作受到不公正的对待，与其说在于论点遭到误解，或不了解他 50 余年积累起来

---

① Edward Westermarck，《On Primitive Marriage：A Rejoinder to Mr. V. F. Calverton》，art. cité.

的有利证据，不如说是指责他意图通过批判滥交说，将一夫一妻制婚姻的道德观置于一个超验的基础上。他难以容忍这个指控。他用一句力道遒劲的话总结了自己长达半个世纪的学术活动，我们把英文原话照抄如下：

Both in my book *The Origin and Development of the Moral Ideas* which appeared before the war，and in my recent book *Ethical Relativity*，I have emphatically refuted the objectivity and absoluteness of all moral values.（无论是在战前出版的《道德观念的起源和发展》里，还是在新近出版的《伦理相对论》里，我都强烈驳斥了一切道德观念的客观性和绝对性。）

第四章　南比夸拉人的名字

本杂志新近发表了维尔姆斯和沙登两位先生合撰的一份报告[1]，文中反对斯代格达博士对某些部落的名称、地点和语言属系的译法[2]。正如总编辑指出的，这两位的意见有的妥当，有的不妥当。然而，处理部落名称的问题，尤其当涉及南美洲的时候，这个话题总体上显得学究气，毫无用处，因此一劳永逸地放弃是最好的办法。南比夸拉人的名字就是一个很好的例子。

两位作者责备斯代格达博士的 Nambiquara 或 Nambikuara 的拼写法，而且咬文嚼字地指出，这个词是图皮语，不是西班牙语，应该写成 Nhambikwara。然而，这是

---

①　Emilio Willems et Egon Schaden，«Stature of South American Indians»，*American Anthropologist*，vol. 47（3），juillet-septembre 1945，p. 469 - 470。

②　Morris Steggerda，«Stature of South American Indians»，*American Journal of Physical Anthropology*，I，n°1，1943.

一个外来的拼法，土著人毫无所知。看来拼写问题不是很要紧。但是，事情不止于此。

Nambikuara 这个名字首次出现于 18 世纪初，见于安东尼奥·迪·坎鲍斯根据二手资料写出的一份报告，后来多次用于指称塔帕若斯河源头一带的一个不知名的部落，不同的文件中拼写有所不同。1907 年，坎迪多·朗东将军（时为上校）开始对塔帕若斯河和吉帕拉纳河之间的领土展开勘察。他遇到一个不知名的聚落，成员操着属于一种未知语言的好几种方言。他马上确信，他们就是古代文献经常提到的那个部落。正是在这个时期，Nhambikwara 这个名字最终被采用，拼写也固定下来，它被认为是图皮语的叫法，意思是"大耳朵"。可是，人类学家仍然有点不满意，因为南比夸拉人的耳朵并不是特别大，他们中间也没有发现——正如巴西其他地区——可以增大耳垂的装饰品。不过，图皮语的俗名显然暗示着炫耀一类的风俗。

我于 1938—1939 年远赴南比夸拉，事情在此期间便是如此。一个从未有文献提及的部落引起了我的注意，但是这个几乎荒无人烟的地区的少数居民对他们却很熟悉，因为此前数年，这个部落袭击和部分摧毁了帕雷西人的电报站。此外还发生过其他事件，都跟大胆进入内陆的淘金者或橡胶采集者有关。

我没有近观土著人的福气，可是我在那里时，从远处望见过他们的篝火的烟雾；他们靠得越近，边境的巴西居民就越担心。还有人指给我他们上一次突袭后遗弃的武器，以及其他一些物品，这些都不能归入南比夸拉人的物质文化。

另外还有两件趣事：这个部落的领土与南比夸拉人的领土很接近，但是位置更靠东。这说明来自库亚巴地区的探险队

（就像 18 世纪的旅行者那样）必须首先穿经他们的领土，然后才能到达南比夸拉人的领土。更有意思的是，寻找黄金、钻石或橡胶的现代冒险家遇到这些令人恐惧的土著人时，管他们叫 beiços de pau，这是葡萄牙语，意思是"木头嘴"。众人都说，这些土著人的耳垂和下嘴唇都镶着木制圆盘。这就能够解释这个叫法如今何以在库亚巴西北部的塞尔陶地区广泛流行。据此，我提出以下假设：这个部落就是图皮人口中和古代文献里的"大耳朵"，这个绰号 20 世纪初被误安在南比夸拉人头上，因为人们当时不知道这一带还有别的部落定居。南比夸拉不光是个外来的绰号，甚至也不是给它所指的印第安人起的名字，不过那些人也许永远会被这样称呼下去。

　　鉴于他们已经被这么称呼了近 40 年，如果给现代南比夸拉人改个名字，结果只会添乱。人为创造一个新名字很有必要，因为他们当中仅不同群体有名字，却没有一个适用于整个语言类型的通用名称。因此，合理的解决办法看来是保留现有的名字南比夸拉，同时牢记，这个词此时完全没有意义，只是个纯粹的代号，只有跟发音相符的拼写法才是适当的。

　　我之所以讲这个故事，是因为南美和其他地方有大量类似的案例。它带来了一个更有普遍意义的教训：部落名称的问题，不应当过分教条地考虑，还有别的课题更值得学者们关注。

（英译法：樊尚·德巴纳）

个人与社会

第五章　五篇书评

（一）雷奥·西蒙斯（编），《阳光酋长：一个霍皮印第安人的自传》，人类关系研究所发表，纽黑文，耶鲁大学出版社，1942年，共397页，附录56页〔Simmons（Leo W.）（éd.），*Sun Chief*，*The Autobiography of a Hopi Indian*，published for the Institute of Human Relations，New Haven，Yale University Press，1942，397p.，appendices 56p.〕。

我们知道，美国的民族学研究日益重视个人与群体的关系问题。这种关注导致土著人的自传大量涌现，民族学家的作用通常只是谨慎整理报告人写出的材料，成全好事。美国自19世纪初开始，这方面的研究就因为一些奇闻逸事的记述而广为人知：《黑鹰①的一生》（1834）、《印

---

① 黑鹰（Black Hawk，1767—1838）：北美洲印第安人苏克族（Sauk）首领，以领导1832年的"黑鹰战役"知名。——译者注

第安名人生平》（1843）、《特库姆塞①行传》（1841）等。待到保罗·拉丁连续出版了三本书以后，这种研究具备了科研的性质：《一个温尼巴戈②印第安人的私家回忆》（1913）、《一个温尼巴戈印第安人的自传》（1920）和《美洲印第安人雷霆的自传》（1926）。近年来出现了另外一些一流的作品，其中最著名的有沃尔特·戴克的《老翁帽之子：一个纳瓦霍人的自传》（1938）、克莱兰·福特的《烟雾从火焰中升起》（1941），以及眼前的这本书。对于民族学家和心理学家来说，西蒙斯的这部作品有很特殊的意义。

1938年，在奥莱皮的土著村庄里，雷奥·西蒙斯先生第一次见到了霍皮印第安人唐·塔拉耶斯瓦。他当年50岁上下，他的过去使他成为本土传统与文明道路的冲突的特别敏感的见证人。他似乎压根就不适应出身环境。他10岁被送去一所美国学校，所以自觉完全融入了现代世界。但是，他20来岁罹患重病。在病床上，他受到童年时代的神灵和神话传说的震撼。他的守护神对他痛加斥责，告诉他得经受一些身体考验，作为对他的背叛的惩罚。出院时他变了一个人，回村后成为霍皮人的习俗和仪式的一丝不苟的忠实信徒。这个开明的保守派，这位自觉自愿的反动分子没有满足于只描写他的民族：他时刻为之辩护，执着地为自己返乡辩解，解释内心的转变。这个转变使他重归认为鲜活和值得敬重的传统，而且古板得无以复加。

---

①　特库姆塞（Tecumseh，1768—1813）：北美洲印第安人肖尼族领袖，反对向白人割让土地，号召印第安部落联合对付白人入侵者。——译者注

②　温尼巴戈（Winnebago）：北美洲印第安人部落，主要居住在内布拉斯加州和艾奥瓦州，语言属于苏安语族。——译者注

　　这份文献在心理和叙事艺术方面十分独特，对于民族学家也有重要的价值。首先，关于像霍皮人这样广为人知的社会，它提供了大量的细节和新的信息。然而，最重要的是，这种田野工作者竭尽全力却往往徒劳而返的工作，在这里一下子就取得了成功。可以认为，这种工作是"从内部"重建土著文化，将之视为一个鲜活的、在内部和谐支配下的整体，而不是随意罗列仅仅被观察到的习俗和制度。因此，我们能够理解，对于超自然的世界，为什么小孩子从出生起所处的客观环境会有比平时看起来更大的现实意义。或者说，土著人并不比理论家更容易掌握复杂的亲属制度。也就是说，理论家眼中的矛盾之处在土著人眼中也是矛盾的。而且，经过同样的努力思考，他们都能洞悉这个制度的含义。归根结底，意义对于二者是一样的。

　　在我们看来，以土著人的自传为基础的作品，其主要优点就是这种"净化"功能。可以说，《阳光酋长》的作者使之更为重要。他期望借此解决迄今未被注意到的问题。但是，这一点只在消极意义上是正确的。从外部看，制度好像一些令人生畏的谜团，靠心理经验的启示变得清晰起来；而且，正因为其是心理的，立即就有了普遍意义；对于同一个行为，当我们直觉合乎情理时，谜团就消散了。因此，我们虽然没有发现新的问题，却因为消除了许多旧问题而获益，这些旧问题一度从外部观察的人为性质中获得了现实的外衣。

　　（二）克莱德·克拉克洪，《人类学中的个人文件》，见《个人文件在历史学、人类学和社会学中的使用》，纽约，社会科学研究委员会，第 53 号公告，1945 年，ⅩⅢ，共 243 页 [Kluckhohn（Clyde），《The Personal Document in Anthropological

Science»，in *The Use of Personal Documents in History*，*Anthropology and Sociology*，New York，Social Science Research Council，bulletin 53，1945，XⅢ，243p.］。

　　这项出色的研究阐发了一些不同于前一篇书评表达的看法。论文附有近 200 种珍贵的参考书目。作者对迄今在美国和别处出版的重要的土著人的自传做出了归类和分析，讨论了它们在方法论和资讯方面的价值。然后，在理论性的一章里（第 133～149 页），他着力说明，个人的故事不仅有助于汰除伪问题，而且有助于提出新问题，甚至能够发现处理已知问题的新方法。读者会毫无困难地赞同作者对此类文献所提供的资源的透彻分析。这些资源包括：核验并超越民族志调查；更直接和直观地进入每一种文化的"风格"；建立个人地位和更具体的社会等级体系的图表；引介一个土著社群的生活；研究个人习得群体文化的过程和机制；用经验事件取代民族学者的历史概括；完善通过一个人物研究另一个人物的技巧；正统与异端在社会群体里的作用；等等。反之，我们感到有些忧虑的是，在结论里，作者鼓吹对个人文件开展系统的研究和比较。他认为这样做能够开启民族学研究的新纪元。因为这些文献的独特性赋予了它们特殊价值：它们所复活的多于它们所告知的。但是，无论什么理论体系的元素对于观察对象都不会比对于观察者更多。作为说话的主体，一个外乡人能够说出的全部体验，不会告诉我们多少跟他的语言的音位结构相关的东西。音位结构才是科学真相。我们依然坚信，应该把社会现象当成事物来研究。个人文件把一些这样的"事物"化为体验，但无法使人相信科学研究应该建立在经验层面上，而只会使人相信，人们冒失地关注的所谓"事物"永远是现象的一部分，真正的对象在彼岸。个人文件可以让我们评论这个对象，却够不着它。

（三）卡尔·卢埃林、爱德华·亚当斯·霍贝尔，《晒延人方式——原始法中的冲突与判例法》，俄克拉何马大学出版社，诺曼市，1941 年，共 360 页〔Llewellyn (Karl N.) et Adamson Hoebel (Edward)，*The Cheyenne Way*，*Conflict and Case Law in Primitive Jurisprudence*，University of Oklahoma Press，Norman，1941，360p.〕。

研究原始民族的法律和法理学的专著并不多见。我们因而会满怀同情地关注从理论家和实地调查员的合作中产生的法律，此前的工作已经为这方面的研究做了很好的准备。的确，此前一年，霍贝尔先生独立出版了一本专著《科曼奇印第安人的政治组织和法律方式》（《美国人类学协会回忆录》1940 年第 54 期）。该专著构思依照的模式相当传统，但有很多精细的观察。我们是否敢于说，跟《晒延人方式——原始法中的冲突与判例法》里某种恣意畅想相比，我们更喜欢这部更传统的论著？我的意思并非这本书毫无功绩。它完全建立在 53 场法律辩论的探索之上，运用一种很值得称赞的工巧做出了分析，并将指导解决方案的原则分门别类，研究它们对公众良知的影响。从理论角度看，作者突出了原始法律的某些基本面，尤其是那些补偿机制。这种机制将犯罪及其制裁视为社会秩序的两个断裂——从这个角度看它们是一回事，都寻求通过制裁恢复对负罪者有利的平衡，因为制裁本身先行恢复了对社会有利的平衡。因此，犯罪要求制裁，制裁反过来又要求赎罪措施，负罪者必须通过例行的考验将这些措施合法化。最初的冲击在一连串越来越弱的变动下逐渐减弱，其中有些对罪犯不利，有些则对他有利。

对过于简单化的思想和表达方式，我们更感到遗憾。出于普及的考虑——将之用于处理此类技术问题却十分危险——作者将讨论引向了晒延法律与当代美国法律的平行比较。这就像比较一匹栗色马和一个牡蛎：一个有腿，一个没有；一个毛茸茸，一个黏糊糊；马是黄色的，牡蛎是绿色的；等等。这等于什么也没说。真正能够两相比较的是脊椎动物和无脊椎动物、哺乳动物和软体动物。然而，我们没有看到呈现给观察者的任何将具体形式分类的尝试。描写始终没有主导经验现象，除了让出篇幅，热情洋溢地评论所罗门土著岛民的深刻与高尚。于是，不知不觉之间，描写转为辩护词，从而剥离了这本书的大部分学术价值，并且令人相当尴尬地赞美"高贵的野蛮人"、黄金时代和质朴的原始人。

这个缺点是必须强调的，因为它与天意论的当代回潮直接相关，天意论亦通称功能主义。马林诺夫斯基和他的学生们有很大的功绩，针对枯燥刻板的历史经验主义，他们指出，文化是一个整体，其中每个要素的作用都与整体相关联。然而，如果对任何社会制度的界定都以运行为前提，那么当我们看到法律惩罚犯罪，家庭抚养孩子时，就没有什么值得大惊小怪的了。当我们看到，制度和习俗恰恰为它们的目的服务，而社会科学被简化为现象学的描述，牺牲历史而不用任何东西取代它时，解释就注定会兜圈子。然而，制度的功能不一定——而且很少——是有意识的功能，实现功能的机制也并不总是显而易见的。跟任何其他科学一样，社会学的解释不会直接从描述中产生。

（四）莫里斯·奥普勒，《一种阿帕奇人的生活方式：奇里卡瓦印第安人的经济、社会和宗教制度》，芝加哥，芝加哥大学出版社，1941 年，共 500 页［Opler（Morris E.），*An Apache Life-Way*，*The Economic*，*Social and Religious Institutions of the Chiricahua Indians*，Chicago，The University of Chicago Press，1941，ⅩⅦ，500p.］。

格林维尔·古德温，《西部阿帕奇人的社会组织》，芝加哥，芝加哥大学出版社，1942 年，ⅩⅨ，共 569 页，附录 230 页［Goodwin（Grenville），*The Social Organization of the Western Apache*，Chicago，The University of Chicago Press，1942，ⅩⅨ，569，appendices 230p.］。

这两本书可以互相比照，而且不无教益。它们都是研究同一语言族群的两个相邻部分的专著，归功于年轻一代中最杰出的两位美国民族学家奥普勒和古德温。很不幸，二人完成工作后不久就去世了，而且是在著作问世之前。虽然这两部著作主题实际上相同，但是两位作者的方法和关注点却十分迥异。古德温写了一部系统的专著，按照十足的传统模式进行构思，尝试重建一个不久以前的过去，尽管他的部落经历着文化和人口的崩塌；奥普勒不同，他对迅速被同化的社会群体的现状更为敏感，他描写的是当今的阿帕奇人。这点不同从两部著作的目录就可以一望而知：古德温依次处理形态、历史演变、氏族、家庭、亲属关系和婚姻、社会规则、个人生活的阶段、表现手段和习俗。与之相反，奥普勒依循个人生命的先后阶段：童年、成熟、成年生活、信仰、政治和经济活动、性生活和婚姻生活等，总之是土著生活的重要阶段。古德温试图恢复阿帕奇社会的图景，奥普勒将阿帕奇人置于服务他们的今日社会里，从个体的角度进行描述。

古德温的书运用 10 个年头的观察材料。约 700 页的分析和讨论大部分来自 34 位老年报告人的见证。每念及此，我们对他在这本书中所体现的天赋不得不表示十足的钦佩。尽管研究条件十分困难，材料却罕见地丰富，它们无疑是了解一个北美部落的社会组织的最佳源泉。

有关氏族的理论（第 97～122 页）特别有趣。阿帕奇社会分成一个包括单系群体的等级体系，其中可见氏族，关系亲密的氏族群和一些彼此互认远亲的更大的氏族。这个局面对亲属制度产生了影响（第 193～283 页），并且导致两套称谓之间的纠葛：一是血亲亲属的称谓，二是规定氏族亲属的称谓。还有一种非常有趣的基于父系的平表亲属关系，它优先于所有其他关系。

奥普勒比古德温更多利用了报告人的见证。他的书仿佛一幅画布，上面交织着报告人的意见、评论和思考。把这么多碎片拼合成一个整体，需要极大的耐心和高超的技巧；至于这个整体的令人失望之处，与其说原因在于作者十分出众的才智，不如说由于研究对象的内在特征。因此，一个特别显著的例子引起了所谓"文化适应"的问题。我们知道，这项研究目前在美国十分流行。

研究文化适应可以在两种同样重要的关注的启发下进行：一是原始社会大多迅速灭绝，促使年轻的研究人员发挥自己的作用，调查衰落的群体，它们实际上是仅有的仍然能够接近的群体；二是有些社会跟强势文明一接触即崩溃，关注它们遭遇的经济和精神的困苦，寻求当地适用于具体弊病的补救措施。

最近有两本书——克莱德·克拉克洪《纳瓦霍人》和多萝西娅·莱顿的《民众之子》(麻省剑桥，哈佛大学出版社，1946，1947)是充满同情之心的例子，它们说明这两位对一个濒临解体的社会群体的过去、语言和传统制度有长年了解的出色的观察家和理论家能够做些什么，旨在使这个国家的大众舆论、教育工作者和地方官员理解这些问题。为了一个在困厄中遭鄙视的社群在被同化时能够从容一些，他们准备了务实的和紧迫的解决办法。

不过，我们揣想，研究文化适应的专家们提出的东西跟培训青年民族学家，使之适应 20 世纪的局面的办法迥然不同，后者是一种世俗化的传教工作。从民族学研究的角度来看，平等看待衰落的群体和保存完好的社会，这是他们工作的理论出发点。的确，这难道不是一个纯属主观的区分吗？每个社会不都是在不断变化吗？一个群体被界定为衰落，是跟我们自己身处的环境相对而言的：它是在与我们的文明接触后垮掉的。然而，在与白人的全部接触当中，如果一个土著社会仍能保持单纯清白，那么在近期或遥远的过去，它从也许跟我们相距一样遥远的其他土著社会受到过哪些冲击？而且，由于对它的历史一无所知，我们无从了解这种冲击的后果和影响。从另一个角度看，也可以认为，举凡人类群体，只要它存在，莫不是社会学的研究对象，而且一旦存在就必然会运转。因此，每个集体都是一种经验，而且因形态特殊，无疑是独一无二的；但是，作为一种经验，它跟所有其他经验具有相同的价值。

这些隐含的假设对于我们似乎更加危险，由于有关"完成了文化适应的"民族的众多专著开始造成一个总体印象，也由于每一部书都未能给先前的图景增加什么，而是似乎在不断地重谈同一种愁苦的生活，这个印象尤其令人寒心。这是因为，群居有无数形式，但是只有一种会使一个人彻底失去所有，因而接受外部强加的形式。这个过程并不形成一种新的群居形式，它是一种所有群居形式共有的疾病，或者说，一种凡是群居形式都容易罹患的疾病。

因此，专题论文的方法看来最不适合为研究文化适应服务。因为这些研究不涉及系统（假设系统因而不复存在，即使继续存在，也恰恰不是这种调研的对象），但是跟表征有关。然而表征非常少，随着它们的消散，所有社会无论在原始状态下多么分殊，都会趋同。无论是美拉尼西亚文化、非洲文化，还是美洲文化，衰落只有一副面孔。

因此，像奥普勒这样决然采取个体角度的专著，对民族学家几乎没有什么帮助：有关技术、信仰或习俗的描述必然如此，因为从定义上讲，这些在一个"完成了文化适应的"社会里全都崩塌了，没有任何别的东西取而代之，以形成新的活生生的文化。剩下的只有态度。然而，尽管这些态度会引起心理学家、地方官员或殖民行政长官的兴趣，它们在所有情况相同的社会里都惊人地相似——谦卑和傲慢的混合体，干巴巴的教条主义，但是难掩给新模式献殷勤的应声附和，以及通过融合诸说的初浅的合理化，以求调和这些矛盾的态度。所有这些都非常可悲，但是提出了一个问题，即民族学研究不同文化和广义文化，它是否可以不受损害地转入研究失去了文化的个人？这种研究或许合理，我们也可以期待某些成果，但是它涉及的关注点和方法完全不同。我们还想知道，是否应该期待丰硕的理论成果。

博厄斯早在 1895 年就提出，把研究文化适应现象作为能够把民族学确立为一门历史科学的两条道路之一（另一条是研究分布现象）。他接着阐述了他对文化适应的理解："外来元素如何依照新环境中的主导类型而改变"（《民族学的方法》，刊于《美国人类学家》1920 年新系列第 22 卷）；这跟今天对"文化适应"（acculturation）一词的理解正好相反，而且跟本土元素遭外来文化入侵后如何瓦解有关。因此，问题不再是一种文化如何被创造，而是它如何遭瓦解；这不是遗传学问题，是病理学问题。我们至少应当对此有所意识。

（五）库尔特·尼缅达居，《阿比纳耶人》，华盛顿，美国天主教大学，《人类学系列》第 4 卷第 8 期，1939 年，共 189 页；《色杭特人》，洛杉矶，费德里克·韦伯·霍奇周年刊行基金会，第四、第九卷，1942 年，共 106 页；《东部丹比拉人》，伯克利和洛杉矶，加州大学出版社美国考古学与民族学分部，第 41 卷第 5 册，1946 年，共 357 页，插图 42 幅 [Nimuendajú (Curt)，*The Apinayé*，Washington，The Catholic University of America，Anthropological Series，n° 8，Ⅳ，1939，189p.；*The Serenté*，Los Angeles，Publications of the Frederick Webb Hodge Anniversary Publication Fund，volume Ⅳ，Ⅸ，1942，106p.；*The Eastern Timbira*，Berkeley et Los Angeles，University of California Publications in American Archaeology and Ethnology，volume 41，Ⅴ，1946，357p.，42 planches.]。以上三书均由罗伯特·罗维译出。

我们可能永远无法知晓，在尼缅达居的民族志作品背后，隐藏着怎样悲壮的秘密。1945 年 12 月 10 日，这位伟大的研究者在他深爱的印第安人之中溘然辞世。40 年不懈的工作，30 余篇出版物。光凭这些数字仍然难以界定他的成就，它们是一种可称为"介入式"的民族志的典范。在了解巴西原住民方面，无人比尼缅达居的贡献更大，特别是对于中部和东部的原始阶层，他带来的启示如此惊人，其精髓便见于这三部由罗伯特·罗维先生精心翻译出版的著作。

阿比纳耶人、色杭特人和丹比拉人有相同的粗陋的物质文化，社会组织却出奇地复杂。阿比纳耶人有半族之分，伴随一个有四个"旁支"或称 kiyé 的分布，用来规范婚姻。这种有趣的社会结构只有外婚制的外表，因为男性的 kiyé 是母系传承的，女性的则为父系传承。因此，中间有联姻的 kiyé 分裂成不折不扣的内婚制的许多部分。

男性单分成四个年龄组，有接纳仪式，作者对此做出了出色的描述。色杭特人的社会组织也有外婚制的半族之分（但跟阿比纳耶人的不同），每一半分成三个原始氏族，加上一个因收养外来部落形成的氏族；除此之外，再加上一些体育运动队和男女社团，它们的社会作用至关重要。

关于丹比拉人的专著是迄今论述得最充分的，全面涵盖了物质生活和社会组织。其社会组织是最令人惊奇的阶层和半族的堆集，包括外婚制的母系半族，叫作"雨季"的非外婚制半族，叫作"村子广场"的群体和半族，年龄组，年龄组的半族，以及共计六个男性社群。对于每一个这样的组织类型，尼缅达居都给出了有价值的信息。

然而，这些长期遭鄙视的部落有着极丰富的社会学价值，这三项研究都不可声称已经将之穷尽。它们的灭绝速度之快，也许永远不容其他研究者经年奉献热烈而深厚的友谊，这种友情把尼缅达居变成了他们当中的一员，为他深入研究各类制度敞开了大门。他的著作是一座丰碑，唯有他才能填补那么多空白。从这一点出发，我们才能更好地评价他的价值，以及随着他的去世，美洲文化学和整个社会学遭遇的难以弥补的损失。

第六章　幸福的技巧

跟美国社会相比，没有哪一个人类群体会令人更强烈地联想到社会规则。盖洛普研究所经常展示引人瞩目的调查结果，与其说它们代表一门新科学的胜利——其实可以归结为一些极粗糙的方法，不如说是社会环境性质造成的自然结果。例如，11月总统选举期间①，纽约的两大日报《时报》和《论坛报》分别支持罗斯福先生和杜威先生。当选票只计出10％的时候，两报发表了相同的头版，宣布现任总统连任；等到获知大约四分之一的选票结果时，共和党候选人承认败选。似乎在美国，部分有效等于整体有效。群体生活毫不掩饰这种失之肤浅的仓促结论，仿佛在一种优于个人意识的决定论的支配下，个人从外部就能理解这种决定论，且毫不费力，而不是通过努力分析和思考，

---

① 本文写于 1944 年。

从内心深处去把握它。

群体和群体活动优先，但是，这一点无疑不是美国社会的区别性特征。任何社会生活都是如此。然而，根据一个社会是新近形成还是较为古老，既有的文化是遵循不同的方向，以不同的速度沉淀下来的。在古老的社会里，个人提供的土壤永远比环境更肥沃。社会运动似乎注定必须不断调整群体，使之向超越和评判它的个人看齐。新的社会呈现相反的现象：文化层围绕着制度和群体活动更快和更密集地沉积。制度和群体活动是最先形成的，在个人致富的循环开始蓬勃发展之前，社会生活的大框架就固定下来了。

然而，如果只看到美国是一个年轻的社会，将大错特错。美国无疑是年轻的，因为她每天都在把自己打造成一个独特的现实。但是，她最初致力于形成的这个欧洲的遥远的省份尚未完全消失。在这里，传统和古老的生活方式得以保留，有时候比在最初的移民区更为持久和忠诚不渝。美国文明是在两种民俗的相遇中形成的。一种民俗是古老的，起源于欧洲，或是在殖民初期的几个世纪里就地创造的，例如咏唱的民俗——法外的西部的赞歌、圣歌、悲歌；节庆的民俗——感恩节、圣诞节、万圣节；乡村生活——乡巴佬、牛仔、河口居民。另一种民俗是都市启示录式的，热情洋溢，带着那些远非行话隐语的俗俚说法，以及真正通俗的下层社会的举止——达蒙·鲁尼恩、雷蒙德·钱德勒、达希尔·哈米特；信条和迷信——今日加利福尼亚的邪教和仪式；娱乐方式——摇摆乐和热爵士乐，吉特巴舞和布吉-伍吉节奏摇滚；她的电影；她的"杂耍"和低声歌手。美国文明一边日益啃食这个阴影笼罩下的双重领域，一边仍然屈从外在的宿命：时而惊羡，时而恐惧，日日展露无遗。

从上述视角出发，才能理解个人反应——可塑性很强，但往往失之含糊——与协调而牢固的群体组织的分别。无疑，这个对立并非为美国所专有，但是它在美国出现的方式却特别引人注目。美国社会的骨架依然是裸露的。这能够解释美国众多生活领域里一些明显的怪象。例如在农业生活中，农民更愿意食用罐装食品，而不是自家土地的果实，因为在他开始自产食物之前，食品制造和分配系统已经就位；在工商业生活中，大型企业与其说是为个人欲求服务的细心仆人，不如说是个人欲望的形式和趋势的负责任的制造者，甚至会以履行公民教育的职能自居；最后，在政治生活中，政府比舆论更超前。美国自由主义表面上很大胆，却要求按照同样的路子被解读。因为它的训导性多于革命性，它体现的不是个人对陈旧的社会秩序的叛逆，而是一种意愿，即以一个鲜活的集体理想的名义，约束变化不定的个人反应。

因此，今天的美国仍然生活在自视特异的影响下。甚至可以说，这个状态有增强的趋势，因为最近才出现对这种现象的意识，而且它必须首先被觉察，才能够发挥其所有的潜质。过去的两三年里，民族学家玛格丽特·米德夫人撰写的对当代美国社会的分析是最畅销的书之一，在研究美拉尼西亚的部落方面，她接受的训练胜过研究一个伟大的现代文明。[①] 学术界没有

---

① Margaret Mead, *And Keep Your Powder Dry*, New York, William Morrow and Company, 1943.

追随米德夫人，公众却热情地欢迎她；民族志学家和人类学家在公共行政部门里的地位越来越重要。因此，在远离我们的社会类型上花功夫的是最易获得倾听的学者，他们在接触并分析那些社会时困难极大。但是，美国思想界越来越充分相信，在个人意识里，任何社会，包括（也许首先是）美国社会本身，都表现为一个不可减省的整体，一如大洋洲野人的怪异习俗。普通人会不知不觉接受群体的这种异质性。受过教育的和乐观的美国人则认为，勇于承认这一现象是寻求解决办法的先决条件。

美国的社会哲学立足于跟我们所习以为常的极为迥异的设定，因而难以采取跟我们相同的视角。因为如果说社会群体构成一个客观的和牢固的现实，个人应被看成可塑的和不稳定的媒介，那么，谋求社会进步的明智努力就必须针对个人，而非群体；用现代美国心理学的说法，"调节"须"从内部"入手。当每个社会体系看来都同样不可省约和芜杂不齐时，寻找哪一个最佳将徒劳而返：个人如果制造不出一种亲和熟络的氛围，则大家都会很糟糕。幸运的是，个人总是可以改变的，以适应自己所处的群体，无论后者的形式如何。因此，大而化之地讲，我们可以认为美国思想是保守的。它在美国社会生活中首先要维持的，是那些个人能够融入，而且在某种意义上能够与之绑定的元素——美式生活（American way of life），以之结成一个整体，包括最私密的琐碎细节：周六晚上的电影，红豆饼……然而，美国的现实完全溢出了这个光明的安全岛。她自觉神秘，渴望了解和把握自己，但不做改变。相对于欧洲人的社会关注，一个美国人首先看到的是自己的社交圈。他会很自然地觉得，如果连规划和清单都没有搞定，就不能介入重建房屋的事。因此，对于欧洲的政治重建，美国首先视之为一次复辟，对此我们无须惊讶。

个人却不会等待；如果要他融入群体，接受群体，至少对群体有理解的错觉，总之，如果要给他幸福感，就得赶紧行动。任何方法只要证明有效，就都是好的。因此，首先被关注的是儿童，或者更准确地说，是在每个人心中注定永驻的童年。事实上，在每个社会里，从最原始的到最复杂的，都仿佛有一条一直未愈合的莫名的伤口，每个人的内心深处都隐藏着幼时被压抑的面对严苛的群体纪律的受挫感；产生这种感受的年龄依文化有所不同，但总是为时过早。无论何时何地，被当作理想呈现的永远是成人的思想、成人的感受、成人的行动。但是，这种成年人的社会模式，有多少成年人自己做到了？实验心理学表明，绝大多数人的心理年龄远低于身体年龄。一个社会如果不了解这个关键的事实，一味要求成员提供多于他们所能提供的东西，而在其他领域给予他们的，却远远少于他们不自觉地希望得到的，这怎么会不散播苦难呢？我们不敢声称美国对这个问题有清晰的构想。不过，早在用术语提出以前，她似乎已经凭直觉意识到了这个以往几百年里经常出现的问题，而且用一种相当含糊和全凭经验的方式，为它准备了初步的解决办法。

对于活在我们每个人心中的这个童年的部分，从美国那些悄然塑造着公众和私人生活的社会典型里，不难看出一种承认它、使之合法和满足它的模糊的愿望。例如美国妇女，她们首先而且永远是妈妈（Mom）。这是美国日常情感的一个名副其实的常数。随着妈妈的声望越来越高涨，一些美国社会学家揣想——他们无疑对表面的类似现象比对社会现象的实质更敏感——一种现代母权制度会大行其道。美国生活的另一个侧面，是对当权政府的尊重，包括来自政治对手的，任何民主国家都可以从中看到一个有益的榜样。然而，几乎不难猜到，归根结底，这种公民对总统，雇员对老板（boss）的近乎神圣的尊重其实是一种对"大人物"的崇敬，它在成年人的心里始终不衰，美国社会从中找到了一个有效的集体纪律的工具。棒球是一项大型的国民娱乐活动，有着吹毛求疵的仪式、复杂性和争强好胜的对抗性，与其说它是一项体育运动，不如说是一个幼稚的游戏的典型。药店（drugstore），连同有上百个水龙头的"喷泉"，借助家居生活的全套现代魔术，为全美不分老幼提供彻底物质化的面包片夫人①的寝宫：果仁糖墙壁、焦糖家具、糖浆池和四下流淌的果酱。同样，无分年龄，周日报纸的漫画增刊都使人陶醉在冒险和奇遇当中：迪克·崔西、超人、巴克·罗杰斯②。要么就是谈论美国生活中的问题和冲突：夫妻之间，

---

① 《面包片夫人》（Dame Tartine）是一首法国儿歌。歌中唱到的人和物都是用食品做的。

② 狄克·崔西（Dick Tracy）是美国漫画家彻斯特·古尔德（Chester Gould）创作的一部同名漫画的主人公，自20世纪30年代起在报刊上连载。狄克·崔西是个智勇双全的天才警探。超人（Superman）是30年代美国DC漫画公司发行的一部连环漫画，由作家杰瑞·西格尔（Jerry Siegel）和漫画家乔·舒斯特（Joe Shuster）创作。主人公超人是一位身穿蓝衣和红斗篷的虚构的超级英雄，现在普遍认为超人是一个美国文化的符号。巴克·罗杰斯（Buck Rogers）是菲利普·诺兰（Philip F. Nowlan）创作的同名科幻漫画的主人公，一位冒险英雄。他于20年代末出现在美国报纸上，后来出现在书籍和多种媒体中。——译者注

例如《先生和太太》《荷马·霍皮》《波莉与伙伴们》①；父子之间，例如《蒂娜》《俺家吉姆》《把父亲拉扯大》；《小孤儿安妮》《迪克茜·杜根》《黛比·迪恩》② 中的小女孩和单身女人……还有收音机和汽车，如果猜不出它们实在是不折不扣的成人玩具，就很难理解它们在美式生活中的位置：对新款式的热切关注（更准确地说，是激情），或者对前一年的款式的骤然冷漠；同样，官方的认可，以及通常是业余爱好（hobbies）的团体——专司"安格尔的小提琴"③ 一类的消遣——都确认，任何年龄的

---

① 《先生和太太》（Mr and Mrs）是克莱尔·布里格斯（Clare Briggs）创作的连环漫画，主人公是一对经常斗嘴的夫妇。1919 年起出现在纽约报纸上，连载 20 多年。《荷马·霍皮》（Homer Hopee）是 "黄金时代传奇连环漫画"中的一部，流行于 20 世纪 40 年代的美国。创作者是弗雷德·洛克（Fred Locher）。漫画诙谐地描写了两位主人公各自与妻子的钩心斗角。《波莉与伙伴》（Polly and Her Pals）是克利夫·斯特雷特（Cliff Sterrett）创作的一部漫画，20 世纪初流行于美国，描写一位名叫波莉的姑娘的日常生活，内容多有讥情骂俏的场景。——译者注

② 《蒂娜》（Teena）是一部关于少女生活的搞笑连环漫画，由希尔达·特里（Hilda Terry）创作。《俺家吉姆》（Our Jim），未详。《把父亲拉扯大》（Bringing up Father）是一部 20 世纪 20 年代的美国漫画，由乔治·麦克马纳斯（George McManus）创作。主人公是一位名叫吉克斯的暴发户。该漫画曾改编成电影，麦克马纳斯于 1954 年去世后，虽有人接手，但开始走下坡路。《小孤儿安妮》（Little Orphan Annie）是哈罗德·格雷（Harold Gray）于 1924 年至 1968 年创作的报刊连环漫画。主人公安妮是个 11 岁的街头顽童，独自跟罪犯、间谍等坏人打交道并战而胜之。《迪克茜·杜根》（Dixie Dugan）是约翰·斯特雷贝尔（John H. Streibel）绘制的连环画，从 1928 年至 1966 年长期连载。故事描绘歌舞演员迪克茜在大萧条时期的遭遇，曾改编成音乐剧和电影。《黛比·迪恩》（Debbie Dean）是一部伯特·惠特曼（Bert Whitman）创作的漫画，1945 年至 1949 年间在报刊上连载。故事描写聪明过人的黛比如何调查罪犯和体育腐败。——译者注

③ 《安格尔的小提琴》（Le Violon d'Ingres）是美国艺术家曼·雷伊（Man Ray）创作的超现实主义摄影作品。这幅著名的照片于 1924 年 6 月首次发表于超现实主义杂志《文学》。它展示了巴黎人熟识的新潮模特蒙巴纳斯的吉吉（Kiki de Montparnasse）的裸体背部，上面画有两个 f 形音孔使之形似一把小提琴。——译者注

人都有娱乐的权利或者义务，总之有正当性。

人们期待，那些童心从未也永远不会被伤害的成年人，如果在年轻岁月里遭受过困顿，在生活中会更轻松和善意地待人接物。确实，在美国，建立和谐的个人关系，把社会生活变成一个运行良好的机制，这个问题是用简单得令人惊讶的字眼提出来的。科技在这方面依旧重视如何消除小摩擦乃至冲突。首先，在物质生活领域中，孜孜不倦地独出心裁导致新花样或小发明不断增加，省去了费力和无用的行动。健美的身体可以通过饮食获得。这种饮食虽然常常令人沮丧，却被美国青少年证明是有效的。那些天生似乎无可救药的女子，从"女子精修学苑"毕业时，胖子变瘦了，驼背变得挺直了，薄情寡义者变得招人疼爱了。人们被教导说，个人卫生是人世成功的要素之一，一如轻松的交谈。要成为一个愉快的交谈者（to be a good conversationalist），通过一些幼稚的秘诀就能学会，有时甚至通过信件往来。与此同时，择取一个新雇员，乃至大学教授，不单凭专业素质；除了能力之外，还会要求是常言所说的"一个好人"（nice guy），意即永远不会由于善变和特立独行，包括私生活，有损于打算接收他的小社群的顺畅运转。竭力避免任何可能触犯、违背、危及集体和谐的事，这种忧虑并非没有弊端。人们情愿让它为经常充斥于群体关系的平淡乏味承担责任。一位欧洲学者对学术会议不够热烈表示惊讶，一位美国同事反问："可你们呢？你们欧洲人争论得太过分。"（But you, European people, you argue too much.）另一个人问："讨论怎么可能'过分'呢？"回答："你可能会伤害别人呀。"（You might hurt somebody.）

不仅要避免个人之间的冲突，还要避免对良心同样致命的自我冲突。美式生活提供了上千种手段，以放松或加强对成员的操控，并形成一个精细的等级体系。在学校、广告或日常谈话里，很少有像"relax"一词这样频繁出现的建议，它大致可以译为"放松一下""别紧张"。嚼口香糖的习惯当然产生了一些机械的或生理的后果，但是，与此同时，如果没有上述社会功能，它大概不会在习俗中牢固扎根。体育也是如此。宗教尤甚，它的社会作用似乎日益超出了满足单纯的精神需求。最后，精神分析非常流行（在人气颇旺的纽约市第 23 街，不是有位理发师给烘发罩下的顾客提供美甲、修脚和精神科医生的综合护理吗?），但是，不可忘记对弗洛伊德的方法和原理做出的改变。因为问题已经不是展露内心冲突了，主体一旦透彻地了解自己，就能够自主选择想走的道路。美国精神分析学越来越关注个人如何重新适应集体规范：这并非患者对于自由的醒悟，而是引导他走向幸福。

　　这种乐观的社会学已经取得了非比寻常的成功。日常生活的全面简化和高水平的生活（但是，不可忘记，这只是例外）带来了物质上的幸福，这个主题已为法国读者所熟知，此处只稍做提示。我们希望更多地强调欧洲和美国的儿童之间的对比：美国人的童年如此自由，如此轻松，对儿童和成人之间的沟壑奇妙地毫无觉察，但到了中学和大学，又那么热切地想知道。美国上流社会使"笨蛋"一词失去了全部含义。成年人首先强调职业良心，特别是公务员和科研人员，以保证问题总是被认真考虑和有条不紊地研究，促使最终解决；此外，美国的公民精神在集体生活中要求认真对待一切：从回收旧报纸（paper salvage）和空锡罐（tin can salvage）到出售国债，都是邻村之间展开积极而友好竞争的借口。哪些地方会像美国这样，商贸企业敦请公众把战争债券作为购物首选，却把它们的产品只当作第二选择？某个品牌的手表、面粉、领带，买吧……可是，得先买战争债券哟（but buy a War Bond first）。最后，群体对抗在美国会导致不多见的暴力，虽然没有低估这一点，我们仍然对轻松自如的个人关系感到震惊。在所有这些方面，幸福的技巧无疑是成功的，最感人的象征也许是美国公园里成千上万的松鼠，游客们微妙的安全感可以见证这种无恶念的童年、无怨气的少年和无嫉恨的人性，直至末日审判降临。

然而，技巧，即使是有关幸福的技巧，应用于个人时也并非不受损害。美国文明渴望成为一个没有悲剧的社会，如今却有焦虑的理由，因为用于个人有效的方法显得对群体无能为力。事实上，美国社会生活在双重节奏下，一方面是易受影响的个人，另一方面是无动于衷的集体。儿童和成人、男人和女人、老板和工人之间的关系之灵活、自然和顺畅，无可比拟。可是，也再没有比世代之间、男女之间和阶级之间的关系更为形同陌路的了。一个美国孩子比他的一千个欧洲同辈更容易接近；然而，美国的童年却发生了重大的病态的事故，诸如辛纳屈[①]的粉丝（Sinatra's fans）、二流子（hoodlums）和胜利女郎（victory girls)[②]。父母发现后惊愕不已，集体机制却不得不承认对此无

---

① 法兰克·辛纳屈（Francis Albert Sinatra，1915—1998），美国流行男歌手、舞蹈家和奥斯卡奖得奖演员，华语世界称瘦皮猴。——译者注

② 即如法兰克·辛纳屈的年轻崇拜者，他们的放纵行为是1942—1943年间的头条新闻；又如不良少年团伙；还有为了表现爱国精神，战争期间陪伴士兵或提供性服务的少女。——编者注

能为力。男女之间的社会关系坦白直率，却没有消除美国生活中潜在的对抗性，这种对抗性使得妇女不再像拓荒时代那样围着炉台转，成为不稳定的生活里一个令人踏实的因素，而是日益成为社会规范严厉的传播者，这种传播方式既没有让她们富裕起来，也没有使她们变得仁慈。最后，罢工和关闭工厂之粗暴是众所周知的，程度却远不如悲剧性的种族冲突。

即使在个人方面，问题也远未解决。因为如果说没有任何国家比在美国更容易使人感到跟大家一样幸福，那么对于不能或不愿满足于集体解决方案的人来说，等待他的同样是任何国家都没有的更具风险的命运。这时真正的悲剧便出现了，美国文明的根本性悲剧，一个幸福的技巧能够抓住但无法纾解的悲剧；从个人意识的角度看，这个悲剧不妨叫作"害怕孤独"。这是因为美国的幸福是一体两面的：首先，社会仅提供了单一的模式；其次，它的所有元素都相互关联，没有留下选择的可能性。美国文明是一个整体：你要么完全接受，要么宁可放弃它。

因此，从孩提时代起，美国人的灵魂里就滋生了一种特有的焦虑——孤独感，他们恐落人后，因而试图通过可谓狂热的社交活动来躲避它。在中学或大学里，年轻人最关心的是如何做到讨人喜欢（popular），也就是有很多朋友、约会和信件往来。再后来，就是众多的俱乐部、多少有点神秘的团体、交际性聚会——集体拜访或远足——甚至包括令欧洲人感到不舒服的美国假期，组织这一切似乎都是为了消解与生俱来的孤独感和个人的私密性。最后，摩天大楼，全球眼中美国文明的象征，与其说是技术挑战，或者出于经济的或地理的必然，毋宁说它们悲情地表达着一种彼此靠近的需要和达成默契的渴望。

　　幸福的技巧能否克服这些障碍？或者说，既然有一直退避，但万难化解的个人抗拒，幸福的技巧是否会遇到一个绝对的极限——从而证明欧洲思想的传统价值可以延续？归根结底，问题在于是否能够创造一种文明，大众和精英都能从中找到自己的位置。除了少数声称准备牺牲后者的极端主义者以外，当代美国给出了肯定的回答，而且高度乐观。欧洲刚刚走出一场危机，历经苦难之后，很容易相信自己命途多舛，她应当怀着热切的兴趣静观一场实验，美国带来的独特启迪及其孕育力应该不会使欧洲忘记，她是在精神和道德的基础上发展起来的，而且永远是新旧大陆的一笔共同遗产。

互惠性和等级制度

第七章　南美印第安人的战争和贸易

在南美印第安文化里，很少有像战争的筹划、实施和后果一类的事物那样，引起早期旅行者如此强烈的关注。例如，巴西原住民的原始生活水平与其战争技术的发展之间的反差，不同族群之间的重要和频繁的军事行动，似乎都为以往的记录者提供了某种意义上的标记。凭借这些标记，他们在一块遥远的土地上，在极为陌生的民族当中，再次看到了 16 世纪欧洲的乱象。

在这些关注当中，一些作家的著作占有特殊地位，例如让·德·莱利、汉斯·斯塔登、安德烈·特韦、伊夫·戴夫赫①等等。的确，对于第一批航海者来说，研究巴西沿海

---

① 让·德·莱利（Jean de Léry，1534—1613），法国冒险家、传教士和作家，1578 年出版了《巴西地之旅纪实》。汉斯·斯塔登（Hans Staden，1525—1576），德意志军人和冒险家，16 世纪曾被巴西的图皮南巴人俘虏，著有《真实历史：巴西食人族的囚徒》。安德烈·特韦（André Thevet，1516—1590），方济各会修士和冒险家，行迹至中东和南美，著有《新发现的世界：法属南极洲》。伊夫·戴夫赫（Yves d'Évreux，1577—1630），巴西的法国传教士，1615 年在巴黎出版《戴夫赫神父 1613 年至 1614 年的巴西北部之旅》。——译者注

部落之间的关系具有头等的政治意义。葡萄牙人只要跟一个部落结谊，就足以使后者敌对的邻居即他们的竞争对手，热烈地欢迎法国人，而且对他们的争执推波助澜。此外，正如主要是让·德·莱利所描述的那样，图皮南巴人的征伐很有戏剧性，足以激发想象力。武士们头插羽翎，用胭脂豆和茜草汁的红黑两色涂身，从佩戴这些华丽而可怕的装饰物到谙熟火矢和令人窒息的胡椒烟雾，每一个备战的细节都令人恐惧或钦佩。这样重构起来的巴西族际生活的画面展现了众多奋力血战的群体形象，战争不时发生在操同一种语言、分裂仅数年的相邻部落之间。

　　无疑，这些形象在很大程度上符合现实。南美洲原始民族的分裂状况，如果不承认在前哥伦布时期的热带美洲史上，分散力大大战胜了联合和凝聚力，就很难解释他们何以会分散成尘粒般大小的、往往属于同一语族的社会单位，孤悬在巴西森林或高原相距遥远的端点。毫无疑问，古代一如今日，相邻群体宁愿彼此视为仇敌，而不是盟友，互相惧怕和回避。这种态度有充分的理由。然而，即使阅读古代作者的作品，也可以清楚地看出，土著群体的这种态度很有限度，他们的关系不都是消极原因决定的。不妨举出频繁使用的一些只会来自域外的物品或原料，它们证明，相距遥远的群体之间存在商贸关系。例如，伊夫·戴夫赫和让·德·莱利描述过珍奇的绿宝石，沿海印第安人将之镶入嘴唇、脸颊和耳朵，视为最珍贵的财富。

　　如果仔细阅读让·德·莱利的记述，我们就会尤其注意到，在里约热内卢地区的图皮南巴人那里，战争不仅仅是混乱不堪或纯粹的无政府状态。战争有一个目的，而且给旅行者留下深

刻印象：提供俘虏，以便通过一场设计完美的仪式，将之送到
人肉宴上啖食。目睹这些餐宴的莱利对此极为震惊，遑论多次
险些成为俎上肉的斯塔登。人肉宴在图皮南巴社会中有多重功
能，通过这些功能能够解释这种仪式何以在土著文化里占有重
要地位。食人仪式既与魔法和宗教观念有关，也与社会组织有
关。它们是对形而上的信仰的挑战，为群体的延续提供保障；
而且，个人的社会地位凭借它们得到规定和发生变动。本质上，
印第安人发动战争正是为了确保这种仪式的正常运行。这一点
有个很好的佐证：当维勒盖农①要求把俘虏售卖给他时，他们顿
感失望，大叫："如果连俘虏都吃不上，我们干吗还要打仗？"
于是，阅读旧日的著述，从中可以看到一幅完全不同的战争活
动图景：不只有消极的图景，而且有积极的图景；它暴露的不
一定是群体关系失衡和危机，而是旨在确保制度运行的常规手
段；它在心理上和实质上无疑令不同部落敌对，但同时也在它
们之间建立了一种涉及交换的无意识的联系；这种互惠性交换
也许并非出于自愿，但无论如何是不可避免的，它对于维持文
化至关重要。

　　不过，一个几百年前的旅行者只能揣想的现象，我们得等
到 19 世纪末卡尔·冯·登·施泰宁的重要旅行才能看到：除了
战争和对立之外，这些美洲印第安的小型社会单位之间尚有许
多凝聚因素。1884 年和 1887 年，冯·登·施泰宁首先探察了这
些地区，那里的社会生活条件完全符合这一观察，这里不妨粗

---

　　① 尼古拉·维勒盖农（Nicolas Durand de Villegaignon，1510—1572），巴西的法国
殖民者。——译者注

略介绍一下它们的形态。

欣古河是亚马孙河右岸的支流，上游分出数条支流，它们在差不多整个流域里平行地流淌。在这个广袤的流域里，紧贴着陡峭的河岸，冯·登·施泰宁发现了十几个属于不同族群的小部落，仿佛一把巨大的梳子的梳齿；它们代表着巴西最重要的语言家族。这些部落相距不远，但地理距离不一定取决于文化或语言的亲缘关系。相反，操同一语言的村庄常常被不同的部落隔开，后者本身在遥远的群体中还拥有一些飞地。自施泰宁以后，别的民族志学者或旅行者曾多次到访欣古河地区。例如，赫尔曼·梅耶、马克斯·施密特、福西特、欣特曼、戴厄特、佩特鲁洛，以及最近的比尔·奎因。不同的见证者拟定的群体分布情况与施泰宁所记录的差别很大，这表明，部落的位置只是暂时的，至少在细节上如此。但是，欣古河的基本形态特征至今未变，因为我们看到的依然是相对集中于有限土地上的状态，很多不同的群体，或者属于不同的语言家族，或者自称如此，哪怕操着同一种语言。

佩特鲁洛坚称，整个地理大区的物质文化是一致的。尽管如此，但可以肯定，部落之间曾经有过规模宏大的专业分工。同质性只是表面的，或许可以解释为群体之间贸易往来的后果。这个现象在制陶业方面尤其明显。冯·登·施泰宁的时代，巴凯利人和纳胡夸人的陶瓷制品靠库斯特诺人和梅希纳库人供应，瓦乌拉人则向特吕麦人和一些图皮部落供应陶瓷。这种交换体系今天仍然存在，至少在基本特征上如此。1887年时的巴凯利人擅长生产胭脂豆和棉花，制作吊床、矩形珠子和其他种类的珍珠。邻居都认为纳胡夸人是葫芦器具、核桃壳珠子和粉色螺钿珠子的最佳制造商。特吕麦人和苏雅人垄断了武器和石器的制造，也特别擅长种植烟草。同样，从睡莲和棕榈灰中制备食盐却是而且将继续是特吕麦人和梅希纳库人的专长。操着阿哈瓦克语的部落用陶器跟纳胡夸人交换葫芦。还是在 1938 年，奎因重申了冯·登·施泰宁的观察，即特吕麦人的弓是卡玛尤拉人制造的。

工艺的这种专业化跟不同的生活水平相伴相随：尧拉皮提人的贫困令冯·登·施泰宁印象深刻；这些印第安人食物匮乏，制成品很少。造成这种局面的可能是歉收或意外的打击，因为欣古河上游的族际关系并不完全和平。

每个部落都有自己的领土，由人所共知的边界划定，最常见的边界是河流的陡岸。河道被视为自由的航路，但跨河建造的渔坝属于部落财产，因而受到尊重。尽管有这些简单的规矩，相邻的群体却表现得不那么互信，这种态度体现在旅行者前往参观的村庄之前，习惯上必须点燃信号烽火，持续几个小时甚至数天。部落被分成"好的"和"坏的"，全视能否从令人担心的部落中期待多少慷慨的接待，或者能否感知和解或攻击的态度。当冯·登·施泰宁探察欣古河聚落之一库利塞乌时，特吕麦人刚刚遭到过苏雅人的袭击，此前苏雅人曾俘虏过大批马尼萨瓦人。与此同时，巴凯利人惧怕特吕麦人，指责他们把战俘捆绑起来溺毙。1887 年和 1938 年，特吕麦人两次远避他们非常惧怕的苏雅人。此类冲突经常发生在操同一种语言的群体之间，例如纳胡夸人族群的不同村庄之间。

然而，虽然偷窃的受害者往往是外来访客，但是联结部落的纽带无疑比对立情绪更强大。奎因注意到，整个地区普遍存在多语种现象。他指出，大多数村庄都会遇到来自邻近群体的成批访客。很多时候，这些访问是部落之间通行的习俗和制度正常运作所要求的。上文提到的部落之间商贸交流经常采取游戏的形式，例如"拍卖易货"。不同群体的成员之间也举行搏击比赛，村庄互邀加入节庆活动。这些邀请的意义很有可能不光出于礼貌，或呼吁开展商贸谈判，而且是基于真正礼仪的必要性：看来某些重要的典礼，例如接纳仪式，确实只有通过邻近群体的合作才能举行。

这种半好战半友善的关系常常导致不同群体成员之间通婚。在冯·登·施泰宁的时代，梅希纳库人和纳胡夸人之间，梅希纳库人和乌埃托人之间，乌埃托人和卡玛尤拉人之间都会通婚。这也发生在一方为巴凯利人，另一方为库斯特诺人或纳胡夸人之间。两个群体广泛实行通婚，会产生一个新的社会单位。例如，阿尧伊提全村都是乌埃托人和尧拉皮提人结成的夫妇。

由此可见，在欣古河地区，战争双方只是积极关系的对等物，这种关系具有经济的和社会的特点。同样的观察也适用于图皮-卡瓦西卜印第安人，即马代拉河右岸支流马查多河流域的居民。

1914 年，坎迪多·朗东将军（时为上校）发现了这些印第安人，他们操同一种语言，而且明白自己的语言和社会的性质相同，但分散在一个相当广袤的地区，20 来个氏族，彼此或结盟，或结仇。那时，其中一个氏族正在一位孔武有力的首领的推动下，通过一连串胜仗，力图确保在整个群体中的霸权。这个野心从未彻底实现。图皮-卡瓦西卜人一经与白人接触，即在体质和社会两方面陷入了全面衰退。但是，我们注意到，1938

年，通婚政策与战争在他们最后的幸存者当中形成对等物，而且，在许多情况下，只有靠通婚建立联盟的努力受挫，他们才会诉诸战争。

＊ ＊ ＊

但是，战争行为与另一种关系紧密关联，没有别的例子比我们在 1938—1939 年研究的南比夸拉印第安人的案例更能彰显这一点。我们搜集的事实清楚地表明，不同类型的部落之间有着不可分割的联系，以至于如果不立即首先指出它们身处其中的环境和文化的主要特征，就不可能对它们进行分析。

南比夸拉印第安人的居住地是巴西最不为人知和最贫困的地区之一。古老地层形成的高原占据整个南美大陆的东部和中部，西部止于瓜波雷河和马代拉河汇合处的广阔海湾。在海拔 300 米到 800 米不等的高地上，砂岩分解后形成沙质土壤，往往给植被提供不了什么支持。全年降雨不规则的分布加剧了这种严酷的条件：每年 10 月到来年 3 月，暴雨频仍，其他月份几乎全无降水。在这些条件下，能够生存的植被只剩下被旱季的太阳晒焦的蒿草、疏密不定的灌木丛、厚实的树皮和七倒八歪的树干。少数动物藏身于沿河林带和围绕泉水形成的树丛里。南比夸拉印第安人占据着这个地带的南部，结成半流浪的小群体，漫游在高原上，主要活动于塔帕若斯河和罗斯福河之间地质构造的谷地。1907 年，朗东将军负责监造从马托格罗索到亚马孙的战略电报线路，在此期间发现了南比夸拉印第安人。

南比夸拉人处于南美洲目前存在的最初级的文化水平。他们雨季居住在茅草窝棚组成的原始村庄里，有时甚至只是靠近溪流的蔽身处。他们在林带内辟出圆形的火烧地，种植以木薯为主的数种作物。这些耕作为他们在久居不动的日子里提供了生存所需，包括旱季的部分所需，只要将大块木薯深埋地下，就能保存下来。旱季一来，村庄废弃，村民分散成许多流浪小队，每一队很少超过三四十人。每个家庭都用一个或多个背篓装载所有的日常物品，包括木薯饼、葫芦容器、棉纱线、蜡块或树脂块，以及一些石制工具，目前有时还有铁器。这些小族群一年当中有七个月在大草原上到处漫游，寻找小动物如蜥蜴、蜘蛛、蛇或其他爬行动物，野果、种子和可食用的根茎，以及一般来说任何能够免于饥饿的东西。为了住上一两天，有时几个星期，他们搭建的露营地不过是十多间简陋的蔽身处：用棕榈叶或从沙子里捡拾的半圆形枝蔓搭建。每个家庭都自建蔽身处，燃起自家的篝火。

我们曾经和土著人同住，营地的生活值得简略提及。南比夸拉人天亮即起，重燃营火，尽量温暖寒夜里的身体，然后吃一些头一天剩下的木薯饼。稍后，男人们出发狩猎，或结伴或独行。妇女们留在营地，忙着做饭，待阳光让人暖和起来后洗第一次澡。妇女和儿童经常一起沐浴取乐，有时会燃起篝火，以便浴后蹲在火前取暖，同时打趣地使劲哆嗦。白天的活动内容没有多少变化。准备食物最为耗时费力。需要时，妇女和儿童也出去采摘或捡拾。不然妇女们就蹲在地上，用核桃壳或贝壳雕刻珠子，捕捉身上的虱子，溜达，或者睡觉。

天气最炎热时，营地一片寂静；居民们或默然无声，或趁着庇护所里的短暂阴凉沉沉入睡。余下的时间，他们用热烈的交谈打发。土著人几乎总是很快活，笑容满面地彼此开玩笑；有时候，明确的手势、淫秽或粗俗的话语会引起开怀大笑。工作经常被互访或提问打断。孩子们几乎整天闲逛，小女孩有时得跟她们的姐姐一样做工，男孩们不是无所事事，就是跑到水边钓鱼。留在营地的男人编织篮筐、制作箭镞和乐器，有时还做一些小家务。家庭通常是非常和谐的。

三四点钟时，打猎的男人们归来。营地于是活跃起来，言来语去，更加热闹，形成有别于家庭聚落的新的群体。大家吃着木薯饼和白天找到的任何东西：鱼、根茎、野生蜂蜜、蝙蝠及捕获的其他小动物，以及"巴卡尤瓦"棕榈树上结的小甜坚果。有时小孩会哭泣，但是很快就会得到长辈的安慰。夜幕降临前，每天都会派遣几名妇女去附近的灌木丛里砍拾木柴，以供夜间之需。树枝堆积在营地的角落里，人人可以自取所需。各家的火堆开始闪耀，家庭成员团团围坐。晚上是在谈话或唱歌跳舞中度过的。娱乐活动有时会持续到深夜，而通常情况下，经过几番爱抚和友善的争吵，夫妻更紧地拥抱在一起，母亲们怀抱着已经熟睡的孩子，万籁俱寂；寒夜里只闻噼啪燃烧的木柴、蹑手蹑脚的添柴者、狗吠或孩子的啜泣。

在如上所述的众多族群中，有家族联系的族群必须跟往往代表一个或一组村庄的村民区分开来，后者从流浪生活的角度来看是"分裂的"。在正常情况下，这些族群保持着和平关系，尽管有时候，紧随某个商贸事件或绯闻，也会出现不同的情形。与此相反，其他一些彼此陌生的族群，由相互之间既非亲属亦非盟友的个人组成。它们来自极遥远的地区，甚至可能被不同的方言所分隔，因为南比夸拉语并不是一种整齐划一的语言。这些族群的相互态度暧昧：既惧怕对方，又觉得需要对方。的确，只有会晤才有机会获得中意的东西，即只有一个族群拥有或者能够生产或制造的东西。这些东西大致有三类：一是打胜仗掳获的妇女；二是种子，尤其是菜豆籽；三是陶器，哪怕碎陶片也可以制成纺锤的坠子。东部的南比夸拉人不会制陶，而且文化水平明显低于西部和南部的邻居。据他们的首领称，最近打过几仗，唯一的目的是获取菜豆籽和陶器残片。

因此，如果两个族群心知相距很近，它们这时的行为颇堪玩味。土著人既害怕又盼望相遇。然而，相遇不可能出于偶然，因为长达数星期之久，两个族群都能望见对方营火笔直的孤烟：在寒冷季节的晴空下，几公里以外就能看到。在南比夸拉人的地区，令人印象最深的景观之一就是这些令人不安的烟雾。傍晚时分，烟雾从人们以为荒寂的地平线上蓦然升起。土著人不无焦虑地眺望暮色下的晴朗天空："那是印第安人在露营……哪些印第安人？靠近过来的族群是敌是友？"他们在篝火旁讨论良久，应该怎么办？接触可能无法避免。既然如此，采取主动可能更好。如果一个族群自觉足够强大，或者缺少一些被认为必不可少的产品，反而会期待和欢迎会晤。这些族群几个星期内互相规避，而且保持营火之间的合理距离。然后有一天，决心已定，妇女和儿童被命令分散到灌木丛中，男人们前往迎接未知。

这样的会晤我们参加过一次。这在南比夸拉生活里是最引人瞩目的事件。两个族群派出的男成员迟疑不决地走近对方，随即开始一场长谈。更准确地说，是两位首领轮流发出一通冗长的独白，穿插着感叹，如怨如诉，每个词尾都拖着齉齉的鼻音。意在战争的族群和盘托出种种不满，主张和平的族群则善意地反驳。可惜我们无法事后重建这些即兴的"议会演说"的准确文本。不过，有一个片段倒是可以说明它们的结构和特殊的语气："我们没有生气！咱们是兄弟啊！我们准备好了！朋友啊！好朋友！我们理解你们！我们是带着善意来的！"宣战前的祈祷也是这种演说风格。

一番展示和平的交流之后，妇女和儿童被召回，新的群体形成，新营地也组织起来。不过，每个群体都把火堆靠近彼此燃起，以显示个性。此时往往有唱歌和跳舞的信号发出（二者实际上不可分，在土著人语汇里是同一个词）；每一组都依照老规矩尽量贬低己方，夸大对方的表现："塔曼德人唱得好啊！我们呢，唱得好是过去的事了……"同样，每一组表演完歌舞后，都会故作悲伤地尖声喊道："歌唱得太糟糕了！"观众则热烈地表示反对："不！不！唱得棒极了！"

就我们目睹的情形而言，这些礼貌性做法并未被维持多久。恰恰相反，令人兴奋的会晤的热度迅速升高。晚会还没进行多久，议论夹杂着歌唱，开始出现了出格的喧嚣，我们起初完全不懂它的含义。一些威胁的姿态出现了，有时甚至要打架。有些土著人于是居中调解。不过，敌意并没有使人感到一片混乱。尽管有噪声，整个过程尚属节制，有一定的礼貌。

南比夸拉人表达愤怒是程式化的，通常涉及性器官。例如，男人用双手握住自己的阳具，指向对方，挺肚，屈膝。第二阶段是对敌方的人身攻击，即把挂在珠编细腰带上的一簇棕榈叶从对方小腹上撕扯下来。因为棕榈叶"遮阳"，得用劲才能"扯下来"。不过，即使能扯下来，这个动作也只是纯粹象征性的，因为遮羞草（经常忘记佩戴）非常脆弱，无法保护性器官，连伪装都不能保证。不过，最大的羞辱是扣押弓箭，藏入附近的灌木丛。

在这种情况下，土著人表面上保持平静，可是神情依然紧张，仿佛（可能确实是）在强压怒火。这些争斗有时无疑会升级为全面冲突，但是，即使如此，冲突会随着黎明的降临而平息。虽然双方看起来仍旧很恼火，可是开始上下打量对方，用不那么轻柔的动作，飞快地触碰对方的耳坠、棉手环、小羽饰，同时喃喃自语："这个嘛……这个……看哪……蛮漂亮……"

如此一番和解的检视标志着冲突的正常结束。它继而开启了两个群体之间的新关系：贸易。虽然南比夸拉人的物质文化贫乏，但是各族群的制品却受到相邻族群的高度评价。东部的南比夸拉人需要陶器和种子；北部和中部的南比夸拉人认为南方邻居制作的项链特别珍贵。因此，当两个群体和平地打交道时，会发生一系列礼品的交换：冲突总有可能发生，但是让位于市场。这种市场有一个显著的特点：如果把交易视为一连串礼品，就必须认识到，收礼一方完全不必感谢，或者有任何满足的表示；如果视之为交换，就不去讨价还价，丝毫没有抬高货品价值的企图，或者相反，顾客一方毫无贬低它的表示；而且，双方都不表现出意见不一致。事实上，人们不愿意承认交换正在发生：每个土著人都忙于自己的寻常职守，物件或产品静悄悄地转手；给予者既不炫耀给予的动作，接收者似乎也不特别关注他的新财物。交换的东西包括：去皮棉花和线团，蜡块和树脂，胭脂豆染料棒，贝壳，耳坠，手环和项链，烟草和种子，制箭的羽毛和竹片，成捆的棕榈纤维，刺猬的硬刺，陶罐和陶瓷碎片，葫芦。

这种神秘的货物流通进行起来不紧不慢，为时半天或一整天。然后，各个群体分别踏上各自的归程。接下来的阶段，人人都会清点收到的东西，回想出手的东西。因此，基于公平交易，南比夸拉人完全依赖于合作伙伴的诚信或慷慨。至于评估、商榷或讨价还价、要价和追索的理念，他们一无所知。我们曾照例许诺一个土著人一把砍树刀，作为帮助我们与邻近族群打交道的酬劳。等到此人回来复命，我们却忘了马上交给他讲好的奖品。我们以为他会回来自取，结果什么也没发生。第二天我们就找不到他了。从他的同伴那里得知，他离开时非常恼火。我们后来再没见过他。所以，在这种情形下，看来并不奇怪：交换活动结束后，离开的族群会清点所获，回忆付出，如果对运气不满就会牢骚满腹，而且越来越强烈。族群战争看来往往没有别的原因。不过，起因也可能完全不同。例如，对谋杀或绑架妇女展开报复，要么采取主动，要么声称报复先前的袭击。但是，对于一名或多名成员受到的伤害，群体通常并不觉得有倾巢出动去报复的义务。更常见的是，只要群体之间为强烈而持久的敌意所支配，这些借口就会用来鼓舞士气，人们也心甘情愿地接受，尤其当他们自觉很强壮的时候。一位特别激愤的人士发出战斗倡议，或者向同伴们倾吐苦水。他的演说风格和口气跟遭遇异族时发出的呵责一样："喂！过来！听着！我很生气！非常生气！我要箭！要粗箭头！"

不过，在首领和巫师享有特殊地位的群体里，决定征伐之前，仍有必要通过他们预卜吉凶。男人们穿戴专门的服饰——有红色条纹的草裙、捷豹皮帽，然后一边表演战时歌曲和舞蹈，一边朝一个象征性的柱子射箭。司仪随后郑重地把一支箭矢藏进灌木丛，翌日必须看到箭上沾满鲜血，才能认定为吉兆。许多如此决定下来的征讨在行军几公里后结束：亢奋和热情消退，小部队返回营地。也有实施的战争，而且会造成重大伤亡。南比夸拉人通常在黎明时分发动进攻，他们分散躲入灌木丛，等待攻击时刻。土著人吹响用绳子拴在脖颈上的双管哨子，发出攻击信号。哨子被称为"蟋蟀"，因为哨声与这种昆虫的叫声相似。战斗用箭与通常猎杀大型动物时的相同。不过，在用来对付人类之前，箭镞的宽大边缘被割成锯齿形。毒箭通常用于狩猎，从不在战争中使用。

这些战争有很多细节，令人想起旧日旅行者的描述，加上较晚近的涉及不同部落的描述，都使我们不再迟疑对上述不多见的现象做出至少一定程度的概括。毫无疑问，跟美洲前哥伦布时代的许多居民一样，南比夸拉人的战争和贸易活动不能孤立地看待。贸易表明潜在的战争得到和平解决，战争则是不愉快的贸易的出路。在原始森林和巴西海岸的初民手里，16 世纪就有来自印加人的物品。反之，在大陆的偏远腹地，铁器早在第一批殖民者带入之前数十年就出现了。这些事实表明，群体之间的积极关系，例如确保制度正常运行的社会生活方面的合作和经济交流，在很大程度上抵消了冲突，冲突耸人听闻，因此也是最初唯一令人瞩目的事。南美洲方言大多高度混杂，词汇反映出极为多样的来源，以至于在许多情况下，只能通过靠不住的百分比的游戏才能将其与某个语族联系起来。这个额外的指标说明不久或很久以前，肯定发生过大量的接触和交流。

* * *

社会组织的研究提供了另外一些线索。这些体系之复杂，跟发展出它们的部落极低的经济水平和极落后的技术形成鲜明对照。我们才刚刚在南美洲发现它们。在社会学意义上，这些体系的精细程度丝毫不逊于澳大利亚社会。① 有些小部落人口不多，结构本应没有什么神秘之处，仔细调查后，却忽然不寻常地冒出一大堆氏族、年龄阶层、社会和胞族；分布其中的个体自然兼领数个头衔。这些社会大多分成两个半族，轮流负责执行礼仪，有时还会规范婚姻。不过，这个制度在世界其他地区十分普遍，在南美洲却多出一个特点：不对称。在许多部落里，至少在名称上，这些成对的半族是不平等的。例如，"强"与"弱"，"好"与"坏"，"上游"与"下游"，等等。这套称谓与不同部落的称呼非常类似。这个体系本身立刻使人想到印加帝国的二分法："高地人"和"低地人"。其源头足以说明历史渊源，令人毫不怀疑这种划分是某个历史阶段的遗迹，那时的基本群体都是独立的单位。我们曾经跟两支操不同方言的南比夸拉人共处。在他们同意合并之前，双方成员之间建立了一个人为的亲属关系体系，它依据的关系跟同一社会的外婚制半族的成员之间可能存在的关系相同。② 此外，自 16 世纪以来，加勒比土著人便居住在安的列斯群岛上，他们当中的妇女所使用的特殊语言也能证实他们的阿哈瓦克血统。毋庸置疑，自从发现安的列斯群岛以来，社会的同化和异化过程与中南美洲社会的正常运行并非互不相容。正如上文所说，在较为晚近时期，冯·

---

①　参阅库尔特·尼缅达居《阿比纳耶人》（Curt Nimuendajú，*The Apinayé*，Washington，The Catholic University of America，Anthropological Series n° 8，1939）。另可参阅这位令人钦佩的民族学家关于色杭特人和朗科卡姆卡人的其他著作（参见第五章对这些作品的评论。——编者注）。

②　这些现象是一项即将出版的专题研究的对象：《亲属称谓在巴西印第安人当中的社会应用》（*The Social Use of Kinship Terms Among Brazilian Indians*）（参见本书第十三章。——编者注）。

登·施泰宁在欣古河上游的阿尧伊提村看到了同样的现象。但是，在很长一段时间内，这些联系的具体机制并没有引起注意，一如战争与贸易的关系。

本文恰恰要阐明，在南美洲，战争冲突和经济交流不单单是两种并存的关系，实际上更是同一社会过程的两个彼此对立但不可分割的侧面。南比夸拉印第安人的情形显示了一些行事模式：敌意让位于友善，侵略让位于合作，或者相反。不过，社会整体的各种要素的连续性并不止于此。上个段落提到的现象表明，原始制度拥有一些技术手段，能够使敌对关系的演变超越和平关系的阶段，并且懂得利用和平关系，将新的要素融入群体，使后者的结构发生深刻的改变。

当然，我们不会妄称，所有南美二元组织都是群体融合的结果。业已形成的群体也会发生逆向过程，即异化，而非同化。例如，这些过程之一可能来源于在许多南美部落中舅甥婚（舅父和外甥女之间）与交表婚（姑表或舅表的兄弟姊妹之间）并存的现象。鉴于两个不同辈分的男人通常会争夺一个女人，群体内于是出现了"兄长们"和"小弟们"之别。事实上，这是图皮-卡瓦西卜人对他们半族的称呼。此时，刚才所说的假设，作为一种理论，可能未必适用。不过，如果是这样的话，值得注意的是，刚才提到的长幼二分法与其他已知体系相比，有很大的不同。就二元组织的起源，无论对排他性解释有哪些保留，在某些情况下，用融合过程去解释很可能会提供一个令人满意的答案。因此，研究战争、贸易、亲属制度和社会结构时，应当立足于它们之间的密切关联。能把对这些关联的研究推进多远，则是另一回事。追求巨细无遗的综合很容易导致滥用功能主义的解释。例如，对于某些二元结构，如果可以毫不犹豫地视之为旧的联姻制度经过动态融合后的可喜结果，那么，把某种长技导致的氏族分化——如上文所说的博罗罗人[①]——解释为工业专精化的存留，就像至今仍可见于欣古河流域的部落那样，就大可令人怀疑了。社会学家必须始终牢记，原始制度不仅能够维持现状，或者暂时保留正在瓦解的往日遗迹，而且能够做出大胆的创新，即使传统结构必须因之改弦更张。

[①] Claude Lévi-Strauss，«Contribution à l'étude de l'organisation sociale des Indiens bororo»，*Journal de la Société des américanistes de Paris*，2，1936.

第八章 原始社会里的权力理论[①]

　　有一种观点认为，物质文化或社会组织极不发达的群体可以让我们了解人类演化的原始阶段。这种观点大可令人怀疑。正如微妙的澳大利亚亲属体系所展示的，一个社会虽然在某些方面十分古老，但是完全可能在别的方面极为讲究。原始社会有它的历史；如果借口无从知晓，就认为这部历史不算数，那是大谬不然。考古学无疑揭示了原始文化与史前人类的一些对应关系。这些对应关系仍属假设，无法用来预判一些考古学家可能鞭长莫及的巨大差异。有鉴于此，加上其他一些原因，今日许多社会学家宁愿把每个人类群体视为个案，根据其独特性进行研究、分析和描述，他们既不奢望利用成果提出普遍结论，也不妄

　　① 感谢美国纽约科学院授权从英语翻译为法语并在此发表这项研究的文本，原文发表于《纽约科学院文集》（*Transactions of the New York Academy of Sciences*，series II，vol. 7，n° 1，novembre 1944）。

称能够更好地理解人性。

这种态度在应对恣意发挥演化论时很有用，而且毫无疑问极有成效，然而也有危险。我们是否注定要成为新的达纳俄斯的女儿，必须不停地往人文科学之桶里灌水，即盈千累万地堆积专题论著，却总也得不到更丰富、更持久的成果？幸运的是，要获得放之四海皆准的真理，无须将原始社会视为一个虚幻的人类发展阶段。这些社会有的拥有比我们的社会更简单的结构。这无疑不能证明其古老。但是，研究它们即使说明不了人类的开端，至少也有助于更好地理解一些基本的活动形式，因为它们不分时地，都是社会生活的必要条件。

研究简单生物的有机功能，比研究其他生物更容易，后者虽然有相同的功能，但提供的例证只会更加复杂。简单社会（至少在某些方面是简单的）同样可以帮社会学家的忙；但是，认为它们是古老形式的遗存没有益处。此处举出"功能"的概念也许不算什么新鲜事。这个概念是埃米尔·涂尔干于 1894 年首次引入社会科学的。[①] 从那以后，它经常被毫无节制地滥用。当然，社会生活像有机生命一样，也有其功能。但是，无论是前一领域还是后一领域，都不可能认为一切的一切都有功能的价值，或者说，功能可以证明其合理性。这方面，教条的态度只会导致两个后果：一个是社会学回归改头换面的 18 世纪的天意主义，文化将扮演守护人类的角色，一如《保罗和薇吉妮》

---

　　① 埃米尔·涂尔干《社会学方法的准则》，出处同前；《功能是研究的事实与社会机制的一般需求之间的对应关系》，第 117 页（Émile Durkheim, *Les Règles de la méthode sociologique*, op. cit. ; «La fonction est la correspondance entre le fait considéré et les besoins généraux de l'organisme social», p. 117）。

的作者笔下的自然①；另一个是"功能"的概念沦为纯粹的重复
絮叨。例如说"上衣的平驳翻领有满足美感的功能"，这话毫无
意义。显然是美感产生于习俗，不是习俗产生于美感。习俗自
具能够解释其存在的历史。就目前而言，习俗没有什么功能。

　　本文是对一个巴西腹地小部落的政治权力的心理学研究，
以上观察大概如同一段相当厚重的前言。不过，如果只认为它
们是在描述一个鲜为人知的群体里如何调度指挥，本文就不会
有多大意义。类似的现象人们经常搜集，很多文献都有所呈现，
或单列，或归类。之所以南比夸拉人是个问题，是因为我们能
够看到一个可想见的最简单的社会政治的组织形式。人类社会
有形形色色的政治权力，试图揭示每一种的功能价值，深究细
枝末节，是徒劳无益的。权力毫无疑问有其功能，但是，要揭
示这种功能，只有通过分析制度的基本原理才能做到。反观上
文的比较，根据人、牛、鱼和软体动物的胃结构的差异，直到
不同的消化功能，做出结论是荒谬的。功能无处不相同，当它
以最简单的形式（例如牡蛎）出现时，就会比较容易研究和理
解。同理，罗伯特·罗维曾说，如果社会学是一门科学研究，
它的对象只能是整体意义上的社会，而不是世界上无处不在的
特殊群体。特定文化的作用仅在于为科学研究提供特殊的角度，
由此能够更容易地触及文化的普遍功能。

　　这些思考有助于我们澄清一些初步的问题，否则会造成很
大困扰。我们现在讨论的问题，是要了解南美最原始的部落

---

　　① 在《大自然研究》（Études de la nature，1784）一书里，贝纳丹·德·圣比埃
提出，大自然令甜瓜长出瓜筋，使之更容易全家分享，令世上有了黑跳蚤，使之更容易
被捕捉。

（其特征是到处漂泊，采摘和捡拾经济，几乎没有或全无农业，以及至少在某些情况下，仅以粗陋的窝棚为住所）是否应被视为一种远古文化的真正遗存，抑或受不利条件的影响，被迫恢复一些虚假的原始生活条件，以取代较高水平的物质文化和社会组织。南比夸拉人是这个原始集群的一部分，此外还有瓜波雷河谷对岸的西里亚诺人，巴西中部的卡亚波人、博罗罗人、喀拉哈人，以及被笼统地误称为冉族的中部和东部的族群。这些不同的部落形成一个文化核心，西边有亚马孙河上游、玻利维亚和查科平原更先进的社会，以及从奥里诺科河口直到普拉塔河口的沿海地带，那里主要是阿哈瓦克、加勒比和图皮-瓜哈尼语族。南比夸拉人自成一个孤立的语言族群，有好几种方言，他们为调查人员提供了今天能够在南美甚至全球找到的最落后文化之一的奇观。他们当中有些群体不会建造窝棚，完全不会制造陶器。这两种技艺在所有组群里都粗陋得可怜。除了手臂和腿上佩戴的细小的棉手环以外，没有编织物。男男女女都不穿衣服，也不知吊床和平板床为何物；土著人席地而卧，没有盖毯、席子或兽皮护身；仅逢雨季从事园艺，而且规模很小，以至于南比夸拉人在为时七个月的旱季当中，不得不四下寻找根茎、野果、野生植物种子和小动物或昆虫，例如蜥蜴、蛇、蝙蝠、蜘蛛和蚂蚱，以及任何能够饿不死人的东西。实际上，地理环境（即马托格罗索州西部和北部，包括塔帕若斯河、罗斯福河和吉帕拉纳河的上游）只是一片树木稀疏的草原，植被贫乏，猎物就更少了。

如果从一个不同于上面几个段落的角度出发，我们本可避免花费许多笔墨讨论南美的史前史：这些原始特征真的那么古老吗？它们是往日状态的残留，还是冲突和迁徙导致的倒退现象？从我们此处采取的角度看，目标在两种情况下都不变：无论南比夸拉社会是否像一间旧制度的储藏室，还是倒退至一种准原始的状态，它都在运行，仍然是人们目前能够想象的最简单的社会形态之一。至于将其维持或归结为这种极初级的形态的专题历史，我们不去讨论。我们只考虑今日展现在眼前的社会学体验。

这一点在社会和政治生活方面尤其不难做到。40 年前，即 1907 年南比夸拉人被发现以前，他们的物质文化是什么样子，我们无从得知。但是，我们知道，跟现代文明接触后，他们的人口猛然锐减。朗东将军（当时是上校）发现并首次研究了这些人，最初估计他们有两万人上下，时间大约在 1915 年。这个数字可能有点夸大，然而，即使减去一半，数目仍然会远远高于目前的 2 000 人上下。流行病可以解释这个差别。从我们的研究角度来看，这意味着什么呢？每逢旱季，南比夸拉人结为流浪小队过活，每个小队都有一位头领；在定居的日子里，他可能是村长或一位出类拔萃的人物。朗东将军写道，他探查这个地区时，为数两三百人的队伍并不少见。如今很少遇到六七十人的队伍。每个小队平均 20 人左右，包括妇孺。人口的崩塌不会不引起结构的改变。不过，即使在这种情况下，我们也不必担心可能存在过的社会组织的类型。要重建南比夸拉人的社会学，目前可能比 30 年前更加困难。反之，目前陷于贫困中的南比夸拉流浪队伍却为理论研究提供了一块沃土。贫困状态使得南比夸拉社会的政治结构暴露出一些基本功能；在更复杂更发达的政府体系里，这些功能很可能是隐而不显的。

南比夸拉人在林带垦殖菜园。每年雨季结束，即 4 月底或 5 月初，在林带旁边扎营的半永久性村子被遗弃，村民"打散"，结为自由组织的小队。每支小队有两到十个家庭，通常是亲戚和伙伴。这个细节起初可能会令人迷惑，因为小队好像一个不分家的家庭。但是，我们很快就意识到，两个分属不同小队的家庭之间的关系可能跟同一小队里的两个家庭之间的关系同样紧密（某些情况下甚至更紧密）。南比夸拉人的亲属系统很简单，其基础是交表婚①和同辈的"交错从表"或"平行从表"的二分法。因此，所有同辈男人都是"兄弟"或"姻亲兄弟"，男女要么互为"兄弟"或"姐妹"（真实的或类归的），要么互为"配偶"（真实的或类归的）。同样，对于成年人来说，儿童要么是"子女"（真实的或类归的），要么是"甥侄辈"。这些关系无论是实际的还是潜在的，也是"女婿"或"儿媳"之属。因此，可使用的亲属称谓不多。出于这个原因，同一小队里的亲属关系可能显得比实际上更密切；细究家谱，分属不同小队的个人之间的亲属关系可能更显疏远。另外，还有一种双系交表婚的体系，当其发生在一个人数不多的小队里时，会导致亲属关系的体系收紧，亲属关系同时会增多。因此，家庭关系在结成小队时不起决定作用。可以说，在小队内部，一如来自同村的不同小队，人人彼此都是亲戚，而且方式大致相同。

---

① 分别指出自兄弟或姐妹的孩子，但被称为平行从表亲的则指出自两兄弟或两姐妹的孩子，彼此以兄弟姐妹相称。不同辈分的平行从表亲之间的称谓与父母和子女之间的称谓相同；同辈的交错从表亲互称"丈夫"和"妻子"，而当他们分属上下两代人时，互称"公婆/岳父母"和"儿媳/女婿"。

那么，如何解释成群结队呢？从经济角度看，自然资源贫乏，养活个人所需的流浪区域十分广阔，这就几乎强制人们化整为零。因此，真正的问题不在于为什么会发生这种分散，而在于根据什么完成组队。上文提到，就家庭关系而言，分散成小队看来是随意的。可是，最初的小队里总有几个人被公推为首领（声望大概来自他们对于流浪生活的态度）。这些首领形成一个基本的核心，群体围绕它形成，在特定时期里，群体的重要性及其多少可以延续的特点有赖于每位首领维护和改善群体的地位。权力看来并非产生于群体的需要，而是群体本身接受先于权力存在的领袖潜质：身形、体量甚至出身。

尽管权力不靠某个人得到长期保证，却能提供某种连续性。南比夸拉人的政治权力不是世袭的。当一个首领衰老或生病，感到无法继续承担繁重的职能的时候，他会亲自指定继任者："这一位将当首领……"不过，这种独裁权，摆样子多于真实性。我们下文将看到首领的权威有多么脆弱，而且，在这种情况下，跟其他所有情况一样，最终决定似乎是在认真考虑公众意见之后做出的。被指定的继承人无疑得到大多数人的赞同。指定新首领的自由不仅受制于群体的意愿和否决权，也必须符合当事人意愿。坚拒掌权的事情并不罕见："我不想当首领。"这时就得另做选择。的确，权力似乎不是激烈竞争的目标，我们认识的不同首领更多地抱怨负担繁重，责任太大，而不是自豪或炫耀。那么，首领有哪些特权和义务呢？

1560 年前后，蒙田在鲁昂市遇到三个巴西印第安人，他们是航海家带来的。蒙田询问其中一位，他们国家的首领（他说

"国王")拥有哪些特权。那个土著本人就是首领,答曰:"打仗身先士卒。"这个故事是蒙田在《随笔集》的一个著名章节里讲的①,他赞叹对首领居然可以如此界定。400 年后,如果听到同样的回答,我们更有理由感到惊讶和钦佩。这个常理肯定不会出现在文明国家的政治哲学里!尽管这个说法令人印象深刻,南比夸拉语对首领的称呼 Uilikandé 却没有那么重要的含义。这个词的意思似乎是"召集人"或"联络人"。这个词源暗示,土著人对我们从一开始就强调的一个关键现象有充分的意识:领导者是群体希望结成群体的原因,而不是因为业已形成的群体需要一个中央权威。

因此,在南比夸拉社会里,个人声望和激发信心的能力是权力的基础。的确,二者对于冒险活动即旱季的流浪生活的向导来说都必不可少。首领在六到七个月的时间里将全面负责管理群体:组织出发去流浪,选择路线,确定驻留的阶段和持续时间——从一两天到数周不等,还要为狩猎、捕鱼、采摘和捡拾等远足活动做出决定,确定与邻近群体打交道的政策。如果群体的首领兼任村长("村庄"的意思只限于雨季的半永久性定居处),他的义务还不止于此。他得决定定居生活的时间和位置,指导园艺和选择栽种哪些作物。一般来说,他必须根据季节的需要和可能性指导日常行为。

必须立即指出,履行这么多职能的首领得不到确定的权力或公认的权威的支持。赞同是权力的基础,也是衡量合法性的尺度。一两个心怀不满的成员应受指摘的举动或恶意表现(当

---

① Michel de Montaigne, «Des cannibales», *Essais*, Livre I, XXXI (fin du chapitre).

然是在土著人看来），都会严重损害首领的计划和小社群的福祉。尽管这种情形可能出现，首领却没有任何强制性权力。只有当他的意见得到众人赞同之后，他才能摆脱他不喜欢的成员。因此，他必须不断展示政治家的能力，力求掌控犹豫不决的多数人；他不是全能的君主。单靠维持群体一致是不够的。虽然流浪的队伍基本上是孤立生活的，可是它并不会忘记附近还有别的队伍。一个首领必须不仅做得好，还得努力做得比别人更好——这是小队对他的期待。

这是因为南比夸拉小队的社会结构无比脆弱和带有临时性质。如果首领显得过于苛求，索取女性过多（下文将分析首领的一夫多妻的特点），如果在物资稀缺时期，他拿不出令人满意的解决供应的办法，不满就会开始蔓延。一些个人或全家就会离开小队，加入名声较佳的别的小队。那支队伍由于发现了新的可供狩猎或捡拾的地带，饮食可能更为丰富，抑或通过与邻近群体的贸易而拥有更多的装饰品和工具，甚至因为征伐获胜而更为强大。总有一天，一个首领得面对小队人数剧减，难以应付日常问题和保护妇女免受陌生团体的觊觎。在这种情况下，除了放弃指挥权，与剩下的伙伴一道投奔一个日子好过的派系以外，他没有别的选择。因此，我们看到，南比夸拉人的社会结构在不停流动当中。小队形成再打乱，扩增再消失。有时候，相隔仅数月，一支小队的成员及其分布就变得难以辨认。小队的内外纠纷加快了变化的节奏，个人和群体的盛衰往往令人瞠目。

面对这些困难，首领们怎么办？权力的首要工具是宽宏大量。这是大多数原始民族，尤其是美洲原始民族的权力的重要属性。在这些极初级的文化里，它起的作用至关重要，因为它们的全部财产只是粗陋的武器和工具，用羽毛、贝壳和骨头制成的简单的装饰品，以及一些原材料，例如树脂和蜡块，成捆的植物纤维和用来制造箭镞的竹片。实际上，家庭之间在经济上没有很大分别，家家都把妇女们历经旱季长途跋涉扛回来的全部财富装进背篓。尽管首领似乎没有什么特权可享受，可是手里理应始终有些盈余，包括食物、工具、武器和装饰品；尽管不多，可是鉴于普遍贫穷，价值不可小觑。当一个人、一个家庭或整个群体有欲求或需要时，他们便求助于首领。因此，宽宏大量是人们期待一位新首领拥有的基本品质。琴弦在不断拨动之下发出的声音，或和谐，或嘈杂，能够体现赞同的程度。在这方面，很难质疑首领的能力不被充分利用。他们是我的最棒的本地报告人，我理解他们的艰难处境，很乐于大方地犒赏他们。可是，送出去的礼物在他们手里停留数日以上的情况很罕见。每次共处几周或几个月后，当我离开时，土著人都欣喜地趁机占有斧头、刀具、珍珠等。首领往往变得跟我刚到时一样贫困：他收到的一切（比平均分给每个人的要多）都被抢走。这种集体的贪心往往把首领逼得无可奈何。在这种原始的民主制度下，拒绝给予的后果通常类似于现代议会里的不信任案。如果一个首领不得不说"都给完啦！没法再慷慨了！让别人替我慷慨吧！"，他必定对自己的权力很有信心，因为他的统治正在经历最严重的危机。

机敏只是慷慨的智力表现。优秀的首领必须展现创造性和灵活机巧。箭毒由他来制作，尽管这是南比夸拉人的一种单纯的世俗活动，不受禁忌或魔法规矩的约束。他也用野生橡胶制作皮球，人们不时加入这种游戏。一个首领还必须是好歌手、好舞者，一个乐天派，随时准备给众人解解闷，为单调的日常生活增添一些乐趣。这个角色很容易促成萨满教，且不说一些首领本人就是治病术士和巫师。不过，南比夸拉人对神秘的关注仍然是次要的；出现这种关注时，魔法只起辅佐指挥的作用。更常见的情形是，临时性权力和精神生活的权力由两个人分担。这方面，南比夸拉人与西北邻居图皮-卡瓦西卜人有深刻的差异，后者的首领首先得是一位萨满教巫师，往往是精神病患者，深陷于预兆性的梦境、幻象、鬼魂附身和人格分裂。

尽管取向是积极的，南比夸拉首领的灵巧和机敏仍然令人惊奇。对于自己的和邻近的群体经常光顾的领地，他得有老到的知识；身为狩猎场地和野果林的常客，他熟悉前往每个丛林的最佳时间，对于友善或敌对的群体的出没路线也大致了解。他经常出发侦察或踏勘，而且好像围着他的小队团团转，而不是领导它。

除了一两个不具有真正的权威、愿意有偿合作的人以外，被动的整个小队与活力四射的首领形成鲜明对比。小队似乎把一些好处让与首领，换取他来全面守护他们的利益和安全。一个相当有趣的情形证实了这个反差。经过数周谈判，我获得了一位首领的首肯，把我和几个同伴以及驮着礼物的牛领到他的村子去。一年当中的这个时候，那个半永久性的村庄无人居住。这是一个特别的机会，能够让我们深入未开发的土地，会晤一些不敢越界的胆小的群体。我们一道踏上了本来不应很长的旅途。可是，首领决定，我们的小队，尤其是我们的骡子和牛不能沿着惯常的森林路线前行。他把我们领入旷野，好几次迷了路，无法按照预定日期到达村庄。粮食耗尽，看不到可猎之物，已经出现了熟悉的整天饿肚子的可怕前景。这次是首领的错。计划完全是他制定的，包括试图找到更好走的路。饥肠辘辘的土著人不去寻找口粮，而是躺倒在灌木丛的阴影里，静等首领拿出补救办法。可是，首领没有费心等待或商讨，而是带着女伴离开了营地，似乎这么做对他来说再正常不过。其他人一整天在睡觉、聊天和唉声叹气，午饭和晚饭也没吃。黄昏时分，首领和他的女伴现身，满当当的背篓压弯了腰。他们逮蚂蚱逮了一天。在南比夸拉语里，"吃蚂蚱"大致相当于法国人说"吃疯牛肉"①。虽然如此，天赐之物还是受到热烈的欢迎和分享，其他人的好心情也恢复了。次日一早，人人拎着树杈去逮蚂蚱。

我们已经多次提到首领的女人。一夫多妻是首领的实际特权，是从道义和情感上对他的繁重义务的补偿，也给他提供了履行义务的便利手段。除了极少数例子外，首领和巫师（当两人分担职能时）可以拥有好几个女人。不过，这是一种相当特殊的一夫多妻制，不是字面意义上的一夫多妻，而是在夫妻之外增加性质特殊的关系。我们已经指出，交表婚是南比夸拉人最常见的类型。我们也遇到过另一个类型：男人迎娶下一代的女人，即妻妾的女儿（真实的或类归的）或姐妹的女儿。这两种婚姻形式在南美并不稀奇，经常可以同时或分别看到。当它出现在首领身上时，又是怎么一回事？先有"交表亲"类型的一夫一妻的婚姻，也就是说，妻子跟丈夫是同辈人。正妻扮演着普通一夫一妻制婚姻里的惯常角色，符合男女分工的习俗：照顾孩子，做饭和采摘野生食物。在婚姻之外，增加了一个或

---

①　大致相当于汉语中的"吃糠咽菜"，意思是过苦日子。——译者注

多个补充性的结合，也被承认是婚姻，但属于另一类。偏房妻子属于年轻的一代。正妻管她们叫"闺女"或"侄女"。此外，她们不恪守两性分工的规矩，而是兼顾男人和女人的活计。在营地里，她们鄙视做家务，游手好闲，时而跟实际上同辈的孩子一起玩耍，时而跟丈夫温存，正妻则围绕家和厨灶忙碌。但是，首领出门狩猎或勘察时，或从事其他男性工作时，偏房妻子会陪伴，从体力和精神上予以协助。这些女人有男子气，是首领从群体里最漂亮、最健康的女孩当中挑选的，情妇胜妻。一种浪漫的友情构成与之共同生活的基础，跟第一桩婚姻的夫妻氛围对比鲜明。

这个制度对群体生活有严重影响。首领定期把年轻女子从常规的婚姻周期中挑走，这导致适婚男女的数目失衡。年轻男子是主要受害者，注定得单身数年，要么就迎娶寡妇或被丈夫休掉的老妇。因此，一夫多妻的特权表明群体对首领做出重大让步。这对首领意味着什么？年轻漂亮的女孩无疑给他带来宝贵的满足感，不仅是身体上的（在这方面，南比夸拉人表现出南美印第安人常有的矜持），更多的是在心理和情感方面。但是，一夫多妻制婚姻及其特点是一个群体提供给首领的技术性手段，使他能够应对繁重的职责。如果是单身，他很难做得比别人更多。偏房妻子因为身份特殊而摆脱了女性的杂役，能够协助和抚慰他。同时，对于权力，她们也是回报和工具。那么，从土著人的角度看，能说物有所值吗？要回答这个问题，必须从更一般的角度，即权力的起源与作用，去思考被视为初级社会结构的南比夸拉群体能告诉我们什么。

让我们马上展开第一条看法。南比夸拉人的现象加上其他一些现象，足以令我们摈弃被精神分析暂时复活的旧的社会学理论，即象征性的父亲是原始首领的原型，因为国家的基本形式是从家庭逐渐发展而来的。在权力最粗浅的形式的背后，我们看到一种决定性的行事方法，它引入一个完全不同于生物学现象的新元素：赞同。赞同既是权力的根源，又是它的限度。单方面的关系会出现在结构已经很复杂的群体里，例如耆老政治、专制政体或其他任何形式的政府。它们对于此处描写的简单的社会组织是完全无法想象的。正相反，在这种情况下，首领与群体之间的关系可以归结为某种经常性的仲裁，一头是首领的能力和权威，另一头是群体的规模、内部协同和善意。所有这些因素都在互相作用和影响。

我们希望在此指出，在这个问题上，当代民族学为 18 世纪的哲学论断提供了重要支持。无疑，卢梭的小说和首领与伙伴的半契约式关系有深刻的区别。卢梭看到一个十分不同的现象，即个人放弃了自主权，这对普遍意志是有利的。不过，同样真实的是，卢梭和他的同代人显示出深刻而敏锐的社会学直觉，他们懂得，跟对手——尤其是休谟——所声称的相反，像"契约"和"赞同"这样的态度和文化因素不是次要的，而是社会生活的原料，而且，缺少它们，任何形式的政治组织都无法想象。关于荒原印第安人的军事化社会，当代美国民族学家的新近描述似乎令人得出了相同的结论。[①]

基于上面的观察，便有了第二条看法：赞同是权力的心理基础。不过，在日常生活中，它体现为首领和伙伴之间的付出

---

① Robert H. Lowie, *The Origin of the State*, New York, Harcourt, Brace and Company, 1927, p. 76 - 107; Karl N. Llewellyn et Edward A. Hoebel, *The Cheyenne Way*, Norman, University of Oklahoma Press, 1941, partie Ⅱ. chap. 5.

与回报的游戏，其意义也在于此。它把互惠性的概念变成了权力的一条基本属性。首领掌握权力，但必须慷慨。他担负义务，却可以多妻。他与群体有一种不断更新的平衡：付出与特权，服务与义务。"互惠性"的概念本当拜马塞尔·毛斯之赐，马林诺夫斯基在《原始社会的犯罪与习俗》里又有精彩的阐发。他写道："首领对子民，丈夫对妻子，父母对子女，这些权利都不是任意的和单方面的，反之亦然；这些权利都得遵守明确的规矩，而且分布在一系列平衡的互惠服务当中。"[1] 这个提法需要一些修正。无疑，马林诺夫斯基正确地强调了首领与子民的关系是互惠的，一如原始社会里的所有关系。但是，在这种情况下，这种互惠有别于其他类型的互惠。在所有的社会里，无论是原始的还是文明的，都必须区分两种一直起作用的互惠性循环：一是将群体的个别成员联系起来的一系列个人付出；二是把整个群体（而非个体的集合）与首领联系起来的互惠关系。在我们研究的案例里，这种双重性明显体现在婚姻规则中。从最普遍的意义上讲，乱伦禁忌意味着群体的每个成员都必须将姐妹或女儿让与一个男人；同理，每个男人都有权从另一个男人（即换婚情形下的同一人或者别的什么人）那里接纳一个女人。这样一来，通过彼此一系列不断付出，集体的和个人的所有要素都串联起来了。[2] 这种互惠性可叫作质的互惠性。可是，

---

[1] Bronisław Malinowski, *Crime and Custom in Savage Society*, New York, 1940 (3e édition), p. 46.

[2] 关于这个话题，可参阅弗朗西斯·E. 威廉姆斯在《跨弗莱河地区的巴布亚人》一书中的分析（*Papuans of the Trans-Fly*, Oxford, Clarendon Press, 1936, p. 167 - 169）。

乱伦禁忌还建立了另一种互惠性，可叫作量的互惠性。这是一个倾向于"冻结"女性的措施——如果这么说无妨的话。通过禁娶处于男人天然支配下的女子，形成了可使人人觅得配偶的婚姻规则。因此，在任何社会中，禁忌的程度与一夫多妻制的重要性及其特征都是紧密关联的。这些论述如何用于南比夸拉人呢？假设有一种婚姻制度，它完全以交表亲和一夫一妻制的优先结合为基础，我们就会看到一个从质和量的角度都绝对简单的互惠性体系。然而，这个理论公式被首领享有一夫多妻的特权颠覆了。如果中止这个对首领有利的简单规则，就会给每个人带来非此不会出现的风险。换句话说，一夫一妻规则保障下的个人安全的要素，群体以之换取从权威那里获得集体安全的期待。每个男人都从另一个男人那里娶到妻子。首领收纳群体的多名女子，同时在需求和安全方面提供保障，以之作为交换。这种保障并非提供给让他迎娶其姐妹或女儿的个人，也不提供给由于他的一夫多妻权而被剥夺了娶妻权的个人，而是提供给整个群体，因为群体为了讨好他而中止了公共权利。以上观察可能对一夫多妻制的理论研究有所裨益。但是，最重要的是，这些观察提醒我们，新近有关国家保险制度的讨论（例如《贝弗里奇报告》和其他计划），虽然提出了国家保障体系的构想，却不完全是一个现代的发展，而是返归社会和政治组织的根本属性。

这就是群体的权力观。那么，首领本人对职责是什么态度？我们说过，这副担子并不那么讨人喜欢，是什么动机促使他接受下来？南比夸拉群体的首领面对的是一个困难的角色，他必须竭尽全力才能维持自己的地位。而且，如果不持续改进，很可能丧失花费数月或数年争取到的东西。依我们所见，这是不少人竭力躲避权力的原因。可是，为什么还会有人接受，甚至寻求权力呢？心理动机向来不易判断，对于一个跟我们的文化极为迥异的文化来说，更是几乎不可能完成的任务。不过，可以认为，一夫多妻的特权无论在性生活、情感和社会方面有多大价值，本身都不足以决定它的使命。一夫多妻婚姻是权力的技术性条件。在个人满意度方面，它只有附带的价值，必然还有其他因素。如果想到不同的南比夸拉首领的道德和心理特点，试着把握他们最隐秘的个性瞬间的细微变化（借助科学分析大概很难把握，人与人的沟通和友谊的经验反倒有一种直观的价值），我们不得不得出这样一个结论：领导者之所以存在，是因为大凡人类群体中都会有出类拔萃者，他们深孚众望，被责任所吸引，而公共事务的担子本身就是一种酬报。当然，个体差异是在各种文化里发展和发扬的，程度也不一。可是，不受竞争精神影响的南比夸拉社会也明显存在这些差异。这就有力地显示，个体差异的根源不是社会性的，而更多地属于浑然天成的心理素质，建设任何社会都离不开它。人与人不都相似。以往的社会学家把原始社会描绘成完全受制于无比强大的传统，可是，相比于我们的所谓"个人主义的"文明，对于个体差异，即使这样的社会也同样细致地看待，同样认真地运用。

　　在这一类问题上，殖民者的实际管理经验奇特地超前于社会学家的理论研究。刚刚过去的 20 年里，罗维对于政治制度的悲观总结丝毫没有失去现实意义。[1] 有些人本身不是学者，可是

---

[1]　见《论原始社会学》（*Traité de sociologie primitive*）第 13 章的开头。

天天跟土著制度接触，我们从他们那儿能学到很多东西。此处，我不会不加保留地引用利奥泰①的见证："每个社会都有为统治而生的贵族，没有他们，什么事情都办不成。"② 在简单的社会结构里真确的东西，不能认为在复杂的社会里同样真确，因为权力的功能不再以初级形式出现。听听埃布埃总督③怎么说吧。谈到法属赤道非洲的游牧部落，他说它们生活"在有组织的无政府制度下"："谁该当首领？我不会像在雅典那样回答'最优秀的那一位'。没有最优秀的首领，首领只有一位〔……〕首领不能互换〔……〕他事先就存在。"④这正是我们对南比夸拉社会的分析从一开头就应当得出的结论。

民族学家研究政治制度时，不得不越来越关注"自然权力"的概念。毫无疑问，这个说法几乎是矛盾的。权力无不在既定的社会背景下才有特定的形式和特征。不过，这个说法有一个数学家常说的近似值，也可以看成一个极限。极限永远达不到，可是，鉴于简单性的范畴本身，简单的社会结构提供了一种越来越近似的表达。对于这方面的研究，心理学家和社会学家可以有机会进行卓有成效的合作。

---

　① 路易·利奥泰（Louis H.-G. Lyautey，1854—1934），法国元帅，1921—1925年建立法属摩洛哥。——译者注

　② 引自埃布埃总督关于土著政策的备忘录，1941 年 11 月 8 日（French Colonial Policy in Africa, Special Issue n° 2, French Press and Information Service, New York, 1944）。

　③ 费利克斯·埃布埃（Félix Éboué，1884—1944），第一位担任政府高职的法国黑人，曾任瓜德罗普岛总督（1936），二战期间的乍得总督，支持戴高乐将军领导的法国抵抗运动，倡导和保存非洲文化。埃布埃是首位入葬巴黎先贤祠的黑人。——译者注

　④ *Ibid.*

第九章　互惠性和等级制

　　关于博罗罗人二元组织的结构，一份出色的巴西杂志提供了重要的新信息，即《圣保罗市档案》的第 89 卷（1943 年 3—4 月）。本文打算就此简要地加以讨论。这些信息出现在一篇题为《博罗罗人的渔猎和采摘的驱魔术》[①]的文章里，作者是曼努埃尔·克鲁兹。克鲁兹先生并非人类学者，可是曾在拉吉多地区生活多年，可以说是关于博罗罗人生活和习俗的一位可靠的报告人。

　　关于博罗罗人的饮食习俗，我们通过伏伊采和高尔巴契尼的研究[②]已有所了解。这方面，克鲁兹先生的描述并未带来更多的新知识。他解释说，当一位博罗罗萨满师（bari）

---

　　① 原文为 "O exorcismo da caça, do peixe e das frutas entre os Bororo"。——编者注

　　② V. Frič et P. Radin, «Contributions to the Study of the Bororo Indians», *Journal of the Royal Anthropological Institute*, vol. XXXVI, 1906；P. Antonio Colbacchini et P. Cesar Albisetti, *Os Boróros Orientais*, São Paulo, Companhia Editora Nacional, 1942.

向鬼神 maeréboe 献祭品时，祭品如果来自图加尔半族的成员，萨满师就以鬼神之子的名义祭供；如果是塞拉①半族的成员提供的，萨满师就以鬼神女婿（或其孙 ouagédu——高尔巴契尼拼写成 waguedo，这个亲属称谓可指二者任一）的名义祭供。不过，他又指出"萨满师把塞拉半族以儿子相待，对图加尔半族以女婿相待"（该书第 154 页注 1）。因此，萨满师与半族成员的关系跟鬼神与后者的关系相反。对这个观察，克鲁兹先生未加评论。而这只能从萨满师本人事鬼神犹如子事父得到解释。这个解释得到高尔巴契尼的证实，因为他在描述饮食规矩时写到，萨满师把伯卜（bope，鬼神的别名）直呼为"i oga"（俺爹）。② 因此，萨满师在这两种情况下都应属于图加尔半族。

　　可是，这与高尔巴契尼在另一章里所说的相违："当一位 bari exeraeddo（太阳萨满师）向 exeraeddo（太阳）发话时，会说'i eddoga'（我爷爷），而一个图加尔人会说'i ogwa'（俺爹）。"③ 他在另一处补充说："任何一个男子都〔……〕可以成为萨满师。"④ 此外，太阳等同于鬼神 maeréboe 即已故萨满师们（bari 的复数是 baire）的灵魂，这看来是一个公认的事实："萨满师本人（或鬼神）头顶一块炽热的金属（aro-meriurugo）俯临大地，温暖了人类。"⑤ 于是，我们看到多个趋同的现象：太阳是塞拉半族；鬼神 maeréboe 也是塞拉半族；因此相对于两个半

----

　　①　我们这里采用列维-斯特劳斯在此后文本里的拼写法。他在《忧郁的热带》里明确指出，这个词的发音应为 tchéra。——编者注

　　②　P. Antonio Colbacchini, *Os Boróros Orientais*, *op. cit.*, p. 126.

　　③　*Ibid.*, p. 43.

　　④　*Ibid.*, p. 111.

　　⑤　*Ibid.*, p. 97.

族的成员，鬼神和萨满师处于"父亲"和"祖父"（或"继父"）的对立关系当中。唯一与这些结论抵触的是高尔巴契尼的异见：萨满师既可以是塞拉半族，也可以是图加尔半族。假如这个断言正确，整个体系就会变得无法理解（至少就现在资料而言），因为"鬼神"这个合称，即已故萨满师的灵魂伯卜，会同属两个半族，然而，这样一来，太阳和月亮又如何呢？我们知道，太阳和月亮本身既是鬼神，又毫无疑义地属于塞拉半族。[①] 反之，如果萨满师始终是图加尔人，整个称谓系统会清晰得多。

克鲁兹先生的文章很有趣，引起我们的另一个看法。根据我们对博罗罗半族系统的了解，在节庆、殡葬、接纳仪式等互惠性的交换活动中，两个半族显然是彼此联系的。可是，与此同时，正如我们在阿萨姆邦[②]和其他地方所见，两个半族有明显的主从关系：塞拉半族产生了博罗罗村庄的两位首领，拥有最珍贵的装饰物，比图加尔人"优越"。高尔巴契尼的报告人强烈否认"强与弱"的通常含义适用于这两个半族。[③] 1936 年，我访问红花河畔的博罗罗人时，他们信誓旦旦地说，"塞拉"（Cera）一词正是"弱小"的意思[④]。这一点跟其他南美部落里的"不平等"的半族名称是一致的：图皮-卡瓦西卜人有"长幼"之分，特瑞诺人有"好坏"之分，等等。但是，博罗罗人有一个明显的矛盾，即"优越"的半族"弱小"，"低下"的半族"强大"。或

---

① P. Antonio Colbacchini, *Os Boróros Orientais*, *op. cit.*, p. 196-197.

② J. K. Bose, «Social Organization of the Aimol Kukis» et «Dual Organization in Assam», *Journal of the Department of Letters*, University of Calcutta, vol. 25, 1934.

③ P. Antonio Colbacchini, *Os Boróros Orientais*, *op. cit.*, p. 30.

④ Cera 的意思是"弱小"，见克洛洛德·列维-斯特劳斯，《博罗罗印第安人的社会组织》（Claude Lévi-Strauss, «Contribution à l'étude de l'organisation sociale des Indiens bororo», *Journal de la Société des américanistes de Paris*, 2, 1936）。

许克鲁兹和高尔巴契尼报道的亲属称谓能解释得通这一点：如果一个外婚制半族把部落文化的英雄豪杰和超自然生命视为己出，从而对另一半族拥有政治和文化的绝对优势，随之而来的一个后果便是：在一个父系血统遵循世代交替的母系制度下，这个半族的成员跟自己的男性祖先会比另一半族的成员远隔一个级次。如果说太阳和月亮以及英雄巴科罗罗和伊托博尔均出自塞拉半族，他们只能是塞拉人的祖父，同时成为图加尔人被废黜的父亲，后者又成为塞拉半族统治阶层的兄长。通过也许过于单方面的分析，互惠原则经常被用来解释二元组织，作为它的主要的因与果。因此，不妨记住，半族系统不仅可以表达互惠机制，也可以表达主从关系。但是，互惠原则即使在主从关系里也起作用，因为主从关系本身就是相互的：一个半族在某一层面上取得的优越性，换个层面就让与了另一个半族。政治上的绝对优势必然以世代体系里的从属地位为代价。

众多交叠的成对的半族系统是南美二元组织的典型系统（万不可与澳大利亚系统相提并论，因为在第一种情形里，成对的半族从来不会扮演婚姻阶层的角色），它可以解释为一种努力，以期克服相反的后果造成的矛盾。许多迹象表明，博罗罗人的塞拉和图加尔两个半族目前的关系不是很古老。[1] 无论如何，在我们考察的文化区域的内外，看来并不是这个系统，而是圣洛伦索河半族的"上游与下游"之分的次要主题[2]——跟达

---

[1] P. Antonio Colbacchini, *Os Boróros Orientais*, *op. cit.*, p. 30 et p. 136.

[2] Claude Lévi-Strauss, «Contribution à l'étude de l'organisation sociale des Indiens bororo», art. cité.

斯加查斯河流域一种类似的组织很可能一致[1]——才拥有最多的对等现象：我是指与东西博罗罗人之分结合的很多"高与低"的系统，它们十分契合罗维不久前借用新例说明的形而上构想[2]。寻找南美二元组织的核心应当采纳这个思路。

（英译法：樊尚·德巴纳）

---

[1]　P. Antonio Colbacchini, *Os Boróros Orientais*, *op. cit.*, p. 31, p. 35 et p. 95.

[2]　Robert H. Lowie, «A Note on the Social Life of the Northern Kayapó», *American Anthropologist*, vol. 45 (4), 1943.

第十章　一个原始社会的对外政策

本文标题蕴涵一个矛盾。原始社会是一个意义不大的名称，用来涵盖一个极为多样的集合体至少有点笨拙，人们也不会自动地认为这个集合体会有什么对外政策。理由是原始社会或如此称谓的社会，很像某个收藏场所，是活的博物馆。人们会多少自觉地设想，如果它们不是众多封闭的小天地，跟外界完全脱离接触，就不会把古代的或远离我们的生活方式保存下来。它们之所以当得起"原始社会"的名称，是因为代表一种与世隔绝的体验。

这样推理，方法大谬，因为相比于我们的社会，所谓原始社会如果确实参差不齐，这绝不意味着它们跟别的社会相比也是如此。

这些社会显然自有其历史；它们的代表在地球上存在了跟其他社会同样长久的岁月，发生过一些事情。这样一部历史也许跟我们的不一样，但同样真实，因为它不是在相同的参照系里得到规定的。我想起婆罗洲中部的一个小村庄，它位于该岛最偏远的地区之一。它历经数个世纪的发展和维持，跟外界没有发生过重大接触。几年前却出了一件大事：来了一个摄影组，要拍摄纪录片。

土著生活被彻底打乱：卡车、音响设备、发电机、放映机……这一切看来必定给土著人留下了难以磨灭的印象。这件稀罕事过后三年，一位民族志学家（告知我们此事的玛格丽特·米德夫人）来到村里，问土著人还记得什么，她得到的唯一回答是："话说很久以前，有这么一件事……"这是土著人讲述神话时惯用的开场白。

因此，对于一个我们首先认为是历史上发生过的事件，土著人是从一个脱离史实性的维度去思考的，因为它不属于一个影响实际生活和生存的事与势的序列。

不过，我想细谈的不是世界上的这个地区。我打算拿一个巴西中部的小群体当作出发点。1938—1939 年，我曾经有机会跟他们一同生活和工作几乎整整一年。从这个特殊的角度看，这个群体也许没有典型意义。的确，我会提防刚才提到的误解，同时提出，被考察的原始社会和我们的文明社会很可能被视为两个对立的阵营。

不可忽视，两个所谓的原始社会之间的差异，相比其中任何一个跟我们的社会之间的差异，可能同样深刻，甚至更加深刻。

然而，我们要谈的群体也许有特殊意义，因为它代表今日世界可能遇到的最基本的社会生活形式之一。这并不是说，鉴于极不寻常的、实属神奇的历史特殊性，这个群体迄今一直保留着旧石器时代甚至新石器时代的社会组织。我十分怀疑，地球上会有哪个族群能够被视为数万年生活的忠实见证。数千年当中，它们跟我们一样，出现了某种事情，发生过一些事件。

在个别情况下，我认为人们会有充分理由做出辩护：这种表面的"原始主义"是一种倒退现象，不是远古遗存。不过，对于我们的角度来说，这并不重要。

这是一个马托格罗索州中部的土著人小集体，人数很少，领土约为法国的一半。直到 19 世纪末，这些南比夸拉人仍然不为人知，1907 年才与文明首次接触。自那时以来，他们与白人的联系一直时有时无。

他们生活的自然环境在很大程度上可以用于解释农作物的匮乏。尽管南比夸拉人所处位置跟回归线和赤道的距离相等，但是这些巴西中部地区完全不符合我们通常想象的赤道或热带地区的景观：树木稀疏的草原，有时甚至是荒原，沉积的砂岩覆盖非常古老的土地，分解成贫瘠不育的沙砾；极不规则的降雨量（从 11 月到次年 3 月下暴雨，4 月至 10 月是绝对的干旱），加上土壤本身的条件，造成了整个贫瘠的景观——蒿草逢雨季疯长，旱季干枯殆尽；沙石裸露，植被稀疏和灌木多刺。在如此贫瘠的土地上，耕种十分困难，甚至根本无法进行。土著人通常在沿河的林带里种点菜蔬；全年当中，为数不多的猎物逢旱季会遁入人迹罕至的丛林深处，距离有时十分遥远。丛林形成于河流源头，维系着一些小草场。

旱季和雨季的反差也影响了土著人的生活，例如人们喜欢说的"双重社会组织"（如果用这个字眼谈论如此粗陋的现象不算过分的话）。

雨季，土著人集中生活在半永久性的村子里，离河流不远，靠近林带。他们烧荒与栽种木薯和玉米，以期度过此后六个月甚至更久的定居日子。他们将木薯饼埋入地下，任其慢慢腐烂，但是，几个星期甚至几个月之后，需要时仍可取出食用。

然后，旱季来临，全村可以说"崩裂"为数个游民小群体，各有一位首领。首领不是世袭的，而是根据活力、创造性和勇气等素质遴选的，他们在荒原上每段路常须步行40、50或60公里，寻找籽粒，野果，啮齿动物，以及如蜥蜴、蛇、蝙蝠甚至蜘蛛等其他动物，总之寻找一切饿不死人的东西。

南比夸拉人的数目很难估计，游民生活使他们在领土上漂泊不定。时隔不久，旅行者会在不同地点遇上南比夸拉人，他会以为他们分属不同的群体，而实际上是同一批人。

这些土著人被发现时，人数有多少？也许5 000人，也许10 000人。与文明接触后随即暴发了流行病，这导致人口骤减，在前述领土范围内目前大约有2 000人。

这两千人非常分散，所操方言有的有亲缘关系，有的很疏远，没有口译员就无法彼此理解。再往北，接近亚马孙大森林边缘，是一些族裔背景和语言文化与之极为不同的民族的边界。这些民族强大得多，迫使南比夸拉人来到这块极度贫瘠的栖息地。

在这些物产缺乏的领土上，土著人不仅在自然资源方面生活悲惨，工艺技术跟经济也大致处于同一水平。他们不会搭建窝棚，仅限于蜗居在用树枝搭建的脆弱的藏身处，即雨季里加固后形成的半永久性村庄，然而往往维持不过数日；这些藏身处用捡来的树枝搭成，可以移动，以便根据一地每时每季有无阳光和风雨，提供某种庇护。

除了一些缠绕在臂部和腿部的用野生棉花编成的单薄条带以外，他们不懂纺织技术。他们也不会制陶，但有几个群组是例外。全部物质财富只有弓箭，用两根木棍夹住的石片或铁片制成的工具，以及一些用来制造武器和工具的原料，例如羽毛、成捆的纤维、蜡块和树脂块。

这些人尽管物质匮乏，却拥有丰富的政治生活。

有一点很重要：像许多其他土著人一样，我们在他们那里没有发现同族和异族之分；这个区分在我们的头脑里却很明确，因为从异族到同族，必须经过一系列中间阶段。

上文提到一些远方部落栖身于南比夸拉领土的边界，即亚马孙森林开始之处。南比夸拉人仅从名字上得知它们，通常是一个绰号。大概因为它们代表最严格意义上的"异族"，所以土著人避免跟它们接触。那些幽灵似的异族人是不存在的异族，看不见或很少见到，而且即见即避走。异族的含义完全是负面的。

土著人边界以内的情形更复杂。我说过，当流浪生活开始时，"雨季村"的村民会分散结成小队。这些小队通常由熟识的人组成，曾在本村定居，往往是亲戚。这倒不意味着亲戚关系永远最亲和。

不过，许多村庄之间有不同的联系，因此我们可以给关系远近不同的群体排出档次，或称一条阶梯。首先是一个二三十人的小队，可以说是成员的"小家乡"。其次是几个平行的"姐妹"小队，由同村人组成，成员是亲属、姻亲或同乡，不过身份是次要的或支脉的。再次是来自别的村庄的南比夸拉人小队。

不过，根据所属村庄的远近，他们多少被视为有亲疏之别，因为跟邻近村庄会有联姻关系，跟偏远村庄则少有接触，甚至根本没有，有时连方言也听不懂。

然而，在整个流浪生活期间，这些在荒原上相遇的小群体彼此抱着一种暧昧的态度，变化不定，而且有刚才提到的程度之分。他们相互害怕，彼此躲避，因为不了解陌生人的情感和意图；同时又觉得谁也离不开谁。南比夸拉人虽然贫穷，对于物质文化产品却有极细腻的、往往不为我们所知的区分。例如，某个北部的小群体以用坚果壳制作串珠项链而闻名，这种项链跟其他地区的同类装饰品相比，被认为更珍贵，品质上乘。另一个小群体拥有某些对于冬季经济生活至关重要的种子，例如非常罕见和极受欢迎的豆种。最后，有些小群体会制作陶器，其他小群体则对这种技术全无了解。

有些小群体怀有潜在的敌意，很危险，南比夸拉人对之始终保持警惕。只有跟它们接触以后，才可能获得对经济平衡至关重要的物资。

这些物资有三类：第一类是女人，对于南比夸拉小群体来说，她们是极珍贵的商品。由于首领享有一夫多妻的特权，在一个二三十人的小队里，这一特权足以造成长期的性别失衡，因为年轻人经常无妻可娶，除非以和平或战争方式，得之于女人更多的邻近小群体。豆种是第二类物资。

第三类是陶器，乃至碎陶片。的确，至少就打磨石料而言，南比夸拉人几乎一无所知，即使一度有过这种技术，近年来也已经失传。碎陶片于是成了唯一的重物，可以毫不费力地制成纺锤。

因此，每个小队都对拥有碎陶片极感兴趣——我甚至不敢说陶瓷。土著人告诉我，他们近年来发动过数次战争，唯一的目的是获取豆种和碎陶片。

出于一个幸运的巧合，我参加过一次邻近小群体的会晤。此类会晤永远不会不做事前准备，因为旱季天清气朗，每天晚上都可以望见未知营地的炊烟，看到时远时近的烟雾。这种景象令土著人深感焦虑。那些安营扎寨的印第安人是谁？在人们携男挈女的旅程中，那些以10到15公里的距离，跟在后面的人是谁？是敌是友？能期待他们走近和做些交易吗？或者相反，南比夸拉人惯于设伏，他们会不会黎明时分发动突袭？人们会连续数天商讨应该采取什么行动，而且派出探子，试图对陌生人加以甄别。

如果一切迹象都是正面的，或者有会晤的必要，南比夸拉人就会决定迎接陌生人。妇女儿童被送进灌木丛藏身，只派出男人去会见新群体。

后者采取相同的举动。于是，两队男人邂逅于荒原上。他们以相互叱喝开始，采用此类会晤特有的风格和发声形式。这是一种语言规矩：抬高声音，拖长词尾鼻音，要么诉说诸般怨恨，要么宣示善意。

在这次特殊的邂逅中，轮流申宣之后，妇女和儿童被唤回；两方营地安排妥当，因为两队仍旧各自为营。歌舞于是开始。表演结束后，每个小队的成员都会齐声喊道："我们不会唱歌，不会跳舞……太差劲了！对不起了。"对方成员则齐声反对："不，不，你们特棒。"

然而，两个小队必定怀有一些秘而不宣的怨气，因为两队里的某些男子不久就爆发了争论，语气急转直下。其余的土著人介入调解。可以感到画风奇特地突变，尽管动作仍然粗鲁，连带暴力打斗。两队土著人停止互殴后，开始检视对方的首饰和装饰品——不是衣服，因为南比夸拉人赤身露体——包括耳坠、项链、手环，边触摸边说："让我瞧瞧，这个挺好看。"

的确，事情从几近冲突蓦然转入谈论交易。这通不妨称作"和解的检视"完成了过渡：从敌视到合作，从恐惧到友谊，从可能发生战争到开启潜在的市场。

第二天，土著人一直休息，神秘的货物流通悄然进行。成捆的纤维、蜡块、树脂和箭镞无声地转手，没人觉察到交易在进行，没有讨价还价，没有商讨或致谢。午后结束时，两个群体已经大致交换了各自拥有的一切，分道扬镳……我之所以说"没有讨价还价，没有商讨"，是因为这些概念对于土著人是陌生的。一切都是互赠，远胜过商业交易。但是，事后掂量和玩味这些礼品时，通常其中一个群体会意识到在交易中吃了亏，或者至少被认为如此。

于是，新的失望在积累，它会变得越来越深重，滋生着新的纠纷。这种新的纠纷可能诱发战争，也可能再次让位于市场。

上文提到，同族和异族两个概念之间有连续性。我们意识到，战争与贸易，对抗与合作，这些成对的概念之间也有连续性。不过，我们可以朝这个方向走得更远一些。我曾经跟同一群土著人共度数个星期，在两个小队的营地里住过；它们已经超越了上文提到的经济合作的阶段，遂决定合并，并且让两队中的子女正式联姻，这就能确保数年后两个群体融合为一。

可是，这些小群体分属两个相距遥远的地区，操不同方言。

我认识他们的那阵子，他们大概合并为时不久，交流只能通过一两个担当口译员的双语土著人进行。

但是，一个组织的雏形已经出现。一个小群体为新群体提供世俗首领，另一个提供宗教首领。由于南比夸拉亲属系统的特殊性——这里不便展开谈，把孩子许诺给对方的后果是两个群体的男性都成了"表兄弟"，女性都成了"姐妹"，至少理论上如此。两个小群体合成一个。我们于是看到一个连续体，或者说一条制度链，从而实现了从战争过渡到贸易，从贸易过渡到婚姻，从婚姻过渡到群体的合并。

观念的这种可塑性，习惯上被归入"对外政策"，在另一个案例里也可以看到，即一个地理上邻近的欣古河中游的群体。欣古河是亚马孙河右岸的一条支流，我下面做一简单介绍。

欣古盆地有好几条河流，在部分地区大致平行，像一把巨大的梳子，十几个不同的小部落附着在梳齿上，有着种族和语言的密切接触。我们发现它们当中有南美相距最远的语言家族……

这十几个部落分散在约 35 个村庄里。上个世纪末，居民总共为 2 500 人到 3 000 人。

在这个非常狭窄的地理环境里，这些部落是如何组织起来的？土地所有权是按照部落确定的，每个部落都有自己的领土，明确划定的边界；河流公认是共有水道，但是不包括河中修建的渔坝，它们仍然是受到尊重的部落财产。

另一方面，各个部落发展了工业和贸易方面的专长，例如制作吊床和贝壳珍珠。有的部落垄断了制作葫芦器具和坚果壳珠子的工艺，有的擅长制造武器和石制工具，有的擅长通过烘焙一些植物来制备天然盐。因此，所有这些群体之间存在着复杂的交流关系，有的用陶器换取葫芦器具，有的用弓箭换取食盐或坚果壳珠子。

此外，根据当地可能存在的紧张关系，部落还有"好坏"之分。每个时代的考察者都注意到，有些部落要么处于交战状态，要么就是相互回避。

尽管存在着隐而不彰的敌意，我们在每个村庄仍然会遇到一些会说多种语言的人。每个村庄都有一批常驻的访客，仪式活动也有外族人参与，因为最重要的节庆之一是村与村的角力比赛，而某些仪式，例如"接纳仪式"，没有外村协力就无法进行。

与此同时，我们也注意到，不同地区的村庄之间有联姻的情形。在某些情况下，联姻会催生新的村庄。例如，乌埃托人和尧拉皮提人之间的联姻便催生了一个叫阿尧伊提的新村庄，村名本身便显示了双重起源。所以，一张群体关系图会有细微的变化。外族人和本族人之间没有明确的区分，只有一连串变化，这样至少能部分地纳入外来群体，或者反之将其排除，例如欣古河的纳胡夸人便在语言家族内部开启战端，看不顺眼一些我们本来以为相同的群体。

毫无疑问，这里的局面比以上说的更复杂，因为有些群体要比上文介绍的先进得多，但是，相比我用最简单的例子勾勒的情形，整个图景并非没有相似之处。现在，我想试着厘清这个局面的一般特点。

我们可以从两个因素设想原始人群的对外政策：领土因素和人为因素。一种是对待土地的态度，一种是对待外族人的态度。

就土地而言，观念化的社会学一度把原始人群设想成全靠宗教生活和社会组织获得凝聚力，跟领土全无联系。这样的时代已经过去了。吕西安·费弗尔先生首先站出来反对这种武断的描述。他跟旧社会学派的冲突发生在如何看待著名的澳大利亚群体阿兰达人的问题上。有关阿兰达人的最新研究把他们描写成"土地所有者"。1936 年澳大利亚的某个出版物甚至以之作为标题。

因此，土著人头脑里一直有土地的观念。只是，这个观念极可能发生变动。

再看南比夸拉人的例子。我刚才试着描述了他们的领土，而且不得不以一种几乎完全负面的方式这样做：土地贫瘠，地理环境很差。人们于是会惊讶，土著人为什么仍然依附于这些领土，竭力捍卫边界。他们的领土观念跟由我们的封建传统可能引起的想象大不相同。他们的土地不是我们的土地。在我们看来，南比夸拉人的领土是一块地域，一块用边界线划定的空间。在他们看来，领土是一个现实，正如同一身体透过 X 射线看到的和白天看到的是不同的形象。领土本身什么也不是，而是化为一套模式，一个情境和价值的系统，它对外族人毫无意义，甚至根本不会引起注意。领土是一些小树丛，是野生种子在某些年月里繁茂生长的地方，是前往围猎的熟路，是果树丛林。土著人绘制的地图远胜文明人绘制的地图，二者之间几乎看不到任何共同点。在土著人的处境里，他们无法依附于一块特定的领土，因为领土的价值过于多变和不确定。三两年中便有一年，有些作物和种子是没有产出的。

相反，迁往远方会有好处，可以分享当地土著人食用不完的好收成。因此，没有土壤和领土这类观念，只有一个流动和变化中的"土地价值"的观念。这意味着年复一年，季复一季，要不断地重新适应。

同样，一些澳大利亚人群主要依赖采摘野生物产为食。例如，一年当中的部分时间，澳大利亚中部的部落靠一种当地果实活命——南洋杉（bunya-bunya）松子，甚至是野百合的根茎。如果收成好，而且成熟期短，当地的群体食用不尽，他们就会向时而处于数百公里外的远方部落——发出邀请。外族人得到授权后进入领土，分享收成。遇到出产蘑菇的季节，领土权的观念完全消失。我们所在地区的情形基本如此。依时节和收获的不同，谁都可以到处走动，收获本身取决于机会和时间。

这些会晤有时会聚集两三千人，提供交流的机会。相邻部落的参与证实：歌舞有个人的或集体的性质；土地有时成为中立地带，方便接触。经济条件的优劣并不是接触的借口。

作为一个类别，外族人也值得我们谈点意见。原始思维始终具有一个共同的特点，也许并非那么特别，即给人类群体规定一个范围。这个范围可能很大，也可能很小，可以止于村庄，也可以延伸至广阔的领土，甚至延伸至大陆的一部分。可是，永远会有一个限度，超出这个限度，个人从此不再具有人类的基本特征。

这可以从两个方面表达：一方面，被说成具有非凡素质的人，例如波利尼西亚土著人眼里的库克船长是一位神灵，又如班克斯群岛的土著人把第一批传教士称为"幽灵"，身披"幽灵皮"，带来的猫都是"幽灵老鼠"；另一方面，或者反之，例如爱斯基摩人①自称"优秀的人民"，而且完全否认外族群体有人性，称之为"虱子卵"。

但是，这种对人性的否认没有或很少有攻击性。一旦不承认别的群体有人性，那些群体就不再是人了，因而也不会以人类对待之。例如我刚才提到的悄然进行的贸易，在土著人看来，这种对外政策实际上是一种"规避技巧"。那是一些必须避开、逃离、不与之接触的群体。

相反，在群体内部，我们看到一些细微的差异，多样性和程度的分别。我们还发现一种攻击性，面对外族时看不到，可是在群体内部和内部关系方面，这种攻击性反倒显得很有组织，表现为一种无与伦比的艺术。的确，看起来千篇一律的土著群体，通常是极富个性和分化的。19世纪末，美国西南部的霍皮人大约3 000人，分为11个村庄，这些村庄彼此嫉妒和交恶。同一时期，卡里布地区的爱斯基摩人有500人左右，分成10个小群体。火地群岛上的奥纳人，人口约三四千，有39个群体，彼此冲突不休。1650年，乔克托人计有生灵15 000人，分成四五十个社群。②

经过分析，我们注意到，一些看起来很大的部落分裂成较小的群体，它们之间明显可见对抗性关系，甚至是有组织的固定形式。在世界不同地区，我们可以看到一整套为对外政策服务的艺术，专门策划一些方法，用于肃清社会群体内部的对抗

---

① 爱斯基摩人今称因纽特人。——译者注

② Robert H. Lowie, "Some Aspects of Political Organization Among the American Aborigines", Huxley Memorial Lecture, *The Journal of The Royal Anthropological Institute of Great Britain and Ireland*, vol. 78, 1948.

性；这些方法无疑有攻击性，但并不是太危险。巴布亚新几内亚的新不列颠岛上就有这种人称"血腥"的习俗。结盟的村庄每年都列阵激战。澳大利亚的穆恩金族①将部落内小群体之间的冲突至少细分为六种。最后，这也是我们在美国东南部的克里克印第安人邦联看到或曾经看到的奇特情形：邦联的不同城镇（旧日撰著者所说的城镇其实是小村落）分为两类，第三类可以说与所有城镇横贯地交叠。

这些城镇之间捉对比赛球技，土著人有一个意味深长的特殊字眼，管这种比赛叫"战时小弟"，而且有非常明确的规则；根据这些规则，训练必须在不同于真正比赛的球队之间进行。

如果一个城镇多次败于另一城镇之手，就得单列一类，从而失去再次与后者对阵的权利。

所以说，内中机制相当复杂，消除对抗性和对立阵营为其目的，但这是在给予他们练习和表现的机会之后，同时也为一个能够保证恢复秩序的结局铺平道路。

这样一来，对于此类群体——无论是否为外族——之间的关系，土著人用一个出色的斐济语字眼 venigaravi 来表达他们的深刻构想。我们只能转弯抹角地把它译成：社会关系非两方不能成立。venigaravi 意为"对视者"：祭献物与祭司，牧师与主祭人，上帝与信徒，等等。

关于所有这些土著组织，我其实只是大略地描述或提及，它们永远要求付出努力，以获得合作伙伴，即彼此能够建立合

---

① 澳大利亚北领地阿纳姆地区的土著民族，旧称穆恩金族（Murngin），今称雍古族（Yolngu）。——译者注

作关系的伙伴，对抗性也必须一清二楚。

因为，如果从本报告能够得出某种结论，那是因为对这种攻击性我们已经谈了不少，而且正在寻求一把能够解释众多现象的钥匙，原始现象让我们从中看到了一种绝非基于本能——例如那些饥渴或性本能之类的心理表现——的活动。

事实上，这些社会里不存在天生的攻击性。外族人被取消、破除、抹掉了。同时也不会有针对他们的攻击性。攻击性仅仅表现为另一个相反的局面即合作的一个功能，它是合作的对等物。

如果思考从这些观察里可以学到什么，我们定会自问我们西方社会的观念形态和政治演变是否引领我们褒扬一个对立项，贬斥另一个对立项。基督教和现代民主思想都致力于不断扩大人类群体的限度，直至人性的概念与地球上的整个人类同外延。

但是，虽然我们成功了——毫无疑问这种成功极不完美，却失去了别的东西；确切地说，我们失去了从具体实际群体之集合去思考这种无限扩展的人性的可能性。在具体的群体之间，应当通过预先准备的机制，建立起竞争和侵略之间的持久平衡，以消除可能分别朝两个极端发生的变化。更确切地说，我们仅仅做到了把这个制度模式留给跟体育相关的领域，也就是说，采取了竞技的形式。然而，我们发现，在大多数原始社会里，它已经被用来解决社会生活中最重要的问题。

因此，我们目前的关注使我们从开放而且日益开放的社会的角度，去思考人类问题。我们想探知，这些关注是否导致忽视现实的某个同样重要的方面；我们还想探知，一头是乌托邦式的全面和平的理想，一头是我们的文明盲目投入的单边制度所导致的全面战争，较之并相对于其他群体，在二者之间每个群体以群体自处的能力是否构成一个平衡的因素。

有一位英年早逝的民族学家，多年里定期访问巴西中部的一个土著小群体，后者所在地离我上文讨论的那些人不太远。他报告说，每逢别离，印第安人都会难过得啜泣不止。他们伤心的不是眼见朋友离去，而是因为怜悯他即将诀别世界上唯一值得生活之地。

我们有幸认识这些悲惨的小村庄时，那里只剩下寥寥可数的草房，散落在沙地灌木丛中。在这片贫瘠之地上，人数少得可怜的土著人陆续死去。现代文明的推进迫使他们来到此地，作为交换，他们还得经受文明带来的流行病的肆虐。我们看到，他们居然会把这种深重的苦难当成唯一值得和有价值的体验。这就令人琢磨，"封闭的社会"的观点是否能够使人获得一种精神富足感和一种高密度的社会体验。如果任凭其源头枯竭，教益丧失，那将是我们的大谬。

艺　术

第十一章　印第安人的美容术

这里复制了几幅令人惊艳的绘画，创作者是卡杜维奥印第安人，他们正在离巴拉圭边界不远的巴西南部慢慢地死去。他们生活的马托格罗索州南部为想象力提供了一个极具魅力的奇观：巴拉圭河沿岸是南美洲最大的沼泽地带——潘塔纳尔沼泽，它也是世界上最大的沼泽地之一，覆盖区域长达五百公里，四分之三浸没在水中。从飞机上可以俯瞰任意流淌的大河的巨大曲线，以及水道暂时遗弃的蜿蜒河曲。河床上散布着一连串白茫茫的高地，仿佛鬼斧神工的大自然在确定河流的临时路线之前曾经犹豫良久。然而，地面上展现出潘塔纳尔沼泽仙境般的面貌：牲畜成群栖息在浮动的高地上，藏身于水流未及的低矮山顶；潟湖的水面上，成千上万的飞禽形成一副羽毛的华盖，粉红和洁白相间，覆盖着辽阔无垠的空间。在这块奇特的土地上，瓜耶库鲁印第安人一度跟西班牙征服者交战。这个武士社会的结构复杂，贵族、平民和奴隶的种姓之分意味着某种秩序，图形艺术的精致风格似乎间接地提示了这一点。这个民族昔日十分强大，卡杜维奥部落是它今日罕见的遗存之一，一度叫作艾伊瓜耶圭人。

18 世纪以来，与之接触的旅行者都对神奇的刺青和人体绘画感到惊讶不已，这是他们的传统。不对称的涡线图案布满面部，往往全身也有，而且与精细的几何形状交替出现。从 1760 年到 1770 年，耶稣会传教士桑切斯·拉布拉多跟卡杜维奥人同住，他对他们的描述最早；一个多世纪以后，意大利画家和探险家吉多·伯嘉尼出版了收集最为广泛的第一批文字资料。我们于 1935 年完成的收集无疑是最后一次——因为这个部落正在迅速没落。[1]本文介绍的两幅用于脸绘的图案选自四百幅印第安人的原作。[2]每个主题都是一个曲面，表现的是上唇，而且由此展开。这是唯一跟自然界对应的部分，图案从上唇向面部自由伸展，但是往往不符合面部的对称性，下巴、脸颊、鼻子、眼睛和额头被完全覆盖，沿着一条垂直的中轴线向两侧延展（见图 11 - 1）。

这些图案从前用于刺青或绘画，如今只留给后一项绘画技术。艺术家——永远是女性——手握一柄浸泡过的蓝黑色茜草汁的竹制薄刀，在同伴的脸上或身体上作画。绘画完全是即兴的，无模特，无草图，无参照物。构图极精致，虽然不对称，但

---

① 在《忧郁的热带》里，列维-斯特劳斯把这一判断改写为："我在很长时间里都确信，我的收藏完成于最为晚近的时刻。两年前，从一位巴西同事那里，我万分惊讶地收到了一本他相隔约十五年后完成的插图收藏集！不仅他的资料看来跟我的有同样的质量保证，主题也常常一模一样。"——编者注

② 本文首次发表于《VVV》期刊时，卡杜维奥人的图案是以"底片"形式复制的，即白线黑底。我们这里恢复了原始图案的白底黑线的对比。——编者注

是平稳均衡，从某一角落起笔，直到完成，绝不逡巡、修补和涂改。图案显然产生于一个不变的基本主题，而且将十字形、涡纹、希腊回纹和螺旋形熔为一炉（见图 11-2 和图 11-3）。尽管如此，每个图案都是一个原创：基本主题结合熟练的技巧、丰富的想象力，甚至胆量，每一次都展现新鲜感。茜草汁的人体绘画只能保持数日，褪色后给另一幅让出空间。近半个世纪以前，男性十分在乎炫耀这种装饰画。

对于美洲文化学者来说，卡杜维奥的图形艺术是个谜，我们离解谜仍然很远，而且基本上小心地不去碰它。在南美，人体绘画并不少见，但仅用线条或者极简单的装饰性几何图形，所以似乎不能视为这种精美图案的基础。卡杜维奥的图形艺术，特别是镂空结构，也许可追溯到印加帝国之前的安孔区艺术，以及亚马孙河下游的马拉乔岛乃至圣塔伦市①的前哥伦比亚时期的巴洛克风格。不过，这种相似性只出现在细节里，从整体形态看，卡杜维奥的独特风格与中南美洲的产品完全不搭界。更重要的是，它不是艺术理论家口中的"原始"风格。相反，这种经过深思熟虑的精美艺术，其表达方式和全套主题看来是系统化的（毫无疑问有其象征体系，我们尚未掌握），展现了一种非常古老的文化，风格十分典雅。单从图形看，它似乎是一场长期进化的结果。如果非得用美学类比不可，那么我们会从中国或印度去寻找。这些火焰纹、涡纹和其他钩喙图形，只会令人想起佛塔上的图案。不过，这些亚洲的模糊再现对于民族

---

① 安孔区（Ancon）位于秘鲁西部；马拉乔岛（Marajó）位于巴西亚马孙河口，是世界上最大的淡水环围的岛屿；圣塔伦市（Santarém）是巴西北部城市。——译者注

学家没有多大价值。

卡杜维奥绘画如今只用于装饰，但是，我们设想，它们在过去应当有更深的含义。据桑切斯·拉布拉多所说，从额头至眉毛的装饰仅为高贵种姓的专有标志，只有奴隶才粗鄙地涂画面孔下部。而且，那时只有年轻女性才画脸。拉布拉多写道："老妇很少在这些图案上浪费时间：她们安于脸上镌刻的光阴。"然而，改变脸部意味着蔑视上帝的造化，这位深感不安的传教士尝试寻找解释。或许，这些年轻妇女在精心刻画复杂纹饰上花费大量时间，是为了骗过自己的辘辘饥肠？或许把自己涂得认不出来，更容易摆脱敌人？这也许都是欺瞒和诱惑的办法。可是，我们知道，这一类做法几乎永远不仅仅是游戏而已。无论多么不情愿接受这个结论，这位传教士很清楚，这些绘画是土著人十分重要的活动，在某种意义上，它们本身就是目的。他于是责备他们整天忙于涂绘，把渔猎和家人忘在脑后。"你们这些人怎么这么蠢？"他们问传教士。"我们哪里蠢呢？"传教士反问。"因为你们不像艾伊瓜耶圭人那样在身上画画。"可见，功用性的考虑是解释不了个中奥妙的。

单凭自身的心理体验去揣测土著人的心态，这个做法对于民族学家最危险。但是，就此种情色含义明显的习俗而言，我们可以肯定，至少在一定程度上，它们引起的深刻反应具有普遍意义。任何跟卡杜维奥人相伴者都能证明，这些画满图案的面孔有挑逗的功效。卡杜维奥妇女在巴拉圭河两岸享有美誉，许多混血儿或其他部落的印第安人来此地定居，与土著人结婚。毫无疑问，吸引力来自这些身体和面部装饰画的近乎神奇的魅力。这些精妙的曲线跟人脸的线条一样灵动，时而渲染后者，时而与之相悖，既突出后者，也与之矛盾，这就使女性外貌带有某种动人的挑逗性。这些曲线是镂刻高手的应许和初绽。外科手术般的绘画留下了最精致的人体艺术。桑切斯·拉布拉多不无焦虑地抗议，说这是"用人工的陋像抗拒自然之美"。此话自相矛盾，因为仅隔数行文字，他就肯定地说，最华美的挂毯也难以跟土著人的绘画媲美。实际上，化妆的情色效果从未得到如此系统的利用，即使可能，也并非如此处心积虑。我们的脂粉和化妆术有一种粗浅的现实精神，相比这些成就却显得很幼稚。

艾伊瓜耶圭人是当得起 18 世纪所说的"好的野蛮人"这个称呼的。但是，与 18 世纪憧憬的自然状态相比，他们给我们的教益却差之千里，因为就"本能的力量"而言，这些绘画显示出的独立性和高超技艺，毫无疑问，远远优越于现代人发明的那些综合性的和补救的办法。这种至尊无上的自主性在印度艺术中得到再次肯定。这种态度就对待身体而言近乎造孽。从耶稣会教士的角度观之，桑切斯·拉布拉多神父猜想其中有恶魔，这表明他的眼光独到。通过描述土著人技巧性地运用晶亮的星辰图案覆盖全身，他着重强调了这种原始艺术的普罗米修斯式性质。他说："每个艾伊瓜耶圭人都自视为一根擎天男像柱，不仅靠肩膀和手臂，而且用全身表面支撑着一个笨拙地想象的宇宙。"也许这可以解释卡杜维奥艺术的非凡特点：以它为媒介，人们拒绝只反映神圣的形象。

（英译法：樊尚·德巴纳）

图 11-1 卡杜维奥小孩的脸绘

图 11-2 卡杜维奥妇女
绘制的图案

图 11-3 卡杜维奥妇女
绘制的图案

第十二章　美国自然史博物馆藏西北海岸的艺术

纽约有个神奇的地方，汇聚着童年的所有梦想。在这里，百年老树会唱歌和说话；叫不上名字的物件焦虑地注视着访客；动物超人地友善，小手掌尽力举起合十，为意中人祈求建造海狸宫的特权，为他充当海豹世界的向导，或者通过神秘的一吻，教会他青蛙和翠鸟的语言。[①] 这里的收藏品保管方法虽然陈旧，但是很有效率。幽暗的洞穴，奇珍异宝摇摇欲坠地堆积，给它带来更大的声誉。每天上午 10 点到下午 5 点，美国自然史博物馆的参观者络

---

① 此文最初用法语写于 1942 年，这个版本迟至 2004 年才在《莱尔尼单行本》上发表。列维-斯特劳斯当时有如下说明："〔这个旧文本〕撰写时，扩散论思辨依然极为盛行，即拉德克利夫-布朗所说的基于推测的历史。我们则更为谨慎，因为问题如果仍然存在，我们心里就更加明白，为它们提出的解决方案极有可能仍然是假设性的。对于当今的读者来说，不同文化之间的史前接触的构想可能略嫌陈旧。希望读者读完这篇文本时记住，此文写于 60 多年前。"这里照录了 2004 年发表时没有再用的原有注解（从英文版译出）和照片（这里的照片即本章插图，因版权问题，在中文版中无法使用。——译者注）。——编者注

绎不绝。一楼大厅高大宽敞，是专门为太平洋西北海岸——从阿拉斯加海岸直到不列颠哥伦比亚省——的印第安人设立的。

西北海岸的收藏品无疑是不久前从民族志博物馆移来的，一经迁入艺术博物馆，便在埃及、波斯和中世纪的藏品中间有了自己的位置。因为这种艺术并不比最伟大的艺术逊色；就我们所知，在近一个半世纪的发展过程中，它展示出巨大的多样性，天赋的更新能力显然用之不竭。这是最伟大的艺术也没有做到的。然而，在 1910 年至 1920 年这段时间里，它突然消失了。除了古老的大型图腾柱因博物馆收藏而幸免于难，在整个海岸地区，只能看到一些未定型的刀刻小雕像，以极便宜的价格出售给游客。

但是，近一个半世纪的岁月见证了不同的艺术形式的诞生和开花结果，不是一种，而是十种。其中包括奇尔卡特人的织毯披肩，它直到 19 世纪仍然不为人知。仅凭一些手段，例如从苔藓中提取明黄色，从雪松树皮中提取黑色，从矿物的氧化物中提取铜蓝色，他们一举达成了最完美的纺织技术。泥质板岩（slate）制成的精美雕塑如黑曜石般闪亮，这种珍玩橱里的艺术有华丽的颓废风格，突然被金属工具所占有，而且必将毁于金属。更有一种大概风行仅数年的狂热时尚：特林吉特人和钦姆什安人的舞蹈头冠，镶有雕贝图案、毛皮饰带和白色的野鸟绒毛，厚厚的貂皮自头冠翻卷垂下。这种持续不断的翻新，这种无论取向如何都能保证迅速成功的可靠性，这种对于哪怕只闹过一次鬼的道路的蔑视，一直在不断地促进新的尝试，并且万无一失地取得令人炫目的成功。我们的社会必须等待出现一位一生特立独行的毕加索，才能理解这一切。有必要强调，这位独行者走过的险路令我们敛声屏息 30 年，可是，整个土著文化对此已经了然于胸，而且实践了 150 多年。因为没有理由怀疑，从最遥远的不为人知的源头起，这种形式多样的艺术是依循同一个节奏发展起来的。阿拉斯加的发掘所搜集的石制品证明，这种极具个性的艺术必定在一个相当古老的时代就在此地出现了——当然，"古老"一词用于美国考古学时，有其全部相对的含义。

无论如何，直至 19 世纪末，从阿拉斯加湾到温哥华南部，西北海岸和岛屿上散落着一连串村庄。最繁荣的时期，西北海岸部落的人口总计达 10 万或 15 万。在新大陆的这个偏远省份，按照地区的不同，人口密度为每平方公里 0.1 到 0.6 人。① 如果依此观察这种精致艺术的表现力及其决定性的教益，15 万人是个微不足道的数目。北部是特林吉特人，他们有最纯净的雕塑和最珍贵的装饰品；南部的夸扣特尔人创造了舞蹈面具，擅长恣肆不羁的形式和色彩；对于贝拉库拉的居民来说，调色板上的钴蓝色具有特殊地位。海达人是刚硬遒劲的雕塑家；钦姆什安人更富于人情味；努特卡人有谨慎小心的现实精神；来自北方的灵感最终在最南端的奇努克人和萨利什人那里消弭殆尽。②

---

① 此处参考了阿尔弗莱德·克罗伯在《北美洲土著的文化和自然地区》（*Cultural and Natural Areas of Native North America*，Berkeley，University of California Press，1939）一书里的估计。

② 以下是关于西北海岸最重要的作品——弗朗兹·博厄斯的《社会组织和夸扣特尔印第安人的秘密社会》和《钦姆什安人神话》，约翰·R. 斯旺顿的《海达民族学之我见》和《特林吉特印第安人的社会状况、信仰和语言关系》（Franz Boas，«*The Social Organization and the Secret Societies of the Kwakiutl Indians*»，Report of the United States National Museum for 1895；*id.*，*Tsimshian Mythology*，31st Annual Report of the Bureau of American Ethnology，1916；John R. Swanton，*Contributions to the Ethnology of the Haida*，Memoirs of the American Museum of Natural History，Ⅷ，1915；*id.*，*Social Condition*，*Beliefs and Linguistic Relationship of the Tlingit Indians*，26th Annual Report of the Bureau of American Ethnology，1908），以及这些作者对"杰苏普北太平洋考察队"（Jesup North Pacific Expedition）的工作和出版物做出的贡献。

　　这些人来自何方？他们通常操不同的语言，尽管有本地风格的变化和才能的差异，艺术却证明他们同属于一个群体。我的老师马塞尔·毛斯喜欢强调，在西北海岸的艺术和习俗中，一切都使他想到神秘的和极为原始的中国。① 的确，面对奇尔卡特人的千眼披毯、特林吉特人或海达人的箱柜，我们不可能不想到公元前一两千年古代中国那些带目纹的容器。美国伟大的语言学家萨丕尔至死都认为，纳德内语族——西北海岸最重要的语族之一——应当跟汉藏语系联系起来。可是，这些毋庸置疑的建议很难论证。在人类学上，阿拉斯加和不列颠哥伦比亚省的土著人是美洲印第安人。跟两个美洲的所有印第安人一样，他们大概是亚细亚大家庭的成员。但是，他们脱离了这个家庭已有足足数千年，能够被证明具有现代蒙古人种所不具有的一些特点。例如，从西北海岸的萨利什人直到巴西森林的土著人大多以 O 型血为主，这跟世界上任何其他地方都不同。②

　　自从库克从南太平洋北上发现了阿拉斯加海岸以来，另一

———————

　　① Voir la conférence «Une catégorie de l'esprit humain : la notion de personne, celle de "moi"», Huxley Memorial Lecture, *The Journal of the Royal Anthropological Institute of Great Britain and Ireland*, vol. 68, 1938.

　　② 萨利什人以 O 型血为主，这是盖茨和达比的研究确立的，见二人合著的《不列颠哥伦比亚省沿海印第安人的血型和相貌》一文（«Blood Groups and Physiognomy of British Columbia Coastal Indians», *The Journal of the Royal Anthropological Institute of Great Britain and Ireland*, vol. 64, 1934）。在巴西印第安人当中，里贝罗和贝拉迪内利也得出了一个最初受到怀疑的百分比：在一个图皮印第安人群体里，O 型血者为 100%。然而，维拉德博士和我本人曾于 1938 年探访南比夸拉印第安人，这个数字在此期间得到了完全的证实。北美人类学家在中美洲和北美洲不同的印第安人当中得到的 O 型血者百分比不等，从 60% 到近 90%。纯粹的美洲印第安人起初都是 O 型血群体，这看来是毫无疑问的。这种普遍性，无论是与之类似的还是可以相提并论的，在世界上任何地方的单个血缘群体里都看不到。

个经常提出的假设涉及与波利尼西亚群岛的亲缘关系，特别是
新西兰。太平洋西北海岸的土著人跟毛利人一样营造长方形木
屋，也编织带流苏的毯子，形制两地相同。两大族群的木雕都
有非同小可的发展，尤以高大的木柱为特点，饰以层叠的人物
形象，平行地立于房屋周围。亲缘关系的终极证明是在西北海
岸部落里现身的一种高度专业化的击板，即新西兰的 pa-
ru① mere。其形制和装饰特点如此明显，以至于实在难以想象
它会在世界的两个远端独立地被发明出来。因此，paru mere 的
来源必定成为美国考古学的侦探故事，而民族学家也针对每一
件样品，施展福尔摩斯式的巧思。首先，他们轻而易举地证明，
从美洲收集的所有样本均为来自南太平洋的旅行者于 18 世纪和
19 世纪带入。特别是西北海岸的样本尤其值得怀疑，因为拥有
者正是 18 世纪末把西班牙小银勺出示给库克的那个部落。它们
不知打哪儿来到这块当时尚不为人知的土地。但是，至少有一
个样本不容置疑，它是约翰·冯·舒迪在前印加时代的秘鲁墓
穴里发现的。这个样本毫无疑问来自毛利人，绝无可能被发现
后由某个旅行者悄悄放入墓穴。有鉴于此，为什么不承认所有
其他样本，尤其是不列颠哥伦比亚省的样本的真实性呢？可惜
的是，那个秘鲁样本的真实性无可非议。因为那座坟墓从未遭
过盗掘，其年代相当于毛利人抵达新西兰之前或者落脚不久的
时代。② 倘若假设他们已经到了那里，从新西兰到美洲海岸

---

① paru 疑为 patu 之误。——译者注

② 关于冯·舒迪的发掘，可参阅马利诺·迪·里韦罗和冯·舒迪合著的《秘鲁的
文物》一书（*Antiguedades Peruanas*，Vienne，1851）。罗兰·狄克逊是波利尼西亚理论
的死对头，他深入研究了舒迪的案例，坦承（斜体为作者所加）："从现有的数据来看，
我们似乎钻进了一个*死胡同*" [Roland B. Dixon，«Contacts with America Across the
Southern Pacific»，*in* Diamond Jenness（éd.），*The American Aborigines*，Toronto，The
University of Toronto Press，1933，p. 342]。

足有 5 000 英里之遥，那么我们面对的实在是反科学的罪行，因为根据保罗·里维博士支持的著名论断——波利尼西亚和美洲在前哥伦布时代就有联系，即使这个论断最坚定的反对者也不否认美洲发现的 paru mere 是真的。[①] 他们从历史和地理两方面，以最令人信服的方式论证，它们理应到不了那里。[②]

之所以提到这些专家的争论，是因为它们只会在理性的领域里延续西北海岸艺术最令人瞩目的特征：悲剧性的谜团，严峻的忧虑。在接纳仪式的观众看来，舞蹈面具突然裂为两扇，展露第二副面孔，有时跟着还有第三副，这表明超自然力无处不在，神话无时不在平静的日常梦幻背后涌动。这种原始的信息非常强烈，以至即使今日，陈列橱窗也阻不断它的热烈传递。您不妨花上一两个小时，来这个挤满"活的柱子"的大厅里漫步吧！这是诗人的表达[③]，凭借另一种神秘的感应，它精准地转译出土著人对支撑房梁的雕刻柱的称呼。这些雕刻柱有"亲切的目光"，它们更多的是生命，而非器物，因为疑虑和烦恼的日子里，它们会发出"含糊不清的语音"，引导、建议和抚慰住

---

① 保罗·里维的理论无人不晓，他在《美国人的起源》（*Les Origines de l'homme américain*）一书里做出了最新的阐述，大树出版社不久前刊行了这本书（Montréal, 1943）。

② 狄克逊博士令人信服地阐明，在波利尼西亚与美洲之间，早于哥伦布的接触基本上不可能发生，他总结说："经过筛选和权衡全部情形之后，仍有两三个貌似对跨太平洋理论有利的事实。"（«Contacts with America Across the Southern Pacific», in The American Aborigines, op. cit. , p. 353）得出这个结论后，问题便在于，是否应对此前所有因可疑或模糊而被排除的情形重加检审。假如得不到证实，就没有价值。但是，一旦一个据以支持它们的事实可以独立成立，假设就会马上变得可靠，而且相互支持。不过，当我们打算弄懂为什么会有以及何时发生了接触，并且评估它对美国文化发展的影响的时候，这一点并不妨碍我们赞同狄克逊博士的意见，即面对"根据用得上的事实"——借用他的一个有用的说法，我们遇到了巨大的困难。

③ 见十四行诗《感应》（出自《恶之花》），蕴含阿拉斯加的神秘意味。

户，指出脱困的途径。我们听不见它们的喃喃低语，然而，只见枯死的树干更令人尴尬。一如从玻璃展窗后面，我们辨认不出躲在幽暗的脸孔两侧的"食同类的乌鸦"嗑响尖喙，发出振翅似的喀喀声，我们也看不清那位"潮汐的主宰"，他通过眨动巧妙相连的双眸引领水流的运动。

　　这是因为这些面具差不多全是机械装置，稚拙而活力满满。利用绳索、滑轮和铰链，嘴里会嘲笑忐忑的新成员，眼睛会为他哭泣落泪，尖喙会吞噬他。沙特尔大教堂和埃及墓穴里安详沉思的塑像，狂欢节的荒诞把戏，无不汇聚在这些形象的独特艺术里。两个传统同样伟大和真实，它们的片鳞碎甲如今商店和教堂都在争抢；它们天生具备支配着这种艺术的不可分割的完整性。这种艺术的纵情赞美的综合能力，这种鬼斧神工的天赋能够将他人以为不同的东西视为相似，大概标志着不列颠哥伦比亚艺术的卓越之处。一个个展柜，一件件展品，有时从同一件展品的某个细部到另一个细部，我们会觉得从埃及穿越到12世纪，从萨珊王朝穿越到木马，从凡尔赛宫（对纹章、盔顶饰物和部件的恣意强调，对于隐喻和寓意的近乎放荡的趣味）穿越到刚果森林。仔细端详那些纳物箱吧。浅浮雕，用红黑两色强调，装饰物似乎只为点缀。运用固定不变的经典形象表现熊、鲨鱼和海狸，但是完全没有令艺术家罢手的制约，因为动物同时从正面、侧面和背面得到表现，您能够同时俯视、仰视、内窥、外观。画师好比手术医生，出色地结合着成规和现实精神。他剥皮剔骨，甚至清空内脏，再造了一个新的存在；所有的解剖学部位都契合平行六面体或矩形表面，他造出的这个物件既是箱子又是动物，既是一只也是多只动物，还是一个人。①因为箱子会说话，它在房间角落里切实看守着托付给它的财宝；屋内的一切都宣示它是某个大体量动物的腹部，进入屋内必须穿过一扇好似大张的下巴的门，屋里耸立着林林总总的象征物，有上百种表情，或友善或悲戚，人形的和非人形的都有。我们这里展示了两座令人惊羡的特林吉特人的木雕像，可见同样的形变：两个人物干脆披着动物皮毛。其中一个下腹部怪异，形似下颌，另一个的髋骨表现两个月亮形的小脸孔。此外，请听听土著人怎么说：在弗朗兹·博厄斯搜集的夸扣特尔人的传说里，神话里的英雄如同一条鲸鱼，抵岸后变成一条舢板。下船后，他遇到当地酋长和他的女儿，他很想娶后者为妻。经过第三次变身，他在宴席上向他们献上鲸鱼肉，从而恢复了他的动物本性。斯旺顿收集的特林吉特故事②讲到，一个逃离熊的女人来到湖畔，她在湖上漂浮时，"看到一支独木舟，船头装饰着舞蹈用的帽子。独木舟说：'过来吧'。女人一头扎进水里，游向独木舟，独木舟于是把她带到太阳里去了。还有，独木舟其实是熊假扮的，它伫立村头，懂得我们的话〔……〕。走了很远的路以后，它忽然停下脚步，它饿了。你得把船头盒子里的油脂都倒出来，

---

① 数月前去世的伟人弗朗兹·博厄斯，曾把他用之不竭的分析能力用于解释西北海岸艺术的主题的迷宫、规则和程式，见其《太平洋北岸印第安人的装饰艺术》一文（«The Decorative Art of the Indians of the North Pacific Coast», *Bulletin of the American Museum of Natural History*，vol. 9，art. 10，New York，1897），另可参阅同一作者的《原始艺术》一书（*Primitive Art*，Oslo，1927）。

② John R. Swanton，*Tlingit Myths and Texts*，Bureau of American Ethnology，bulletin 59，1909：«The Origin of Copper»，texte n° 89，p. 254-255。

喂给它才行"。这些会说话、跳舞和吃东西的物体能够在监狱般的博物馆里多少保留一点沸腾的生命，有什么好奇怪的？

　　这些物体，这些亦人亦兽的存在，这些有生命的箱子，看来都跟我们想象的艺术品无关，我们的想象是希腊时期以来形成的。不过，容我重申，如果认为西北海岸的先知和高手们很可能不具备审美生活，那是大错特错的。这些面具和雕像，许多都是细致入微的肖像，它们表明不仅注重物理相似性，而且注重揣摩微妙的灵魂活动。阿拉斯加和不列颠哥伦比亚省的这些雕塑家不仅是魔法师，把形态赋予超自然物，而且是心有灵犀的合作者，人类的瞬间情感被他们演绎为永恒的杰作。还有什么比一则向艺术家致敬的特林吉特传说更深刻和真诚的呢？依照斯旺顿的说法①，我把这个传说概括如下。故事的标题是"雕像活起来了"。这个故事讲到一位深爱妻子的青年首领。尽管有最好的萨满师精心照料，他的妻子还是死了。这位首领不顾劝慰，恳求雕塑家给他妻子制作雕像。他试用了好几位，没有一位雕塑家能做到完美相似。最后，有个人对他说："我经常看到您的妻子和您同行，可是从没想到有一天您会希望我为她制作雕像，所以我没有仔细观察过她的容貌。可是，如果您愿意，我可以试试。"于是雕塑家开始工作，雕像完成后，年轻的首领进入工作室的一刻，看到死去的妻子安坐在那里，活像生前的样貌。悲喜交集之下，首领问雕塑家要多少报酬。雕塑家看到首领为妻子落泪，也感到悲伤。他说："你的痛苦我感同

身受，这才接受了这份工作。没必要给我大笔报酬。"首领依然慷慨地用奴隶和商品偿付了雕塑家。故事接着说，首领给雕像穿上妻子的衣饰，感到她回到了身边，他像对待真身那样对待雕像。有一天，他觉得雕像动了起来，从那一刻起，他每天都仔细观察，"因为他相信，她总有一天会复活"。然而，雕像虽然一天天变得更像活人，而且很可能复活了，但是既不能行动，也不能说话。"可是，不久，雕像的胸部发出了像木头开裂似的声音，男人知道她生病了"。当他把她从落座处移开时，发现地板上长出了一棵小小的红雪松。他没有去管它，直到小雪松变成一棵大树。正是由于这个原因，夏洛特皇后群岛的雪松才如此美丽。当地居民只要看到一棵美丽的树，就会说："这个像首领妻子的婴孩。"不过，雕像从来没有真正活起来。故事的结论似乎有怀旧的意味，有一种对艺术品的难以抹去的尊重，因为它完全独立于形形色色的现实事物。"日复一日，年轻女子的形象越来越像一个活人，来看望她的访客来自周围村庄。他们不无惊讶地瞻仰，瞻仰她本人和那棵小雪松……雕像从来没有移动半步，也从未开口说话。她想说的话都在丈夫的梦里。丈夫通过这些梦，知道她在跟他说话。"

皮格马利翁的传说[1]是沉甸甸的，这个故事却动人而谦和，既谨慎地郑重其事，又有强烈的诗情。相比之下，难道希腊人不显得野蛮，可怜的阿拉斯加野蛮人反而憧憬最纯粹地领悟美吗？

---

[1]　皮格马利翁（Pygmalion），希腊神话里的塞浦路斯国王和雕刻家。据古罗马诗人奥维德《变形记》记述，皮格马利翁根据心中理想的女性形象创作了一座象牙雕像，而且爱上了这件作品，给"她"起名为伽拉忒亚。出于同情，爱神阿芙洛狄忒令这件雕塑活了起来。——译者注

南美洲民族志

第十三章　亲属称谓在巴西印第安人当中的社会应用

马托格罗索州西部的南比夸拉印第安人有着巴西最简单的亲属系统之一。这是一个社会学模式，即交表亲之间的婚姻。根据我们目前掌握的信息，这个模式似乎在整个南美一度很普遍。本文目的是将南比夸拉家庭组织与旧文献里描述的其他部落的家庭组织进行比较，并且想说明，在许多南美部落里，一种特殊的亲属关系即表兄弟①关系，其意义远不止单纯表达两个特定的个人之间的关系，而且它在南比夸拉文化里始终存在。它既是两性的、政治的和社会的，也因其复杂性，无疑可视为一种不折不扣的制度。对于这个现象，16 世纪以来的旅行家和社会学家都没有充分注意，这八成是因为初看之下，它可能被解释为从伊比

---

① 原文"beaux-frères"在汉语里有很多含义，可指大伯和小叔（丈夫的兄弟）、内兄内弟（妻子的兄弟）和连襟（姐夫和妹夫）。原文中下文将详解这个词在南比夸拉亲属系统里的含义。——译者注

利亚半岛输入的伙伴（compadre）关系的一个发展。我们却认为，表兄弟关系，连同其非常显著的影响，是一种基于当地文化元素的原创性建制。的确，在土著制度和拉丁-地中海制度之间，这是一个特别突出的融合案例。不过，明显的相似之处掩盖着重要的结构差异。

* * *

南比夸拉印第安人生活在塔帕若斯河各条支流的上游，南纬 11 度和 15 度线之间，领土都是半沙漠的荒原。与之形成鲜明对比的是，主水道沿岸是狭长的森林地带。森林里的土壤肥沃，土著人逢雨季能种植菜园。但是，一年中的大部分时间里，南比夸拉人主要靠狩猎和采摘野果为生。与巴西大多数部落相比，他们的文化水平显得特别低下。他们直到 1907 年才被发现。从 1914 年的朗东-罗斯福探险队起，直至 1938—1939 年我们跟他们同住，开展田野工作，这一期间他们几乎跟白种人的文明没有什么接触，因此，他们的社会和家庭组织可视为完好无损的。

南比夸拉的亲属系统可以归纳如下：父亲的兄弟划归为父亲，都以"父"相称；母亲的姐妹划归为母亲，都以"母"称之；父亲的姐妹和母亲的兄弟统归为一类，并且跟配偶的父母和父母的父母统归为一个单类，包括姑母和舅父，配偶的父母和祖父母。至于己身的同辈，包括叔伯和姨母的子女在内的平行从表亲，跟同胞兄弟姐妹不分，统称"兄弟姐妹"。那么，对于姑母和舅父的子女而言，一个男子会统称交表姐妹（他已娶或必娶其一为妻）为"妻"，把交表兄弟都称为"表兄弟"。反之，一个女子会统称交表兄弟（其中有她现任的或潜在的丈夫）为

"夫"，把交表姐妹都称为"表姐妹"①。现实的和潜在的配偶的名称不分。下一代照例分成"子"和"女"（包括己身的和平行从表的甥侄），"女婿"和"儿媳"（己身的交表甥侄），因为后者都是或者可以成为子女的配偶。

由于存在一些次要的区分，即兄弟姊妹之间的年齿之分，以及另一种实行于舅父与外甥女之间的婚制，这个系统变得有点复杂。后一种婚制通常出现在一夫多妻的婚配里，在总体上为一夫一妻制的南比夸拉社会里，这是首领的专享特权。对此我们不妨稍加细说。南比夸拉人的一夫多妻制来源于一个现象：一个男人完成了合乎惯常标准的初婚（即交表婚）以后，可以另外缔结一个或多个性质不同的婚配。侧室尽管也算真正的婚姻，地位实际上不同于正妻，这种后发生的婚配在心理和经济方面都很不一样，气氛不像夫妻之间，反倒像一种浪漫的友情。年轻的侧室会更加主动地协助丈夫完成特殊的社会义务。更重要的是，她们并不像正妻那样，恪守两性劳动分工的一般规矩。这些年轻的女人，正妻管她们叫"闺女"或者"侄女"。在一夫一妻婚制之内，也会出现这种"侧室"婚配（即不同代人的结合），但不那么常见。在我们的议题里，虽然这些婚配对于南比夸拉人有重要的影响，但是对于本文来说，它们给亲属系统带来的变动不太重要，故下文不再赘述。我们将只集中观察表兄弟之间的关系带来的特殊后果，这种关系是用一些对应词表达的：asúkosu（东部方言）、tarúte（中西部方言）和 iópa（北部方言）。

必须马上强调，把这几个土著词语译为表兄弟（beaux-frères），纯粹出于方便，其实不够准确。对于一个男人来说，asúkosu 既指交表兄弟，也指潜在的连襟，因为互为 asúkosu（或 tarúte，或 iópa）的人把对方的姐妹都唤作"妻"。只有在个别情形下，asúkosu 当中才会有一人确为妻舅或姐妹的丈夫或身兼二者。因此，"asúkosu"的含义比我们理解的"表兄弟"要宽泛得多，因为对于一个特定的男人来说，这个词指他这一代男性当中大约一半的成员，[另一半自然就被称为"兄弟"了（血缘上的或类归的)]。必须指出，在南比夸拉亲属系统里，男性才有表兄弟，女性才有表姐妹。只有当有表兄弟时，对于那些在特定的行为和关系系统中有一个位置的亲属，南比夸拉人才会在他们之间建立起自觉的联系。在某些特定类型的亲属之间，通常没有回避或特别亲近的规矩。与配偶父母的关系跟与叔伯或姨母的关系并没有实质的不同，而且，纵然土著人确实保留着血缘上的或类归的兄弟姐妹的关系，却不对这种扩展的行为做出甄别。实际上，同胞兄弟姊妹和平行从表亲相互不回避，但是不会互开玩笑或说话，除非必要。表姐妹之间打交道反倒很自由。她们嬉笑打闹，互相帮点小忙，例如用胭脂豆制的糊糊互相搓背。至于表兄弟之间，这些特殊关系就更明显了。

上文提到，我们在这个群体里看到了不完全的一夫多妻制。按照常规的婚姻周期，首领或萨满师定期挑选最年轻漂亮的女子。因此，青春期小伙子们缺乏可娶的配偶，结婚常常成为难题。这个问题是通过同性恋解决的，南比夸拉语颇具诗意地管它叫"tamindige kihadige"，即"假爱"。这种关系在年轻人当中常见，而且比异性恋更公开。与大多数成年人不同，年轻的性伙伴们不会躲入灌木丛，而是当着看热闹的人的面，在篝火旁就位。虽然有时会招来说笑，但是人们并不太在意，只觉得这种关系很幼稚。我们却对这个问题有疑虑，想知道这些行为能否让他们心满意足，还是仅止于宣泄情感，或者在很大程度上犹如配偶之间的色情游戏。无论如何，重要的是同性恋只限于交表兄弟之间。

这种关系是否会扩大到成年的交表兄弟，我们不清楚。似乎不太可能。不过，表兄弟之间的这种自由公开的关系，在兄弟之间或任何层级的亲属之间是看不到的。南比夸拉人从来不吝惜亲密举动，我们经常目睹，暮色下，两三个已婚甚至已为人父的男子一道走动，总是勾肩搭背，tarúte ialasiete（表兄弟亲嘴）；有些游戏，例如"爪子戏"（互相抓挠尤其是挠脸），也常见于表兄弟之间。

"因为姐妹的婚姻，交表亲结为真正的或潜在的姻亲"——这才是土著语言里"表兄弟"一词适恰的翻译。不过，交表亲之间的这种密切关系会远远超越家族关系。实际上，它有时会在非亲属的个人之间建立起特殊关系，从而起到将数个不同群体融合为一个家族的作用。下面这个插曲便突显了这个作用。

过去的 20 年里，流行病几乎彻底毁灭了中西部和北部的南比夸拉人。好几个群体的人口骤减，甚至无法维持社会的独立存续。其中有些尝试联合力量，重建能够维持的单位。我们在逗留期间遇到过一个这样的小群体，并且合作过。这个小群体当中，有 17 位操北部方言（萨巴纳小组），34 位操中部方言（塔浑德小组）。这些小组合作积极，可是每一组起初都完全不同，各自生活在首领的权威之下。人口危机可能不是造成这种局面的唯一原因，因为第二组曾经隶属于一个人数较多的群体；分离的原委，我们不得而知。逗留期间发生过几件事，令我们感到，政治分歧造成了破裂，但细节不明。无论如何，如今两个小群体一起流浪，一起生活，尽管保持着两个营地，相连而独立；营地里的家庭形成不同的小圈子，每个小圈子都围着自家篝火而居。这种极有趣的组织有一个令人惊讶的特点：两个小组不说同一种语言，只能通过口译员彼此理解。幸运的是，每个小组都至少有一两个人通晓对方的方言，能够充当中介。两位首领本人也不能直接交流。至于这两种方言是否属于同一语言家族，这个问题本文可以不去探讨。不过，北部小组无疑属于南比夸拉文化的整体，既因为物质文化和生活方式相似，也因为小组成员的心态，他们显然自认为与中部小组同属一个社团。

两个小组的联合引起一个更根本的问题，即在各自成员之间建立起何种性质的关系。问题是通过共同决定解决的，即确定萨巴纳小组的成年男性都必须被塔浑德小组的成年男性承认为"表兄弟"（tarúte），后者也必须被前者承认为"表兄弟"（iópa）。于是，一个小组里的所有"妻子"就都成了另一小组里的"丈夫"们的"姐妹"及其妻子的"表姐妹"。组内的男孩女孩也都成为另一组孩子们的潜在配偶。于是，通过两代人，两组融合，形成一个单独的血亲单元。

这个解决方案以自觉和系统为特点，这一点毋庸置疑。我们问过男性报告人，如何看待把他们跟联姻组的男人联系起来的亲属纽带。无论来自哪个小组，回答千篇一律：这个问题毫无意义，因为萨巴纳人是他们的 tarúte（表兄弟），塔浑德人是他们的 iópa（表兄弟）。与此同时，似乎无人明了两组里的妇女之间和孩子之间的确切关系，以及两组里的成年人与小孩之间的关系。

有时候，明确的关系在理论上规定得很好。可是，我们的问题往往只得到小组的名字作为回答。女性报告人径直把另一组的女人叫"萨巴纳"或"塔浑德"。因此，我们假设，这个系统是根据 tarúte 或 iópa 的关系设计和运用的，而且只以之为基础。这个结论很重要，因为相同的结果显然本会以别的方式获得。

如果只以确保通婚为目的，还有另外两种方式，也许可以说，同一个现象还会有两种不同的解释。第一种可能性是将女性视为"表姐妹"，第二种是让一个组里的所有男人和另一组的所有女人进入一种"兄弟姐妹"的关系。这两种情形都会得出与被保留的解释相同的结果，实际上，这些关系暗含在被保留的解释里，没有明言。但是，联姻双方的男性之间的关系正是入选的解决方案的基础，现在应当关注一下这一选择的后果。

这三种可能的解释有两种顾及女性，一种只顾及男性，土著人实行的正是后一种。对此无须惊讶，问题在于它是否确实是政治性的即如我们所认为的，也就是说，事关男性的专享功能即发号施令，而不是有关子嗣传承的正常机制——其逻辑看来是母系氏族制的。在像南比夸拉这种简单的交表婚体系里，"表兄弟"既可以是姑表兄弟，也可以是舅表兄弟。但是，入选的解释使南比夸拉社会绝对带有男性色彩，或至少可以说，显示了这方面的倾向。同时也能在这个解决方案里看到，在起初的家族单位之上叠压着一个真正的社会体系雏形。

这些观察结果相当有限，许多仍属闲闻逸事，因此，我们不敢妄称能够依此建立关于二元组织的起源的理论。不过，这个案例却是"在一定程度上，氏族组织的基本特征在无氏族部落里的预兆"①。事实上，为了满足一种半外婚制的基本要求，新的单元一旦固定下来，就得保留对于出身的模糊记忆，而且保持营火不混同的旧习。

更重要的是，扩展的"表兄弟"关系为群体里男性举足轻重的地位提供了一个示例，因为群体之间的联姻由男性决定，一如必要时面对战争那样。

以上观察还能提示我们，有关南美的旧文献里散见的有社会学意义的观察是可以解释的，尤其是那些跟巴西沿海地区的图皮人有关的观察。

南比夸拉亲属系统跟人们所说的沿海图皮人从前的家庭组织惊人地相似。每当我们要描述南比夸拉人细碎的日常生活时，都忍不住想引用让·德·莱利或伊夫·戴夫赫的说法，因为尽管相隔四个世纪，这些旧日的撰述看来确实完全符合南比夸拉社会的某些特征。事实上，好几个形而上的主题是两种文化所共有的。此外，南比夸拉人宗教词汇中的某些词语显然来自图皮语。但是，最重要的相似之处跟亲属系统有关。两种文化的家庭组织都基于三个相同的原则，而且表达也明显相同。首先，父母的兄弟和姐妹之间的二分法，叔伯和姨母分别以"父"和

---

① Robert H. Lowie，"Family and Sib"，*American Anthropologist*，new series，vol. 21，1919，p. 28.

"母"相称，舅父与姑母分别被称为"从父"（beaux-pères）和"从母"（belles-mères）。其次，交表亲之间的婚配优先，平行从表随之与"兄弟"和"姐妹"合一。最后，在古老的图皮人当中，舅甥婚似乎是规矩，采取舅父与其姐妹的女儿优先结合的形式。

关于第一条规矩的实行，何塞·安切塔的一篇重要文章提供了证据。他指出，另外两条规矩同样存在。他是这么说的：

> 他们在亲属关系里从不使用"etê"（真的）一词，因为他们管叔伯叫父亲，管兄弟的儿子叫儿子，管叔伯的儿子叫"兄弟"。要称呼自己的亲生父亲或亲生儿子，他们就说"xeruba xemonhangara"（我的生身父亲）和"xeraira xeremimonhanga"（我的亲儿子）。我从未听到过印第安人管妻子叫"xeremireco etê"，只叫"xeremireco"或"xeracig"（我孩子他妈），我也从未听到过一个本地女人管丈夫叫"xemenetê"（我真正的丈夫），只叫"xemena"或"xemembira ruba"（我孩子他爹）。丈夫和情人她们是不分的，都用这些词。一个男人如果把他的女人之一唤作"xeremireco etê"，那意思是她是他最中意或最爱的女人，通常是他最后迎娶的那一个。①

此文有一个额外的益处：它表明，在区分血缘亲属和类归的亲属时，图皮人遇到了困难。这就证实了他们的亲属系统和南比夸拉亲属系统在结构上的相似性，后者也有同样的问题。

---

① José de Anchieta, *Informação dos Casamentos dos Indios do Brasil*, Revista Trimensal del Instituto Historico e Geographico Brasiliero, t. Ⅷ, 1846, I (2da Seria), p. 259.

这两种情况下，他们都没有感到需要特别的词语。必要时，他们仅止于诉诸生理方面的考虑。当我们请南比夸拉人明确血缘子女的真正地位时，他们在"儿子"或"女儿"之外另加一个词，意思是"小孩"或"小的"。后一个词的生理含义显而易见，因为它通常用来称呼初生的动物，前一个词才留给人类。关于叔伯如何被类归为父亲的另外一些迹象，读者可在苏亚雷斯·迪·索萨的文章[①]里看到。

从前的著述经常描写图皮人的交表婚和舅甥婚。我们这里得再引安切塔的文章：

> 许多印第安人尽管有好几个外甥女，而且很漂亮，可是他们并没有娶之为妻。然而，兄弟对姐妹拥有很大的权威，以至于认为外甥女是属于他们的，有权娶之为妻，也可以任意驱使。同样，他们把姐妹让与一些人，拒绝另一些人。在圣维森特平原上的贾里比亚村里，塔拉戈亚是重要首领，他有两个女人，其中一个是他的外甥女，他妹妹的女儿。[②]

此外，这两种婚姻被视为对称的制度，"因为父亲送出女儿，兄弟送出姐妹"[③]。关于交表亲之间的婚姻，斯塔登（"他们还把女儿和姐妹当礼物送出去"）[④]、苏亚雷斯·迪·索萨[⑤]都有

---

① Soares de Souza，*Tratado Descriptivo do Brasil em 1587*，in *Revista do Instituto Historico e Geographico Brasileiro*，t. XIV，1851，p. 316 - 317.

② José de Anchieta，*Informação dos Casamentos dos Indios do Brasil*，*op. cit.*，p. 259.

③ *Ibid.*，p. 261.

④ Hans Staden，*The True History of His Captivity*，Londres，Malcolm Letts，vol. II，chap. 18，p. 146.

⑤ Soares de Souza，*Tratado Descriptivo do Brasil em 1587*，*op. cit.*，chap. CLVII.

所提及，克洛德·杜伯维尔①和其他人也含蓄地指出过。安切塔的社会学眼光敏锐，他发现，在迎娶姐妹的女儿与承认男子为唯一对受孕负责者之间存在关联，这也是南比夸拉人当中流行的理论。关于这一点，他写道：

> 他们称兄弟的女儿为"女儿"，而且以女儿待之，跟她们没有性关系，因为他们认为，亲属关系取决于父亲，这一关系被他们视为唯一起作用的因素，母亲只是孩子从中形成的一件容器……出于同一原因，他们在跟姐妹的女儿交媾时毫无罪孽感……还是出于同一原因，父亲会让女儿跟她们的舅父结婚。可是，这事从来不会发生在他们侄子身上②……

交表婚在整个南美无疑很普遍。③ 可是，吸引第一批旅行者注意的是图皮人的舅甥婚。例如莱利就说："舅父则娶外甥女。"④ 安德烈·特韦也说："她一降生，舅舅就把她从地上抱起来，留作未来的妻子。"⑤ 麦哲伦·冈达沃表达得虽然不够准确，但是意思相同，他写道：

> 娶侄女或外甥女，即兄弟或姐妹的女儿，这是他们的习

---

① Claude d'Abbeville, *Histoire de la mission*, Paris, 1614.

② José de Anchieta, *Informação dos Casamentos dos Indios do Brasil*, op. cit., p. 259 - 260. 同一解释可见于 Manoel de Nôbrega, *Cartas do Brasil 1549 - 1560*, *Cartas Jesuiticas I*, publ. da Academia Brasileira, Rio de Janeiro, 1931。

③ 例如，谈到安的列斯群岛的加勒比人时，雷蒙·布勒东说："我们称之为堂兄弟者自称（兄弟），叔伯亦称父亲；堂兄弟的孩子们不会联姻，而是与姑母的孩子联姻。"（*Dictionnaire caraïbe-françois*, Auxerre, 1665, p. 11）

④ Jean de Léry, *Voyage faict en la terre du Brésil*, Gaffarel (éd.), Paris, 1880, vol. 2, chap. XVII, p. 85.

⑤ André Thevet, *La Cosmographie universelle*, p. 932.

俗；他们视之为名正言顺的妻子。这些女子的父亲无法拒绝，除了叔伯或舅父，无人能够要求迎娶她们。①

另可参阅诺夫雷加②、瓦斯贡切罗斯③、苏亚雷斯·迪·索萨④的相关文章。

在一夫多妻制度下，正妻注定做家务，侧室陪伴男人并分担义务，南比夸拉人对二者的区别一清二楚。我们还记得，麦哲伦·冈达沃神父含蓄地指出，有一类实际上单身的妇女参与男性的活动。⑤

以上观察都使我们能够在南比夸拉人扩展的"表兄弟"关系与古代图皮人（极相似的）习俗之间，画出一条平行线。让我们先引用伊夫·戴夫赫的说法：

> 一部分法国人散居各村，以便追踪本地的习俗"Chetouasaps"，即东主或伙伴，同时不送钱，只送给他们一些商品。他们之间这种好客的或伙伴的关系非常紧密：他们像对待自己的孩子那样对待你。一起生活期间，他们为你去打猎

---

① Pero de Magalhães Gandavo, *The Histories of Brazil*, New York, The Cortes Society, 1922, II, chap. X, p. 89.

② Manoel de Nóbrega, *Cartas do Brasil 1549 – 1560*, *op. cit.*, p. 148.

③ Vasconcellos, *Chronica da Companhia de Jesu do Estado do Brasil*, Lisboa, I, 82, 1865, p. 133.

④ Soares de Souza, *Tratado Descriptivo do Brasil em 1587*, *op. cit.*, p. 157 et p. 152.

⑤ Pero de Magalhães Gandavo, *The Histories of Brazil*, *op. cit.*, II, chap. X, p. 89. 有关旧图皮人家庭组织的其他迹象，可参阅：Alfred Métraux, *La Religion des Tupinamba*, Paris, Leroux, 1928, 书中多处；Lafone Quevedo, «Guarani Kinship Terms as an Index of Social Organization», *American Anthropologist*, vol. 21, 1919, p. 421 – 440; Paul Kirchhoff, *Die Verwandschaftorganisation der Urwaldstämme Südamerikas* (Zeitschrift für Ethnologie, vol. 63, 1931, chap. XV, p. 182)。

和捕鱼；更有甚者，把女儿送给伙伴也是他们的习俗。①

然后他谈到"以伙伴身份入住各村的法国人"②，这种土著制度也得到莱利的证实：

> 值得注意的是，atourassap 和 coton-assap 的意思不同，atourassap 意味着他们之间、他们同我们之间有完美的同盟关系，只需一方的财产跟另一方共有。而且，不能拥有对方的女儿或姐妹。③

因此，coton-assap 跟 atourassap 截然相反，它因两种婚姻形式而获青睐：一是与伙伴的姐妹结婚，成为其"姐夫或妹夫"；二是跟他的女儿结婚，进入舅父的行列，理论上成为他妻子的兄弟，结果是一样的。

关于南比夸拉人和图皮人的表兄弟之间的关系，应该注意到另一个相似之处。我们引用的文献都承认，年轻的图皮男子对于姐妹拥有某种权威。交表婚似乎就出于有这种亲属关系的男人之间彼此交换姐妹的缘故。父亲把女儿嫁给妻子的兄弟亦可作如是观。因此，表兄弟无论是实际的还是潜在的，全靠一种特殊关系联系，基础是一种性服务的交换。我们已经看到，这种关系也存在于南比夸拉人的表兄弟之间，区别在于，这种服务在图皮人当中是通过姐妹和女儿交换，而南比夸拉人的表

---

① Yves d'Évreux, *Voyage dans le nord du Brésil*, F. Denis（éd.），Leipzig et Paris，II，1864，p. 14.

② *Ibid.*，XXVIII，p. 109.

③ Jean de Léry, *Voyage faict en la terre du Brésil*, *op. cit.*，II，chap. XX，p. 133；voir également，Cardim，*Tratado da Terra e da Gente do Brasil*，Rio de Janeiro，1925，p. 169 - 170.

兄弟（除了前面所说的形式以外）则用同性恋的形式直接交换，从而弥补了无姐妹可用之缺。

可以现在下结论了。古老的图皮人有两种优先的结合形式：交错从表婚和舅甥婚。第一种通常采取两个交表亲交换姐妹的形式；第二种来自舅父对姐妹的女儿享有的特权，或者由姐妹的丈夫让与。这两种情况下，婚姻都基于交表亲之间，即基于合法的或实际上的表兄弟之间的一种契约，这正是我们保留的南比夸拉语"tarúte"或"iópa"的定义。此外，这种表兄弟关系也可以用伊夫·戴夫赫所说的"Chetouasaps"或莱利所说的"coton-assap"的名义，建立在没有任何亲属关系的个人之间，或者另外的或更疏远的亲戚之间，乃至异族人（例如法国人和印第安人）之间，目的是利用通婚和家庭或群体的融合，建立一个不同以往的新的社会单位。从中不难看出我们描述过的萨巴纳人和塔浑德人的融合过程。①

---

① 南美的做法实际上是利用亲属关系反映社会关系，这一点得到了卡尔·冯·登·施泰宁的证实 (*Unter den Naturvölkern Zentral-Brasiliens*, 2ᵉ éd., Berlin, 1897, p. 286)：巴凯利人决定唤他"兄长"，梅希纳库人唤他"舅舅"。我们刚才确定，在一个交表婚与舅甥婚结合的体系里，"表兄弟"和"舅父"是等价的。运用"兄长"的称呼则要求做出两方面观察。首先，博罗罗人的亲属系统跟欣古族的相差不太远，每一代人都分成两个层级，其一（长兄）跟上一代的幼弟相提并论，幼弟则跟下一代的长兄相提并论。在这样一个系统里，"兄长"实际上可以是实际的叔父和潜在的从兄。"兄弟"一词有社会目的，它还可以有另一种理解。南比夸拉人有一个特殊的字眼，可以指同性兄弟，意为"另一个"。这个字眼不光用于亲属关系，而且指同属一类的物体（例如茅屋柱、哨物）。友好群体也互称"兄弟"。我们还注意到，对立群体发生争论时，有"坏家伙！你不是我的兄弟了！"的说法。这就显示，在南比夸拉语里，"兄弟"一词除了本身的含义，还有逻辑和道德上十分宽泛的含义。但是，当印第安人面对建立新的社会关系的技术性问题时，它显示的不是那种含糊的"兄弟"之义，而是指向更复杂的"表兄弟"关系的机制。

有人会提出异议：旧日的著述者很可能根据欧洲的现象对不可靠的观察结果做出了解读。由于我们建议用"伙伴"（compérage）一词命名我们认为是不折不扣的土著制度，在这个问题上多谈几句不无益处。

不消说，上文分析的现象跟欧洲的教父母制度有显著的相似之处。教父和教母起初是通过神秘的伙伴身份相联系的，二者也都通过这一身份跟孩子的父母相联系。然而，在所有乡村小社区里，这种关系很快世俗化了，或更确切地说，在任何家族重于社会群体的地方都是如此。这种关系随之用于建立人为的亲属关系，乃至如南比夸拉人一样，用空间比邻性的简单现象反映亲属关系。①

初来乍到的外族人之所以被接纳，主要归功于彼此以"伙伴"和"女伴"相称，同代人这样称呼他们，他们也这样称呼对方。此外，外族人通常通过在新社群里娶妻而融入，而"伙伴"和"表兄弟"之称很快就可以互换，以至于联姻的男子仅以前者互称。在地中海欧陆和拉美村庄里，伙伴或 compadre 是现实的或潜在的姐夫或妹夫。中南美洲一些地区的土著制度与欧洲制度有类同性，这无疑有助于把前者确定下来并现代化。例如墨西哥，原始的莫斯特（moste）制度，即一家之主们有定期交换礼物的义务，目前在 compadre 关系的框架内延续，这个西班牙语字眼是古老的奥托米（otomi）制度的适当译名。② 但是，形式上的类同性掩盖不住这两种制度真正对立的特点。在

---

① 这种派生现象从词源可以明确：英语从"god-sib"派生出"gossip"。

② Jacques Soustelle, *La Famille Otomi-Pame du Mexique central*, Paris, Institut d'ethnologie, 1937.

地中海的拉丁民族社会里，教父母关系（compérage）从前很神秘，如今是社会性的，它可以通过婚姻变成真正的亲属关系。相反，在古老的图皮人和南比夸拉人当中，用于建立更广泛的关系的范型则由具体的亲属关系提供。

这就意味着，有两个原因使这些著述者不能仿照欧洲模式建立假冒的土著制度。首先，伊夫·戴夫赫、嘉尔定和莱利都熟悉宗教问题，他们不会把一种以容许新型婚姻为直接后果——很可能也是目的——的关系，跟教父、教母和家长之间的关系相提并论，尤其后者自 13 世纪以来导致了极严厉的婚姻禁忌被强化。在他们写作的时代，这个问题有现实性，因为它纳入了特利腾大公会议①的方案，其中的旧法规应该多少有些软化。但是，我们有一个更为决定性的论据：最初的传教士来到以后，欧洲制度和土著制度必定同时发生演变，尤其在受洗的印第安人当中。然而，这些人及其欧洲神父从未用当地的伙伴关系诠释基督教的教父母制度。相反，由于新引入的制度带有婚姻限制，因此他们更合理地视之为一种亲属关系的模式，将教父比拟为父亲：

> 因此，他们（刚受洗的孩子）把他们的教父视为生父，管他们叫舍胡（Cherou），即"我爹"，法国人管他们叫舍艾尔（Cheaire），即"我儿子"，管小女孩叫舍阿吉尔

---

① 特利腾大公会议（Concilium Tridentinum），天主教会于 1545 年至 1563 年间在意大利的特利腾与波隆那举行的大公会议。其召开的直接原因是马丁·路德的宗教改革。除法规外，会议声讨新教，界定异端邪说，澄清天主教的教义，涉及广泛的神学问题。特利腾大公会议通过的方案代表天主教庭对宗教改革的决定性回应。——译者注

（Cheagire），即"我闺女"……①

据此，关于南美社会表兄弟关系的基本特征，我们认为已经搜集到足够的趋同迹象，从中可以看出原创性的伙伴制度的内核。这个制度依然活跃在南比夸拉人当中。本文呈报的文献表明，它从前在美洲土著人当中分布极广。

（英译法：樊尚·德巴纳）

---

① Yves d'Évreux, *Voyage dans le nord du Brésil*, *op. cit.*, II, I, p. 234.

第十四章　关于南美的二元组织

在《美国人类学家》杂志最近一期上，罗伯特·罗维教授提到我 1938 年写给他的一封信，而且颇多溢美之词。那封信写于我在南比夸拉人当中逗留期间，是从马托格罗索州的坎普斯诺武斯寄出的。写信时，我当然没有料到会得到罗维教授的关注，同样，现在我也不认为信中仓促提出的几条建议值得讨论。尽管如此，罗维教授极富教益的文章是一个我不妨大胆把握的机会：就南美社会学家提出的基本问题之一，提出几个方法论方面的意见。

信是回应罗维教授最初建议的，根据这条建议，"母系半族出现在卡内拉人和博罗罗人的文化里，这证明这种制度可以在当地猎人和采摘族当中出现，甚至可以出现在仍然处于初级园艺阶段的族群当中"[1]。我提出另一个假设：

---

[1]　Robert H. Lowie, «A Note on the Northern Gê of Brazil», *American Anthropologist*, vol. 43 (2), 1941, p. 195.

这些部落（包括南美的许多其他部落）的二元组织不是一种创新，而是一个文化水平的遗迹，毫无疑问，它比今日可以观察到的文化水平优越，年代也相对晚近。[①] 这种可能性，罗维教授承认有必要备存，同时推说，在一个可靠的模型形成之前，"两种假设看来都是可以接受的"[②]。

我觉得，罗维教授的推理应当一分为二。首先是一个理论问题：正如他所建议的，这些比较初级的文化是否有足够的创造力，能够自发地发展出某些类型的复杂的社会组织。然后必须弄清楚南美是否确实如此。虽然我在第一点上完全同意罗维教授的意见，可是在第二点上，我觉得，事实在引领我们前往一个截然不同的方向。

社会学家和人类学家都应该首先感谢罗维教授终于对他所说的"人类的'非创造性'的教条"提出了质疑。他说自己"永远对最初级的文化表现的惊人的思想创新印象深刻"[③]，此话我们只能认同。无论是从物质文化、习俗还是从宗教信仰观之，这些初级社会无不表现出非凡的创造力，二元组织中没有任何东西能够被认为非其所及。在这一点上，我只能完全同意罗维教授的意见。我觉得还可以举出一个具体的例子。在马托格罗索州西部的南比夸拉人当中逗留期间，我观察到：这个社会是

---

　　① 罗维认为列维-斯特劳斯的建议是一个胆子最大、根基也最薄弱的德国传播论学派的假设——只要看到有相似之处，这个学派就假定两个社会之间有历史联系。例如，看到澳大利亚的某些社会组织跟火地岛有形式上的相似性，就用一种如今已经消亡的"核心"文化去解释，认为它是二者的共同起源。—— 编者注

　　② Robert H. Lowie, «A Note on the Northern Gê of Brazil», art. cité, p. 195.

　　③ *Ibid.*

南美最初级的文化之一，我遇到两个各操一种方言的小群体，它们的成员只能靠口译员交流。尽管如此，两个小群体还是决定合并。他们通过亲属制度来实现这个目的，这个制度的用语颇有交表婚的特点：两组达成共识，一组的全体男成员把另一组的女性视为姐妹，反之亦然。其后果是，每个小组的孩子都成为对方孩子的潜在配偶，两组经过两代人必定形成一个单一的血统单位。随后，这个新单元的成员只要记住自己的双重起源就可以了——例如，原有的人名在外婚制的半族系统里保留完整（参见拙文《亲属称谓在巴西印第安人当中的社会应用》[①]）。这些观察不是孤立的。我们还有许多例子，均来自欣古族地区或安的列斯西部群岛，都是两个或更多的群体合并产生的新的社会单位。

这些事实或许能够而且实证地确认罗维教授假设的有效性，即哪怕是最原始的人类文化也会发生演变，形成新的社会组织。剩下的就是确定南美二元组织确实形成于这些基本层面。在这一点上，我不敢苟同罗维教授的看法。

首先，我必须违心地承认，南比夸拉人实行的这一社会过程，其结果在功能上跟二元组织类似，但是，它跟冉族人自觉的和充分表达的母系半族制度并不完全相同。的确，如果视前者为一个朝着真正的二元组织迈进的"阶段"，那是非常危险的。南比夸拉人提供了理论可能性的一个示例，表明可以想象其实施，但是不容许我们试图重构历史。与此同时，从美洲文化学者的角度来看，罗维教授提出的问题无法通过抽象的思考

---

① 见本书第十三章。——编者注

获得解决。需要了解的是，冉族、博罗罗人或南比夸拉人是否确属狩猎-采摘经济，即"仍然处于初级园艺阶段的族群"，抑或他们的文化水平本身是否并非演化的结果。

我在这封 1938 年的信里提议，巴西中西部诸部落低下的经济发展水平，或可解释为前哥伦布时代的文化适应过程的后果，而不是旧时条件的遗迹。回应这一建议时，罗维教授的意思是，只要还没有"一个可靠的模型，能够证明卡内拉人和博罗罗人的社会组织是它的弱化版"①，我的假设就无法成立。

对于这个要求，我想用几处看似简单的观察来回应：前哥伦布时代，秘鲁和玻利维亚的高水平文化有过类似于二元组织的东西，而且群体有很可能属于前印加时代的"高"与"低"之分。罗维教授本人恰恰评论过我们对一个博罗罗村庄的描述。村庄的平面图反映了复杂的社会结构，罗维教授进而提到邦德烈②构拟的蒂亚瓦纳科的平面图。③ 这种二元结构或其基本主题，延伸至北方，进入阿兹台克武士的老鹰和捷豹的仪式性对立。应当提醒的是，在图皮人和其他南美部落的神话里，这两种动物起着至关重要的作用，"捷豹行空"的主题，欣古族和马查多人土著村庄里关鹰入笼的仪式均为证明。我们同样看到，图皮人和阿兹台克人有明显相似的仪式，这就更彰显了这个事实的重要性。

---

① Robert H. Lowie, «A Note on the Northern Gê of Brazil», art. cité, p. 195.

② 阿道夫·邦德烈（Adolph Bandelier, 1840—1914），瑞士裔美籍考古学家和民族学家，毕生致力于研究和提倡保护美国西南部、墨西哥和南美洲的原住民遗址和文化。蒂亚瓦纳科位于今玻利维亚，是一个重要的南美洲文明遗迹。——译者注

③ Curt Nimuendajú et Robert H. Lowie, «The Dual Organizations of the Ramko'kamekra (Canella) of Northern Brazil», *American Anthropologist*, vol. 39 (4), 1937, p. 578.

据此，我们不禁要提出，这个由热带荒原提供了弱化版的"明确的模型"，必然会出现在秘鲁和墨西哥的复杂组织里。

但是，现实并不那么简单。现今唯有福塞特上校会相信，巴西中部人迹罕至的荒原上存在着一个神秘的富庶之乡。我想在这里提出一个更有节制的假设：当我们观察南美洲和中美洲的高层次和低层次文化时，能够看到二者有不少相同的主题和因由。例如，在黑石城、科潘和乌斯马尔①的某些玛雅图案上和巴西中部的一些族群当中，均出现了一些眼镜形状的装饰，乍看很神秘。高层次和低层次文化所共有的众多特征分布于整个美洲大陆，二元组织只是其中之一。然而，混杂的分布似乎令人没法作为传播的现象去解释，因为这些现象无疑跟这些特征一样众多。况且，这种解释仍然属于纯粹的假设。相反，看来整个局面应视为一种广泛的混合现象，这是无数的人口迁移和融合的结果，都发生在我们所谓"前哥伦布时期的美洲历史"开始之前很久，即墨西哥和秘鲁的高层次文化诞生的时代。当其开始发展之时，它们在整个美洲大陆拥有一个多少是共同的文化基础。

在低层次荒原文化的目前状态下，我们能找到这个初始情形的痕迹吗？做不到。一个是冉族文化，一个是玛雅文化的发轫或墨西哥谷地的早期文化，它们之间没有可以想象的过渡，没有可以重构的阶段。因此，它们无疑都是从同一个基底衍生

---

① 黑石城是墨西哥北部科阿韦拉州的重镇，科潘是洪都拉斯西部的一个行省，乌斯马尔位于墨西哥尤卡坦州。三地均以玛雅文化遗址著称。——译者注

出来的。不过，似应从荒原目前的文化和高原的古代文明之间去寻找承前启后的时期。

　　这个假设可以从许多迹象中得到证实。首先，考古学发现，在不远的过去，整个美洲热带地区有过一些较为发达的文明中心：安的列斯群岛、马拉乔岛、库纳尼、亚马孙河下游、托坎廷斯河口、摩霍斯平原、圣地亚哥-德尔埃斯特罗。再想想奥里诺科河谷和其他地区的巨型岩雕，这些都要求众多工匠合作。在历史时期的开端，对于亚马孙河沿线多种多样的发达文化，奥雷利亚纳①大为赞赏。能否这样设想，至少在一定程度上，高峰时期的低级部落没有分享到我们刚才谈到的那份活力？

　　此外，也许不宜把可以在南美找到的母系制二元组织称为"博罗罗-卡内拉组织"，也不宜把它解释为荒原部落特有的现象，因为二元组织可见于或一度见于非常不同的部落。即使只考虑低矮地带，也可以举出特瑞诺人、巴翰丹丹人、蒙杜鲁库人为例，都是罗维熟知的群体。甚至不去考虑巴西两端的帕丽库尔人和马托格罗索州南端的特瑞诺人，这一点尤其重要，因为作为阿哈瓦克人的一部分，他们属于热带地区最高级的文化。应当补充一点：这种二元组织，我们在马查多高地的图皮-卡瓦西卜人当中也发现了其遗存，从而可以把时而为母系制，时而为父系制的二元组织的区域划定为从托坎廷斯河右岸延伸至马代拉河。据此，对于将南美的二元组织界定为最原始的层次的典型特点，我是有怀疑的，因为他们享有更高级文化的西北邻

---

　　① 弗朗西斯科·德·奥雷利亚纳（Francisco de Orellana，1511—1546），西班牙冒险家，因全程实地"发现"亚马孙河而知名。——译者注

居，即精于园艺和狩猎的森林部落，也有二元组织。①

荒原民族的社会组织不宜与马托格罗索州北部的图皮人邻居的社会组织分离。相反，我们揣想，把博罗罗人跟文化水平更古老的部落相提并论是否合理。为了使它们成为"真正的原始族群"，或拉近二者关系，我们不妨援引冯·登·施泰宁的撰述，文中似乎指出，博罗罗人在跟巴西军队接触以前，是一个不懂得农业的狩猎部落："妇女们习惯于去灌木丛选拔野生根茎，砍倒〔木薯的〕嫩秧，细心地深翻土地，盼望找到可食用的根茎。这个狩猎部落完全不懂得真正的农业，更重要的是，不懂得块茎的生长须耐心等待。"② 如果据此得出结论，认为在接触前来降服他们的远征军之前，博罗罗人仅靠狩猎和捡拾谋生，那就忘记了，这些评论事关巴西士兵的菜园子，并非土著人的菜园子，作者本人也说："博罗罗人毫不重视文明的馈赠。"③

只要把这些评论放入它们的背景中，即这位德国民族学家

---

① 我十分清楚，一方面罗维教授所说的"博罗罗-卡内拉组织"是母系半族的二元组织，另一方面巴翰丹丹人和蒙杜鲁库人的半族为父系。然而，卡内拉人的父系半族和色杭特人的母系半族都是没有任何关联的发展的产物吗？似乎不太可能。应当从整体上考虑南美二元组织的问题。一个社会是父系半族还是母系半族，后果重大，但不关乎二元组织本身，它本身只要求一个单方面的原则，这个原则可以在一个有关孕育的单方面的原理里找到，它先于任何有关承嗣的原理。两者不是非得捆绑在一起。例如，《塔木德》法典便结合了有关孕育的母系原理和有关承嗣的父系原理。单方面的原则一旦提出，它就会朝着某个方向发展：不是母系，就是父系。不过，这是个次要现象。否则，如何解释在所有氏族或半族组织的地区父系或母系制度的全面存在呢？

② Karl von den Steinen, *Unter den Naturvölkern Zentral-Brasiliens*, 2ᵉ éd. Berlin, 1897, p. 581 de la traduction portugaise, São Paulo, 1940.

③ *Ibid.*, p. 580.

构建的鲜活图景，看到博罗罗社会在所谓的"平定者"的影响下如何可怕地瓦解，我们就会理解，这些评论有闲闻逸事的特点。它们告诉我们什么？博罗罗人那时不耕种吗？然而，50余年来，殖民者无情地追逐和灭绝他们。要么更确切一点，土著人是否觉得掠夺军事哨所的菜园子要比自耕自种更划算？

幸好我们对这个问题占有更准确的信息。让我们把高尔巴契尼的主张放在一边，因为他的话在这一点上模棱两可。① 库克早在 1901 年便注意到，庞德拉河（圣洛伦索河的支流，那时尚不为人知）流域的博罗罗人有"小块黄玉米田"②。此外，关于伏伊采 1905 年第二次访问当年仍然独立的红花河的村庄，拉丁和伏伊采写道："特蕾莎·克里斯蒂娜殖民村的博罗罗人几乎从不种植。也许由于这个原因，冯·登·施泰宁教授只看到他们被迫从事耕种，便径直下结论，说他们从来不是农业部落。可是，伏伊采先生发现，那些仍然生活在野外的博罗罗人在精心打理种植园。"③ 更棒的是，两位作者描述了一场农耕仪式——"初次收获的祈愿仪式；没有这种仪式，消耗会导致死亡"，包括"洗涤不太熟的玉米穗绺，然后放在 aroetorrari（或萨满师）面前，后者不停地歌舞，连续吸烟，进入一种昏昏沉沉的恍惚状态。然后，全身肌肉发抖，口里叼着玉米穗，发出阵阵尖叫。猎杀大猎物

---

① P. Antonio Colbacchini et P. Cesar Albisetti, *Os Boróros Orientais*, São Paulo, Companhia Editora Nacional, 1942, p. 66 - 68.

② William A. Cook, «The Bororó Indians of Matto Grosso, Brazil», *Smithsonian Miscellaneous Collections*, vol. 50, 1908, p. 60.

③ V. Frič et P. Radin, «Contributions to the Study of the Bororo Indians», *Journal of the Royal Anthropological Institute*, vol. XXXVI, 1906, p. 391 - 392.

例如貘或野猪或者钓到 jahu dorado（三文鱼）时，也会举行同样的仪式。博罗罗人坚信，任何人只要碰触猎物肉或未获祭献的玉米〔……〕全家都会陨灭。"① 当我们想起，除红花河的村庄以外，博罗罗社会从 1880 年至 1910 年间彻底崩溃，我们就很难承认，土著人在如此悲惨和短暂的时间里能够花时间不嫌麻烦地为一种全新的农业奉献复杂的仪式。除非他们曾经有过这种仪式，然而这意味着这种农业的传统特点。

于是，问题在于，谈论南美真正的猎人和采摘族，以及一直处于初级园艺阶段的族群是否适当。不错，有些部落看来属于这些类型（巴拉圭的瓜亚基人、奥里诺科河谷的采摘族），似乎非常原始。但是，完全不懂园艺的族群极为少见，而且都跟较高层级的族群隔绝。我提议，每个族群的自身历史——如果我们了解的话，比假设它仅为一种远古水平的残留，能够更好地解释其特殊的生存条件。这些部落跟它们的邻居相比，看来的确从事初级园艺，而且园艺没有取代狩猎、捕鱼和捡拾。但是，这不足以证明，只因强加的新的生存条件，他们就不是回归的耕种者，而是耕种新手。

约翰·库珀神父在好几篇最近的文章里提议，把美洲热带地区的部落划分为两个主要群体，他分别称之为"荆丛部落"和"边缘部落"，其中边缘部落再细分为"荒原族"和"近荆丛族"。② 主要的区分也许有实用意义，我们只将其保留。不过，

---

① V. Frič et P. Radin, «Contributions to the Study of the Bororo Indians», *Journal of the Royal Anthropological Institute*, vol. XXXVI, 1906, p. 391 - 392.

② J. M. Cooper, «The South American Marginal Cultures», *Proceedings of the 8th American Scientific Congress*, Washington, 1940, vol. II, p. 147 - 180.

如果将其用于历史重构却很危险。没有任何东西能证明甚至暗示，荒原古时候有人居住。另一方面，即使在目前的栖息地，似乎"荒原族"部落也尽力保留森林生活的遗存。（这里不谈查科部落，即库珀神父论证的基础，我认为他们与生活在热带低地的群体迥然不同。）

在南美土著人的头脑里，没有比对荒原与森林的地理区别再清楚和明确不过的了。荒原不仅不适合园艺，也不适合搜索捡拾野生物产：植被贫瘠，动物稀少。相反，森林提供了丰富的野生植物和猎物，土壤湿润肥沃。森林的农业生活与荒原的狩猎-采摘生活也许是一种文化的对立，但是没有生态意义。在巴西热带地区，森林和河流两岸的环境最有利于园艺、狩猎、捕鱼，以及采摘和捡拾。因此，荒原印第安人中可能存留的前园艺水平与森林文化很难区分，因为森林民族不仅是最优秀的园丁（包括其他方面），也是最优秀的捡拾者和采摘者（同样包括其他方面）。原因很简单：森林里可捡拾到的东西比外边多得多。在这两种环境里，园艺和捡拾共存，这种生活的共同发展要比非此即彼更佳。这是奥托·诺登斯基尔德[①]完全没有看到的，文化决定论和地理决定论之间的诸多混淆也归咎于此君。例如，某些查科人生活的地区缺少箧器，但是并不像他以为的，是由于没有复叶棕榈树，也许只因为查科印第安人不会用扇面形的棕榈复叶编织箧器，而圭亚那印第安人编制箧器是不在乎用哪一种棕榈叶的。森林不受任何地理决定论的影响：产品改变，应

---

① 奥托·诺登斯基尔德（Otto Nordenskjöld，1869—1928），瑞典地理学家和探险家，以其南极探险中的大量科学发现而著称。——译者注

用不变。反之，荒原决定论完全是负面的——环境不会开启新的可能性；只有森林有新的可能性。因此，不存在"荒原文化"：荒原文化不过是森林文化的弱化版。出于跟园丁同样的理由，从事捡拾的民族也会选择在林中栖身。或者更确切地说，如果做得到，他们本会留在森林里。他们之所以不在森林里，不是因为所谓他们专有的荒原文化，而是因为被驱赶了出去。正是在图皮人大迁徙的推动下，冉族才向内地迁移的。

既然如此，人们会乐于承认，新环境在某些情形下并非完全不利。毫无疑问，博罗罗人的狩猎技巧受到巴拉圭河中游猎物众多的沼泽地的启发或促进，捕鱼在欣古族经济里的地位肯定会重于他们来自的北部地区。可是，只要有机会，荒原部落都依附于森林和林中的生活条件。全部园艺都在狭窄的森林地带里进行，即使在荒原，也是主要河道沿岸。实际上，别的地方无法种植。按照冯·登·施泰宁的说法，巴凯利人嘲笑传说中的黄鹿，它愚蠢地把木薯种到灌木丛里。[①] 土著人去森林得走很远的路，寻找到某些行业所需之物，例如制作容器或乐器的粗壮的竹子。更令人印象深刻的是野生植物加工的特点。虽然森林部落的印第安人（例如圭亚那人）对自然资源的开发细致而近乎十分科学（试想从棕榈树干的髓质里提取淀粉的精细过程，将野生种子埋入土里发酵，乃至更复杂的寻找和使用有毒精油的技术），但是荒原印第安人基本上满足于极初级的采摘和消费形式，起因似乎是急需补充短缺的基础资源，甚至采摘和

---

① Karl von den Steinen, *Unter den Naturvölkern Zentral-Brasiliens*, *op. cit.*, p. 488.

捡拾也出现了一些次要的技术，看来这是文化适应的结果。

所有这一切看似都跟二元组织没关系。但是，我仍然想证明：首先，在南美热带地区，二元组织不是最初级的文化所特有的，在较发达的社会里也可以看到。其次，这种基本的社会形式不是一个特定的文化类型或远古条件的遗迹，它很可能是更高级的森林文化在不利的地理环境里的一个弱化版。我以前解释过，我所说的南美混合体要求一种文化的匀整性，它跟一个或许存在过的中间发展水平是一致的。它很可能是二元组织形成的基础。混合体无疑是无数文化互鉴的结果，由于已经无迹可寻，我们只好把它当成南美历史的滥觞。两类历史事件必然由此发生：一个是高地发展起来的复杂文化；另一个是在战争、迁徙和各种方式的决裂的影响下，最初的文化被破坏，弱小的部落离去，被迫向荒原转移，而且不得不适应陌生的更贫瘠的新环境。至于最初的混合文化的特点，无疑在奥里诺科河和亚马孙河之间的集约化园艺社会里保存得最好。

但愿我已经证明，这个假设不会被视为复制了格莱伯奈-施米特对澳大利亚平行组织的解读。在我看来，对于南美社会学的重要问题，即处于复杂程度高低两端的南美社会的二元组织，他们的解读并不是最差的。

（英译法：樊尚·德巴纳）

第十五章 图皮-卡瓦西卜印第安人部落划分与历史沿革

部落划分与历史沿革

1913—1914 年之前的文献没有提到图皮-卡瓦西卜人，他们是巴西军事委员会的司令官坎迪多·朗东将军发现的。在该委员会的报告里，看不到多少有关他们的情况（Missão Rondon，1916；Rondon，1916）。

他们的人口几年内迅速下降。塔克瓦提普氏族形成于 1915 年，当时有 300 人左右，10 年后剩下 59 人：25 位男性、22 位妇女和 12 个孩子。1938 年，只剩五个男人、一个女人和一个小女孩。此前 30 年，整个图皮群体可能有两三千人。如今是 100 到 150 人。在很大程度上，传播于 1918 年至 1920 年间的流感是人口下降的原因。此外，1938 年观察到多例腿部瘫痪（Lévi-Strauss，non daté），表明脊髓灰质炎无疑已到达这个偏远地区。

根据尼缅达居（Nimuendajú，1924，1925）搜集的历史和语言材料，图皮-卡瓦西卜人和巴翰丹丹人是一个名叫卡巴希巴的古老图皮部落的幸存者。18 世纪以来，人们常说，卡巴希巴人最初居住在塔帕若斯河盆地。他们的语言非常接近巴翰丹丹语，两者都出自塔帕若斯河的阿比亚卡人。蒙杜鲁库人灭绝了卡巴希巴人以后，图皮-卡瓦西卜人在布朗科河落脚，那是罗斯福河左岸的一条支流（南纬 10°～12°，西经 61°～62°）。他们从布朗科河被驱赶到目前所在的马查多河两岸（或吉帕拉纳河上游），位置是从东南部的里奥齐纽河起，直到北部和西北部的穆基河和莱托河之间。这三条河流都是马查多河的小支流。朗东和尼缅达居（Nimuendajú，1924，1925）都提到的土著群体以氏族为组织形式，以地理位置为特征。尼缅达居的报告人称，维哈费德人和巴哈纳瓦特人（即巴哈纳乌阿人）居住在里奥齐纽河右岸的支流上。塔克瓦提夫-厄里瓦浑人（据尼缅达居）和塔克瓦提卜人（据列维-斯特劳斯）曾经栖居塔穆里帕河上，那是马查多河右岸的一条支流，位于里奥齐纽河和穆基河之间。他们被朗东将军带到马查多河，在那里一直生活到 1925 年。那一年，这个群体的最后六个成员加入了"好辣椒电报站"。朗东提到的伊堡特瓦特人不再是一个独立的单位。根据 1938 年的消息，他们当时生活在卡夸尔镇以北的水道上游，位于里奥齐纽河和塔穆里帕河之间，下游则有图库莽菲人。朗东和尼缅达居提到的保纳瓦特人 1938 年时居住在穆基河上。这个群体大约有上百人，而且拒绝与白人接触。1938 年以前，米亚拉特人一直不为人知，他们当中的最后一批在莱托河上游被发现时，只剩下 16 个人（Lévi-Strauss，non daté）。至于目前已经灭绝的亚伯菲人，他们曾经生活在卡夸尔镇和里奥齐纽镇之间。

文化

生存

农业：图皮-卡瓦西卜人在村旁的大块林中空地里种菜，去密林里打猎。他们种植的木薯又甜又苦；玉米有五种即大粒白玉米、暗红粒玉米、黑白红粒混杂玉米、橙黑粒混杂玉米，以及"云纹"红粒玉米。他们也种植扁豆、蚕豆、花生、辣椒、香蕉、木瓜、棉花和葫芦。备耕和翻地则用掘地的木棒和石斧。

野外资源：图皮-卡瓦西卜人也食用野生植物。为了方便采摘该地区极丰富的巴西坚果，他们会把每棵树的四周清空。他们采摘两种生食的可可豆和好几种浆果。为了收获一种尚未识别的森林蒿草的锥形小籽粒（awatsipororoke），土著人在穗子成熟前把好几株茎秆捆到一起。时候一到，籽粒便会一把把掉落。

逐猎对象：南美貘、野猪、森林鹿、大食蚁兽，以及许多不同种类的猴子（见图 15 - 1）和鸟类。蜂巢口用不明毒叶封堵，以杀死野生蜜蜂，蜂蜜则收入用树皮或叶子制成的简陋容器。捕鱼要么用弓箭，要么用富含皂苷的常春藤掺入树枝和泥浆，制成拦鱼坝，沉放浅水处。白人最初见到图皮-卡瓦西卜人时，鸡是养在圆锥形鸡棚里的，棍棒呈环形插入地面，顶端攒起。米亚拉特村于 1938 年被发现，村里没有狗。

图 15 - 1　图皮-卡瓦西卜人的村庄生活：把猴子剥皮

烹饪：猎物连皮熏制，或整只，或切块。四根立柱支起高约 1.50 米的烤架。猎物熏制 24 小时，一人负责值夜。用来晾晒豆类的棚架用固定在横杆上的多根树枝制成，架在枝丫上。

玉米奇恰酒俗称"ka-ui"，用干玉米粒制作，掺入巴西坚果或花生当配料，在研钵里碾碎。生玉米粉放进大碗，加水混合，小孩子会往这种粗磨的谷物里吐口水。发酵几小时以后，将奇恰酒置于火上，在沸点以下加热两三个小时。边蒸发边不断添加玉米粉。冷却后即可饮用，或两三天内饮用。

木薯根在大盆里擦成碎末，烤熟。玉米和一种叫"awatsi-pororoke"的不明野生籽粒用来制作爆米花。浆果也是烤熟才吃的。图皮-卡瓦西卜人讲究吃辣，这跟邻居南比夸拉人不同。他们用锅烹制辣椒和蚕豆，用燃烧过的棕榈叶制备一种调味品：将灰烬过筛过水。深褐色的水微苦，灰烬则变成一种有收敛作用的灰色粉末，用作佐料。

居所

朗东当年发现图皮-卡瓦西卜人的时候，他们的方形茅屋没有墙壁。棕榈叶双坡屋顶靠插入地面的柱子支撑，柱上悬挂吊床。1915 年的塔克瓦提普村有大约 20 栋房屋，每栋边长 3.5 米至 5.5 米，呈环形排列，直径 18 米；环圈中央两栋大房子，边长为 11 米至 12.5 米，居住者是首领阿贝塔拉和他的妻小，加上庭院。这个开放的环形空间里，有养哈比鹰的笼子和养家禽的棚屋。村子周边没有防御工事。1938 年发现的米亚拉特村完全不同。村里共有 4 座方方正正的房屋，一字排开，每座边长约 9 米，2 座用作住房，2 座用作食物储藏室。屋顶用分布不规则的柱子支撑，顶住探出的屋檐，这就使整个房屋看起来像一个方形的蘑菇。食物储藏室没有墙壁。另外 2 座房屋每个都用栅栏围起，高约 2 米，外观很像墙壁，但不支撑屋顶，屋顶和围栏顶部之间留有几厘米的空隙。围栏用剖开的棕榈树干制作，一根挨一根，凸面朝外，上面有供射箭用的孔眼。外围栏装饰着胭脂豆颜料的绘画，计有美洲豹、狗、哈比鹰、蛇、青蛙、儿童和月亮。

村庄之间的道路上建有高台，用于观察敌对群体的活动。

小河上有桥梁，用树干搭成。

衣服和装饰

据朗东（Rondon，1916）报告，男人穿类似游泳裤的棉织短裤。1938 年时的图皮-卡瓦西卜男子赤身露体，除了用两片小树叶编缝的锥形套把阴茎罩住。妇女穿齐大腿的棉织短筒裙。现代图皮-卡瓦西卜妇女用茜草汁和磨尖的鹿骨在脸上刺青，下巴文几何图案，双颊文出一对弯曲的宽带，从下巴延伸至耳朵。从前，男人出发逐猎猴子之前，会用茜草汁或胭脂豆染料涂身（Rondon，1916）。不分男女，都戴手链、耳坠、项链和戒指，用软体动物的外壳、坚果壳、野生种子、猎物的牙齿、切割成矩形的鹿骨片制成。逢遇仪式，男人头戴敞口帽子，用宽大的棉织带做成，上面粘满羽毛。首领戴一束沉甸甸的羽毛，垂在后背上。两性都用半片贝壳或者拇指指甲把阴毛和眉毛刮去。"浓眉毛"一词有贬义的"文明人"之义。印第安人脚踝、胳膊和手腕上都戴棉织的条带。

交通工具

图皮-卡瓦西卜人用大树的树皮建造独木舟（Rondon，1916）。用棉布兜将婴儿挂在母亲的髋部。

工技

纺线：纺线是妇女的事。图皮-卡瓦西卜人的纺锤是一根小棍，配上一颗当锭子的圆形野生种子。这个轻便的工具更多地用于绕线球，而不是纺线本身。

编织：戴在手上和脚踝上的棉织条带由妇女们在原始的立

式织布机上编织而成。妇女的裙子和小吊床用棉线编织，手提袋则用刚毛棕榈绳编织。

簋器：图皮-卡瓦西卜人用竹条和棕榈叶编制筛箩和篮筐，以及煸火的扇子，常以羽毛装饰。两片棕榈叶打结，构成一个别出心裁的背包，用于运送动物或体积大的物品。

制陶：1938 年看到的陶器是半球形碗，大的用于制作奇恰酒，小的供个人吃饭用，同时看到了用来干炒面粉的大圆盘子。这些陶器都没有装饰。可是，报告人提到一种得之于野生叶子的紫色染料，从前用于绘制几何图案。

武器：图皮-卡瓦西卜人弓箭的弓身长约 1.7 米，由黑棕榈木打造。圆形截面，弓身末端雕刻成弯曲的鞍形，以固定弓弦。握柄用棉花包住。箭矢分为三种：（一）箭镞为大竹片，用于射杀哺乳动物；（二）矢锋不锋利，用于捕猎鸟类；（三）四到七个竹签围绕一个小线球呈冠状排列，带有短羽毛，用于捕鱼。箭羽嵌入箭杆，要么捆紧（阿拉拉式），要么缝住（欣古式），或者在箭杆两侧压弯（东部巴西式）。[①] 图皮-卡瓦西卜人不了解箭毒。射箭时，箭矢要么用食指和中指夹住，同时拉动弓弦；要么用拇指和食指夹住，余下三个手指拉动弓弦。

为了保卫通向村子的道路，图皮-卡瓦西卜人把尖桩或木棒斜插地面，或单个或组成围栏，全视意在刺伤敌人的脚掌还是刺伤敌人的身体。尖桩长度为 30 厘米（Lévi-Strauss, non daté）到 1.20 米之间（Rondon, 1916），而且隐藏在周遭树木的叶簇下。

---

① 这些区分借自赫尔曼·梅耶在《巴西中部的弓箭》一文里的分类［*Bows and Arrows in Central Brazil*, Washington, Smithsonian Report, 1898, p. 549 - 590 (*N. d. É.*)］。——编者注

其他产业：盛羽毛的箱子是用空心的南美棕榈树干制作的，用一块长板覆盖。木薯的擦丝板用一块嵌入棕榈刺的木板制成。汤匙和容器则用葫芦。梳子无论是普通的还是带小梳齿的，都是复合式的。钻头和刀具是铁制的，固定在木棍上，用蜡和棉花包裹。

政治和社会组织

图皮-卡瓦西卜人分为几个父系氏族，各居一个或多个村庄，领土划定明确。我们看到一种与外村结合的强烈的外婚制倾向。不过，这种制度与其说被当成一条不可触犯的规则，更多的是一个用来保证与相邻氏族建立良好关系的手段。内婚制也是可行的，但很少见。居所随父，看来也是规矩，尽管我们注意到一些例外。因此，一个村庄的大多数人都属于同名氏族，但有些人仍然跟别的结盟氏族的人有关系。1938 年，除了朗东（Rondon，1916）和尼缅达居（Nimuendajú，1924）提到的 4 个小群体以外，我们还注意到 15 个新的氏族名称（Lévi-Strauss，non daté）。这张清单当然是不完整的，这使人想到，旧的氏族组织一定很复杂。除了有氏族之分以外，每个村庄还分出两个年龄段："青年"和"老年"。分出年龄段的作用似乎主要是仪式性的。

首领是世袭的，父传子。从前，首领得到等级体系的佐助，拥有司法权，可以判处死刑，死刑犯被捆绑起来，从独木舟上扔进河里。朗东委员会会晤塔克瓦提普首领阿贝塔拉的时候，他显然在将统治扩大到多个氏族，而且通过征伐战争扩大霸权。

战争

朗东提到他们在战争中将敌尸斩首，但未报告将斩下的首级制成纪念品的做法。

生命周期

出生：育雏期是必需的，两位父母在此期间只吃稀粥和小动物。

婚姻：图皮-卡瓦西卜人实行交表婚和舅甥婚。在后一种情况下，一个成年男子可以跟一个幼女订婚。他会照顾她，送给她礼物，直到跟她结婚。虽然婚姻通常是一夫一妻的，但首领可以多妻，妻子通常是姐妹，或一位女性连同她的女儿。为了弥补随之而来的女性短缺，首领会把妻子出借给单身汉或者路过的访客；群体内部实行一妻多夫和寡嫂嫁叔。

至于多配偶的家庭，妻子之一享有高于其他配偶的权威，这跟年龄和先前的家庭关系无关。同性恋不被公开认可，而且侮辱人时常用一个意为"被动鸡奸者"的字眼。

死亡：朗东到访时期，逝者是连同其餐具、武器和装饰品一起，原封不动地埋葬于他棚屋里的吊床下的。丧期中的亲人剪短头发（Rondon，1916）。

审美和娱乐

艺术：我们已经提到壁墙上涂画的装饰。

麻醉品：很奇怪，图皮-卡瓦西卜人既不种植，也不消费烟草（关于奇恰酒，参见上文）。

游戏：儿童的玩具很简陋——用编成或捻成的草管。在一种靶向游戏中，"年轻人"对垒"旧人"。两个年龄组都朝一个木头圆盘射箭，并且这个圆盘由一个人跑步推着穿过游戏场。在另一种射箭比赛中，人们朝一具假人或假动物射箭。据称，射击木制模特儿会致人死亡。谨慎起见，模特儿都是用草做的。

音乐舞蹈：首领以"节庆东主"的名义举办节庆活动。庆祝活动前先要捕猎小动物，例如地鼠和狨猴，然后熏制，以便作为项圈穿戴。节庆期间，男人们会开心地扛起吹笛手。

1938年，为了娱乐他的部落，米亚拉特村的村长多次表演歌唱和对白相杂的曲目。他本人扮演多个喜剧角色，幽默地表现动物和物体在织巢鸟诱骗下的遭遇。为了方便识别，每个角色都用一个音乐主题和一个特别的语调来表现。

乐器：主要包括陶制喇叭（Rondon，1916）、十三管排笛、四孔竖笛、哨子、葫芦做的拨浪鼓。一支开放式单簧管是用一根长约1.20米的竹子制作的，簧片是一小段竹子切成的薄片。

魔法和宗教

我们没有关于图皮-卡瓦西卜人对于宗教或魔法的信仰的情报。毋庸置疑，首领握有萨满的权力：他关照患病者，即兴演唱歌曲和表演舞蹈来表现他的梦想，人们认为那是一种预兆。音乐表演结束时，他有时会出现谵妄，杀死任何出现在眼前的人。

尽管几乎所有的氏族都以动植物取名，可是，由于同名的植物和动物是自由选用的，因此图腾现象似乎并不存在。

图皮-卡瓦西卜人如今仍在捕获哈比鹰，精心饲养在方形笼子里，投喂猎物、鸟类或猴子。我们尽管对这个问题缺乏正面了解，但是推测这种习俗很可能有某种宗教或魔法的背景。

（英译法：樊尚·德巴纳）

参考文献

Claude Lévi-Strauss, *Notes on the Tupi Indians of the Upper Gy-Paraná*, manuscrit, non daté.

Missão Rondon, *Apontamentos sobre os trabalhos realizados pela Comissão de Linhas Telegráphicas*, Rio de Janeiro, 1916.

Curt Nimuendajú, « Os Indios Parintintin do Rio Madeira », *Journal de la Société des américanistes*, Paris, nouvelle série, vol. 16, 1924, p. 201-278.

–, « As Tribus do Alto Madeira », *Journal de la Société des américanistes*, Paris, nouvelle série, vol. 17, 1925, p. 137-172.

Cândido Mariano da Silva Rondon, *Lectures Delivered by Colonel Cândido Mariano da Silva Rondon*, Rio de Janeiro, 1916.

第十六章　南比夸拉印第安人

部落划分与历史沿革

"南比夸拉"（Nambikwara，亦有 Nambikuara、Mambyuara、Mahibarez 等拼写法）这个族群是最近才被甄别确定下来的。Nambikwara 的意思是"长耳朵"，最初是一个图皮语的绰号，18 世纪以来便用来指称帕雷西斯山西北部地区鲜为人知的部落。这些部落像苏雅人和博托库都人那样，嘴唇和耳垂嵌入大型装饰物，淘金者和采橡胶的人称之为"木头嘴"（Beiços de Pau）。他们从 1830 年起，向桑格河上游地区以外发起敌对的远征活动。朗东将军于 1907 年在北山中发现了重要的部落，他认为他们就是旧文献里的南比夸拉人。因此，"Nambikwara"这个名字指的并非最初用"长耳朵"或"木头嘴"相称的部落，而是另一个部落。

南比夸拉领土从帕帕吉奥河向西北延伸，直至高梅莫拉乔河与巴朗-迪梅尔加苏河汇流，即形成马查多河（或称吉帕拉纳河）的两条河流。这块领土南止于瓜波雷河右岸的诸支流，西止于弗洛里亚诺镇的高梅莫拉乔河。目前尚不清楚北部边界在何处，但无疑大致沿着 11 度纬线（南纬 $10°\sim15°$，西经 $57°\sim61°$）在罗斯福河和帕帕吉奥河之间。

南比夸拉人的第一次分类归功于罗凯特-平托（Roquette-Pinto，1938：216-217）。他区分了四个小组。根据语言数据，列维-斯特劳斯（Lévi-Strauss，non daté）分出了三组，其中两个又细分为两组，明显属于同一语言家族，未细分的第三组的语言隶属不那么清楚。这五个组如下：居住在帕帕吉奥河和杰伊纳河之间的东部南比夸拉人（罗凯特-平托所说的可可族或科科族）；东北部南比夸拉人（罗凯特-平托所说的阿农泽人）在卡马拉雷河和十月十二日河的盆地立足；中南部南比夸拉人（罗凯特-平托所说的乌安塔查人，其中包括他所称的卡比什人、塔格纳尼人、塔乌伊特人、塔胡特人和塔述伊特人）全都居住在南部的瓜波雷河盆地，以及北部和西北部的特南特马尔盖斯河、伊凯河和罗斯福河之间；西部南比夸拉人（身份以前不明）与中南部南比夸拉人相近，他们居住在罗斯福河的源头和盆地之间；北部南比夸拉人（身份以前不明）说自己的语言，居住在中间部落以北。

印第安人还提到南比夸拉领土以北的其他部落。一个叫萨鲁玛、萨茹玛或扫隆德的部落很可能是蒙杜鲁库部落。另一个很可能是塔巴纽玛人。

1907 年，朗东估计，南比夸拉人口总数为 20 000。1912 年，罗凯特-平托实际遇到了 1 000 至 1 500 人。几场流行病造成南比夸拉人大量死亡，如今总人口不可能远超 1 500 人。

长期以来，人们一直认为南比夸拉语很独特，然而其区别性特征——把世界区分为十几个范畴的类别后缀——令人强烈地想到奇布查语。

虽然不像西南方的西里亚诺文化那么原始，但是，跟东南方的帕雷西文化和西北方的图皮-卡瓦西卜文化相比，南比夸拉文化之粗陋依然令人印象深刻：没有吊床，习惯席地而卧，陶器简陋（东部南比夸拉人根本没有），两性均赤身露体，流浪生活，一年当中多临时栖身，物质文化普遍贫乏，社会组织简单。所有这些特点使之有别于他们很可能隶属的瓜波雷河地区的高阶文化。

文化

生存

南比夸拉人居住在树木稀疏之地，海拔 300 米到 800 米，为砂岩分解后造成的沙质土壤。除了狭长的沿河林带，完全是一派枯竭贫瘠的景象，只长出一些灌木和多刺的厚皮矮树。

在这种荒凉的环境里，南比夸拉人过着一种双重的生存方式，灌木丛中的半流浪生活和初级园艺并存。旱季里，妇女带着孩子，用掘地棍搜寻野果、种子和根茎，并收集幼虫、啮齿动物以及诸如蝙蝠、蜘蛛、蛇、蜥蜴等其他小动物，男人们用弓箭逐猎能够找到的大型猎物，也收集野生蜂蜜。雨季一来，南比夸拉人在临时的村落里栖身，男人们烧伐树木，用石斧（如今是铁的）在林带里辟出圆形菜园。他们用尖头棍子翻耕地面，培育又甜又涩的木薯和不同品种的玉米——这些玉米跟他们更文明的邻居的不同（Roquette-Pinto，1938：297），还有豆类、瓜类、棉花、胭脂豆和一种小叶子的烟草。尽管在茹鲁埃纳河支流清澈的深水里捕鱼很不容易，但是利用弓箭、捕猎的篾筐和一种从常春藤里提取的毒液，他们仍然能够有所斩获。

烹饪：猎物通常在热灰里烤成半熟，有时候在长方形或金字塔形的棚架上熏制。木薯用在树林里弄到的"卡提扎"（cati-zal，西班牙语 iriartea）棕榈树的棘刺擦成丝。为了从苦木薯里提取毒汁，他们用树皮条缠紧苦木薯以绞碎薯肉，或者将苦木薯埋入地下若干天，排出汁液水分。薯肉球随后在阳光下晒干，然后用叶子包裹起来，放入篮中或者埋入地下，并做出标记。食物短缺期间，有时是数月之后，这些半腐烂的薯肉球会变为扁平的薯糕，食用前用热灰快速烘焙。

南比夸拉人接受不了盐和辣椒，因为他们不会制盐和种辣椒。热食入口前也要用水冷却。野生蜂蜜用水稀释。唯一被接受的佐料是库马鲁豆（cumaru），有明显的苦杏仁味道。库马鲁豆会跟食物，特别是跟在钵中碾碎的蚱蜢掺和，放入锅中煮沸。

犰狳肉通常打碎，跟玉米粉混合。

家养动物和玩赏动物：南比夸拉人有不少玩赏动物，尤其是猴子、浣熊、鹦鹉及其他鸟类。在朗东委员会引入狗和鸡之前，他们没有家养动物。印第安人虽然起初非常害怕狗，但迅速接受了它们，而且投以跟其他驯服动物相同的感情。直到今天，他们仍然害怕在电报站附近遇到的牛，而且称呼跟居住在河边或灌木林里的恶人相同。马和骡子却被视为野味，可猎杀以供食用。

居所

房屋令人惊讶地多样，显示它们是从邻近部落借入的。南比夸拉人可能跟西里亚诺人一样，压根就没有房屋。即使今天，一年中的大部分时间，他们也只建造脆弱的临时栖身所，而且只为对付一夜。棕榈枝插入沙土，在防晒或防风雨的一侧，搭起半圆形或其一半的弧形挡墙（见图16-1）。每个家庭都自建栖身所，并且在敞开的一面点燃自家的篝火。雨季里，建在土墩上蜂巢般的棚屋组成一个或多个村庄，俯瞰着一条二级河流。有些东部南比夸拉人只建庇护所，尽管比上述半圆形的更大更结实。蜂巢般的棚屋非常轻简，直径3米到6米。屋架采用有韧性的长柱，一头压弯入地，另一头在顶端攒接。横向的树枝连接立柱，高低不等地围定整个屋体。中西部南比夸拉人的棚屋更讲究一些，周长达15米，屋内有一根中柱。从屋基起，分叉的短桩斜撑着外部屋架的弯柱。所有这些棚屋都用棕榈叶水平覆盖，中西部南比夸拉人的棚屋与邻居克比吉利瓦特人的棚屋极相仿。

罗凯特-平托还说，他观察到一栋没有侧壁的攒顶屋和别的临时棚屋。有些是用两根插入地面的枝干搭建的，枝干顶端弯曲，绑在一根固定在两根立桩上的横杆上。整个棚顶覆盖簇叶。尽管他们的邻居都睡吊床，南比夸拉人却席地而卧，或者拿"帕休巴"（paxiuba）棕榈树皮当床板打地铺。因此，帕雷西人给他们起了一个绰号"Uaikaokôre"，即"睡在地上的人"。

衣服和装饰

两性均赤身露体，除了男人有时腰间系一小簇曲叶矛榈的叶子，遮住性器官。男女都腰缠细棉线织带，结头为黑色或白色的"珍珠"——珍珠要么形成于淡水软体动物的壳内，要么用"图库马"（tucuma）棕榈树的果实制成。同类珠饰包括三角形

图 16 - 1　南比夸拉人的家居棚屋

的较大贝壳碎片，也用来制作项链、耳坠、手环和其他装饰品。男人上下唇都戴木头或芦苇做的唇环，一个较大的鼻饰穿过鼻中隔，这种用雅库鸟（白翅冠雉）羽毛做的鼻环装在一根小棍上，裹着织线和豪猪芒刺，终端是一圈巨嘴鸟的红色羽毛。男女都在脚踝和胳膊上戴细腕带，它们由织棉、曲叶矛桐的叶子、羽毛、鸟的器官、毛发、软体或甲壳类动物做成。妇女戴一条或多条用犰狳尾巴打造的手环，斜挂胭脂豆染过的织棉双项链，装饰以豪猪芒刺。只有男人才戴头冠：用茅草或巨嘴鸟羽毛编织的头冠，或是以下垂的羽毛装饰的皮草冠。战衣包括一顶捷豹皮制的冠帽（见图 16 - 2），后颈上耷拉着一根用曲叶矛桐纤维编织的长辫子，涂有红色的线条和斑点。有时候，每天都会戴一顶类似但比较短小的帽子。

图 16 - 2　戴捷豹皮帽的南比夸拉男子

头发用复合式梳篦打理，用贝壳修剪，要么齐耳环绕头部，要么仅齐前额，脖颈两侧留发。人体绘画主要用胭脂豆涂绘，有些群体还用茜草汁在胸部和腿部绘出粗糙的线和点。脸上的汗毛和体毛通常是剃光的，特别是妇女。男子经常留有稀疏的唇髭和胡须。

交通工具

南比夸拉人对独木舟一无所知。他们从倒伏的树干上跨过窄河，遇到较宽的河流则游泳，有时会利用曲叶矛桐树干捆扎而成的大型浮筒。婴儿用大块树皮或织棉布兜起，挂在母亲的髋部。

工技

纺线：妇女纺线时，用蔬菜根茎充当简陋的纺锤。锭子用野果、陶片或干黏土块。棉线织毕，绕成线球，一如那些日常家用物件，用树叶包起来。

编织：仅限于在阿哈瓦克（arawak）式的小型初级行业中，男子编织棉腰带和腕带（见图16-3）。

图 16-3 南比夸拉男子编织腕带

　　篾器：男子用竹条编织留有洞眼的六角形敞口长篾篓。扇火扇用辫状棕榈叶编制。北部南比夸拉人用棕榈叶编成方形浅底篮子，用来盛玉米粉和木薯粉。

　　制陶：东部南比夸拉人不知陶器为何物。其他群体的妇女制作陶器，大小不同，十分粗陋。她们用灰烬掺和黏土，露天烧制，然后趁热放入富含树脂的树皮中浸泡。

　　工具：从前，石斧用蜡线固定在弯曲的斧柄环中。石片和芯子由粗燧石或铁块制成，用蜡线绑在木棍一头，或合成手柄的两块木头之间。妇女们焚烧树干内部，再抠成小圆盆。点火则用火捻或充当火绒的天然橡胶。印第安人点燃针叶树（tetragastris balsamifera）的油脂来照明。刀具是打磨锐利的木片。

　　武器：南比夸拉人的弓箭长约 1.50 米至 2 米；依群体的不同，弓箭剖面有平坦、半圆形和凹形之分；握柄用棉花包裹。箭矢用拇指和食指夹住，另外三个手指放在弓弦上。常用的箭矢分四种：（1）渔猎箭，无羽毛，有箭齿三五个；（2）钝头箭，用于猎鸟；（3）大猎物箭，箭头为竹制，针形；（4）毒箭，主要用来猎猴子，带若干芒刺，用棉条系于矢锋，因为容易折断，往往罩上竹套。后三种由一根竹竿和阿拉拉式（arara）[1] 箭羽组成。中北部群体不是不知道缝制箭羽，但很少这么做。战争中使用大猎物箭，上有削尖的竹子箭齿。

　　南比夸拉人的箭毒来自一种从马钱子根茎上刮下来的有毒物质。这种有毒物质经过浸泡（东部南比夸拉人）或煮沸（北部和中部南比夸拉人），水分蒸发后形成褐色浓汁，涂在浸过蜡的箭头

---

　　[1]　根据赫尔曼·梅耶的分类［*Bows and Arrows in Central Brazil*，*op. cit.*，p. 549-590.（*N. d. É.*）］。——编者注

上。这种毒药可以在小罐子里保存几个月。在南美所有的箭毒里头，南比夸拉箭毒是一个显著的案例，因为它是由单种植物的有毒物质制成的，而且制备过程公开，有时由首领或萨满师做，有时谁都可以做，没有魔法仪式和禁条。维拉（Vellard，1939b）研究了其毒性，令人印象深刻。

其他用于政治报复或情杀的毒药，成分未详。它们呈粉末状，藏在羽毛、竹子或别的木头细管里，每支涂以图案，或者用树皮或碎棉花装饰。

杖具打造成尖镐模样，扁平或圆柱形；握柄通常饰以用喜林芋或竹条编成的带子，黑白两色。这些杖具主要用于仪典。

政治和社会组织

亲属称谓区分平表亲或配偶的交表亲，无论配偶是实际的还是潜在的。对舅父和姑母，则以岳父母和祖父辈相待。对叔伯和姨母，以父母相待。同理，平表的侄甥辈归入子女之列，舅姑的子女归入女婿和儿媳。婚姻发生在交表亲之间和舅父与外甥女之间。一夫一妻是规矩，但一夫多妻是首领和其他重要人物的特权。多妻通常是一夫娶数个姐妹，或娶妻及其旧婚所生女儿。正妻管家，后妻更多的是丈夫的帮手。一夫多妻导致缺少待娶女子，全靠青少年交表兄弟之间的同性恋补偿（Lévi-Strauss，1943a）。

首领是村庄的领导者，整个群体逢旱季分成游民小组，每个小组由一位二号首领率领。首领并非世袭的。年纪大了或生病时，首领会从小组中指定一位最能干的人作为继任者。首领的权威很脆弱，完全取决于各位一家之长的良好意愿。

害怕还是渴望商品交易影响到邻近群体之间的关系。因此，战争与贸易相去不远。陌生团体通过礼仪性的演讲开始接触。

生命周期

出生：孩子出生后，在灌木丛中烧掉胎盘，父母双方都得接受涉及食物、着装和社会关系的严格禁令。

青春期：男孩的成人礼包括唇鼻钻孔和取成人的名字。女孩月经初潮期间，必须在一个故意偏离村庄搭建的栖身处隔离数月，母亲给她带去日常的食物。

这一习俗结束时，她得去河里长时间沐浴。这也是婚嫁仪式的第一步。

无论甥舅还是交表亲之间，婚姻往往一出生就由父母确定下来。婚庆活动包括欢宴和舞蹈。联姻由首领宣布。在婚礼之前及其期间，鱼和渔猎都扮演重要的角色。

离婚很常见，主要原因是丈夫追求某个更年轻漂亮的女子。通奸不受社会制裁，但是伙伴们会建议勾引女子者隐身一段时间，避开对方丈夫的报复。在发生谋杀的情形下，犯罪者则不得不逃离。

死亡：有些南比夸拉群体将死者埋葬在一个圆坑里，逝者以蹲位入葬。有些群体任凭尸体在一条长坑里腐烂，然后在河里洗涤遗骨，收集到篮子里，埋葬于村内，过后就遗忘。死者的武器、工具、装饰品和其他财产被毁掉；他的菜园（如果有的话）被遗弃数月后，有人会继续耕种。

审美和娱乐

艺术：南比夸拉群体大多完全不会绘画，尽管有些人用直线和曲线装饰葫芦，但是这些线条似乎照抄自其他部落的图案。

音乐舞蹈：音乐显然是调式的，旋律结构很容易识别。一个旋律通常以几个尖厉的声音结束，但逢尾声，必定重复。音乐既有器乐，又有声乐，而且通常伴随着舞蹈。

舞蹈在首领带领下进行。男男女女一边绕圈子，一边有节奏地脚踩地面。舞者通常用左手堵住一只鼻孔，令歌唱带上鼻音。战争舞蹈仅由男人进行，在首领面前排成一行或多行，上前和退下。舞蹈的下半部分，他们向一个带弓箭和棍棒的假想敌发起攻击。咏唱和舞蹈大多与狩猎或季节性仪式有关，不过其他时间也可以进行，只为娱乐而已。

乐器：竖笛有四个孔，带风管；一个三人组协同演奏；伴奏的喇叭是一节竹子，末端挂着一只小葫芦。鼻笛是用蜡黏合的两片葫芦，各钻三个孔；用一个鼻孔吹一个孔，另一个鼻孔用拇指捏住；剩下的两个孔用来变化音符。鼻笛也是协同演奏的。二重和三重哨子的风管从笛管中间剜出，因此从哪一头吹奏都可以。排笛有两种：普通排笛有五根管；另一种由两根或三根斜切口的芦苇组成，其笛管发出的音符大致相同。

饮料和麻醉品：饮料用碾碎的木薯、掺水的玉米或棕榈果制作，特别是扇叶棕榈树、刺茎椰子树和酒果椰子树的一些品种。有一种微量酒精饮料是从掺水的野菠萝中获取的。

南比夸拉人是顽固的烟民。他们种植各种小叶烟草，将之用两块夹板压干，用手捻碎，保存在小葫芦里。他们用跟草药有关的特殊叶子卷烟。

魔法和宗教

南比夸拉人相信存在一种弥漫广布的力量，或者一种在物体和生物中都有所表现的物质，主要表现在各种毒药里，其中有些是名副其实的毒药（参见上文"武器"），有些纯粹是魔法。其中鼓肚棕榈树（木棉品类）的树脂保存在筒子里，跟真的毒药一样。据说，把它以某种方式甩到敌人身上，会使其因肚子膨胀而死，一如这种树的树干。

还有一些与草莽或水有关的凶神，它们既会以动物的形态出现，尤其是捷豹，又可以采取它们原本的形态。死神被认为是这些凶神之一。据信，男人的灵魂转世为捷豹，妇女和儿童的灵魂被风带走，再不会回来。

最崇高的造物是雷电，任何人（通常是萨满师）都可以通过启示和幻象与之发生接触。然而，除非年纪大，儿童和妇女没有这种特权。在标志着旱季开始和结束的仪式过程中，妇女也不能参加神圣的竖笛演奏，否则会丧生。

萨满教和医药

有时候，萨满师与政治领袖不同，但往往与之混同。他超出普通人之处是多妻，指导仪典活动，拥有超自然力。他通过消解疾病或所谓"雷霆箭"的礼仪小箭矢来处理病患。

除了萨满疗法以外，南比夸拉人利用很多药用植物治疗疾病。视具体病例，有内服，也有外用。处理极常见的眼部感染时，他们拿树叶当容器，使用一种树皮制成的冲剂。

民俗、知识与传统

列维-斯特劳斯（Lévi-Strauss，non daté）搜集到的唯一一则传说与大洪水有关，讲述的是几乎所有人类生命遭毁灭，以及人类如何通过一个唯一劫后余生的老妇的后代之间多起乱伦事件获得再生。计数的两个基本数字是一和二，不过土著人能够把它们结合起来，以估算更高的数字。

不同方言对颜色有不同的划分。东部、中部、南部和西部的南比夸拉人一致把绿、黄两色归入同一类；北部南比夸拉人红、黄不分，把绿、蓝、黑归为一类。

有些南比夸拉群组用同一个字眼称谓星辰和神灵。一年根据太阳的位置分为两季和数目不定的农历月份。一天分成六个主要阶段。空间根据两个垂直的轴心确定：一个是太阳的运动，一个是主要河流的方向。

（英译法：樊尚·德巴纳）

参考文献

Commission Rondon, *Publicações*, Rio de Janeiro, 1911 *sq.*

Claude Lévi-Strauss, « The Social Use of Kinship Terms Among Brazilian Indians », *American Anthropologist*, vol. 45 (3), 1943a.

–, « Guerre et commerce chez les Indiens de l'Amérique du Sud », *Renaissance*, nº 1, New York, 1943b.

–, *Tribes of the Machado-Guaporé Hinterland*, manuscrit, non daté.

Cândido Mariano da Silva Rondon, *Lectures Delivered by Colonel Cândido Mariano da Silva Rondon*, Rio de Janeiro, 1916.

Theodore Roosevelt, *Works...*, vol. 6, Londres, 1924.

Edgar Roquette-Pinto, *Rondonia*, Rio de Janeiro, 1912 a. (Reprints, *Archivos do Museu Nacional*, vol. 12, 1917 ; São Paulo, 1935 ; *Biblioteca Pedagógica Brasileira*, vol. 39, 1938.)

–, *Os Indios Nambikuara do Brasil Central*, A communication to the International Congress of Americanists held in London in 1912, 1912b.

–, *Die Indianer Nhambiquara aus Zentral-Brazilien*, Brasilianische Rundschau, Rio de Janeiro, 1912c.

–, *Os Indios da Serra do Norte*, A communication to the Pan-American Congress of Washington in 1917, 1917.

Max Schmidt, « Ergebnisse meiner zweijährigen Forschungsreise in Matto Grosso, septembre 1926 à août 1928 », *Zeitschrift für Ethnologie*, vol. 60, 1929, p. 85-124.

Rodolfo R. Schuller, « Die Bedeutung der Bezeichnung Njambiquara für südamerikanische Indianer », *Petermanns Geographische Mitteilungen*, vol. 58, part. 2, 1912, p. 207.

–, « The Linguistic and Ethnographical Position of the Nambicuara Indians », *American Anthropologist*, vol. 23, 1921, p. 471-477.

Antonio Pyreneus de Souza, « Notas sobre os costumes dos indios Nhambiquaras », *Revista do Museu Paulista*, vol. 12, t. II, 1920, p. 389-410.

Jehan Vellard, « A preparação do curare pelos Nambikwaras », *Revista do Arquivo Municipal*, São Paulo, vol. 59, 1939, p. 5-16.

第十七章　瓜波雷河右岸诸部落

引言

　　瓜波雷河右岸的支流灌溉的地区是巴西最知名的土著文化区之一。自 18 世纪以来，旅行家、探险家和传教士都将瓜波雷河用作交通线。近来，数百名橡胶专家研究了沿河两岸和下游水道。因此，对于瓜波雷部落的深入研究很有可能证明他们受接连不断往来交通的严重影响，也许直到近乎灭绝。

　　与大多数南美河流不同，瓜波雷河不是同质文化区的主轴，它更多的是一条边界，而不是连接点。摩霍-奇基托斯文化区①从左岸延伸到安第斯山脉；右岸发现的各个部落无可怀疑地属于亚马孙文化。

---

　　① 摩霍-奇基托斯文化区内生活着摩霍斯人（Mojos）和奇基托斯人（Chiquitos），他们都是玻利维亚的土著民族。——译者注

这种不对称从地理因素可以得到部分解释。多草的荒原（南美大草原）的平坦景色消失在左岸的沼泽地带中；右岸的土地时而为沼泽，时而为硬土，是巴西西部高原最突出的延伸。高原和瓜波雷河右岸构成一大文化区域的界限，马代拉河上游盆地的部落很可能属于这个区域，例如朗东远征队于 1914 年发现的克比吉利瓦特人（Missão Rondon，1916）。

部落的划分

应当区分两个地区。其一是瓜波雷河下游右岸查巴库兰部落，其所在地区夹在布朗科河和马莫雷河之间。其二包括布朗科河与梅昆斯河和科伦比亚拉河盆地，当地的一些语言似属图皮族。布朗科河沿岸（南纬 13°，西经 62°）居住着阿胡阿人（勿与亚马孙河口的阿胡阿人混淆）和马库拉普人；科罗拉多河（南纬 12°30′，西经 62°）沿岸有瓦瑶罗人；梅昆斯河（南纬 13°，西经 62°）上有阿姆尼亚帕人、瓜哈塔噶沙人（Snethlage，1937）和卡比夏纳人（Lévi-Strauss，non daté）；马查多河支流的源头地区有图帕利人（南纬 12°，西经 62°）和克比吉利瓦特人（南纬 11°，西经 63°）。从语言角度来看，查巴库兰语族与图皮语族不同，也就是说：

（1）布朗科河源头（南纬 12°30′，西经 62°）居住着亚普提人和阿利卡普人，他们的语言显示出与冉族诸方言有亲缘关系（Snethlage，1937），但受到相邻文化的强烈影响。

（2）科伦比亚拉河（南纬 14°，西经 61°）沿岸的瓦利人（马萨卡人）（Nordenskjöld，1924a）与圣米盖尔河源头的普胡葆拉人（布胡葆拉人）有语言上的关联，他们居住在上述两个地区之间的边界，文化却非常接近北部和西北部的邻居，即克比吉利瓦特人（Lévi-Strauss，non daté）、阿姆尼亚帕人、瓜哈塔噶沙人和图帕利人（Snethlage，1937）。

（3）直到19世纪末，居住在瓜波雷河右岸与布朗科河和梅昆河口之间（南纬13°，西经63°）的帕梅拉人一直是南美加勒比语族最南端的代表（Severiano da Fonseca，1895）。瓜波雷河右岸上游维拉贝拉地区的未知部落很可能属于南部南比夸拉人（卡比希人）。

文化

生存和食物

瓜波雷河上段水道的部落，尤其是上游的部落，主要以玉米和花生为食。对于居住在瓜波雷河和马查多河之间的土著人来说，木薯第二重要。他们大量培育芋头、胡椒、万寿果、西葫芦、胭脂豆、棉花和烟草。瓜哈塔噶沙人和瓦瑶罗人种植黑豆荚。菜园子用掘土棍翻土，松土用"琼塔"（Chonta）棕榈树制成的砍刀。这个地区有一个特点：用玉米啤酒的残渣培育幼虫，保存在长竹筒里（Snethlage，1937）。瓜波雷河流域的做法跟良椒河流域一样，在野生棕榈树干里培育幼虫，当人们为了辟出菜园子而疏伐森林时，这些野生棕榈树因这一用途而得以保留（Lévi-Strauss，non daté）。清除灌木和耕作是集体的事，前来帮忙的男人能获得啤酒、鼻烟和观看舞蹈的奖励。收获物有时存放在有遮盖的大平台上。有些部落用大竹筒存储花生。

捕猎用多头箭或毒箭进行。土著人先用哨声吸引鸟类，然后从小发射台瞄准射击。整个地区的狩猎要么利用陷阱，要么用简单的箭。阿姆尼亚帕人、克比吉利瓦特人和帕乌瓦人都用毒箭，帕乌瓦人也用吹射管。

玉米和木薯饼子在黏土板上烙熟。瓜哈塔噶沙人不擦碎木薯块，而是用小石杵砸碎。瓦瑶罗人的研钵由树皮制成。阿姆尼亚帕人将煮蘑菇视为美味，这道特色菜肴我们只在南比夸拉人那里看见过。猎物放在攒尖形烤架上带皮烤熟。

家禽

瓜波雷河流域的部落饲养狗、鸡和鸭。

居所

在这个地区，围绕一根中心立柱建造的蜂巢式小棚屋似乎最为常见。每个棚屋内都用编席隔成家庭小间。图帕利人的棚屋为多至 35 个家庭提供庇护所；瓦瑶罗人的棚屋可供上百人居住。良椒河沿岸的棚屋比较狭小。斯奈塞特（Snethlage，1937）在一些村庄里看到一扇彩绘的编织屏风，作为祭坛置于屋内当中。这些部落都睡吊床，瓦瑶罗人和马库拉普人的吊床异常宽大。阿姆尼亚帕人和克比吉利瓦特人睡在凹面的木凳里。

衣服和装饰品

瓦利人、克比吉利瓦特人，以及所有东南部的部落，男女均留齐额短发，拔去鬓发和眉毛，上下嘴唇都嵌着木制或树脂的唇板，各式别针穿过鼻中隔。除了这些和其他一些装饰品如贝类珍珠、棉项链、腰带、棉手环和缠在手臂和脚踝上的棉绑带以外，妇女都赤身露体。克比吉利瓦特男子、瓦利男子和瓜哈塔噶沙男子均用树叶罩住生殖器。除图帕利人外，各个部落的人都穿曲叶矛榈纤维编成的短裙。

瓦利人和克比吉利瓦特人习惯佩戴耳饰，耳饰用刚毛棕榈树的果实串联而成。节庆期间，人们会戴上毛皮帽子（瓦瑶罗人）、纤维帽子（阿姆尼亚帕人）或羽毛头饰（瓦利人）。除图帕利人外，所有部落里都可以看到碟形项链。

阿姆尼亚帕人中盛行人体绘画，用玉米穗沾着茜草汁绘出精美的图案，如十字形、小圆点、圆圈和影线。

运输工具

用刚毛棕榈纤维编织网兜，当篮筐使用。除瓦利人以外，凡是部落都有独木舟。

工技

纺线和编织：轧轴纺锤（博罗罗式）和落轴纺锤（安第斯式）均为印第安人所有。编织镶边带的织机跟伊戴尼人（莫雷人）使用的类似。在瓜波雷河上游的一些部落里，他们的吊床似乎最长，一条长链吊在两根垂直的柱子之间，用双重网线绞紧。臂带是将材料包在一个圆木块上用骨针或木针编织的（马库拉普人和阿利卡普人）。

陶器：总体而言，陶器相当粗陋，所用的黏土也没有添加其他成分。葫芦非常广泛地用作容器。

武器：制作斧头时，瓦瑶罗人将石片插入木柄，用绳子绑紧上端，涂蜡。瓦利人用藤条或一根破开的树枝缠绕石片上部，用韧皮纤维和蜡固定（见图 17-1）。

图 17 - 1　瓦利人的斧头

箭羽，要么是嵌入箭杆并缝住的欣古式（图帕利人、阿胡阿人），要么呈拱状绑定的阿拉拉式（瓦利人、克比吉利瓦特人）[①]。箭镞用破开的竹子，或直接拿来用，或修成锯齿，也用磨尖的骨头或鳐鱼刺。图帕利人在箭羽上涂绘。良椒河地区有一个部落在箭羽缝隙里涂上红色、黑色和白色。这个部落，我们仅通过克比吉利瓦特人手中的他们的物品才知晓。阿姆尼亚帕人猎鸟时使用三头箭；克比吉利瓦特人渔猎用箭与之类似，但羽毛较少。用竹套包住毒箭头据信是克比吉利瓦特人、阿姆尼亚帕人和帕乌瓦人的做法。帕乌瓦人也用吹射管。

除瓦利人以外，杖具只在仪式中用作舞蹈的道具。瓦利人作战时使用 1.20 米至 1.50 米长的双刃棍子，手柄裹以装饰性的篾编。

社会组织

我们看到，有些氏族得名于动物，不过，马库拉普人和亚普提人（父系社会和外婚制）以及阿胡阿人（母系社会）却没

---

① 依照赫尔曼·梅耶的分类 [*Bows and Arrows in Central Brazil*, *op. cit.*, p. 549 - 590. (*N. d. É.*)]。——编者注

有相应的食物禁忌。这样的氏族是否克比吉利瓦特人也有，尚不确定，他们有在仪式性球赛中起作用的半族，而且可能在其他情形下也有。来自其他部落的俘虏并入劫持者的氏族，虽然必须缴纳轻薄的贡赋，却享有很大的自由。除了知道瓜哈塔噶沙首领向本社区成员分配猎物以外，对于当首领的准则，我们一无所知。

部落之间的贸易看来发展得很好。

在阿姆尼亚帕人那里，我们注意到一种接待相邻部落的仪式，其中包括模拟战斗，敬让座席，以及一边做出仪式性的哀诉一边蹲身致意。

生命周期

据说马库拉普人母亲分娩父亲陪同，其间不可吃鱼。这些人还要求女儿婚嫁必须征得父母同意。婚后最初几周居娘家，随后改居夫家。寡妇再婚须得到氏族首领的允许。

图帕利人将逝者平躺掩埋在村子外头；阿姆尼亚帕人将逝者以蹲姿埋葬在小棚屋内。马库拉普人的下葬方式与之相似，但是把一只陶罐置于坟上。瓦瑶罗人用尸体罐，至少逝去的儿童如此，并且在逝者尸体上涂上红色。瓜哈塔噶沙人烧掉死者的房子；卡比夏纳人烧掉死者的遗物。

食人俗：按照斯奈塞特（Snethlage，1937）的说法，阿姆尼亚帕人和瓜哈塔噶沙人实行食人俗，不仅将敌人的尸体在烤架上烤熟后吃掉，甚至也会这样吃掉因犯罪处死的男女同胞的尸体。

美学和娱乐

艺术：许多部落，尤其是克比吉利瓦特人，每个家庭都有几支装点过的葫芦，节庆期间用作啤酒容器，妇女们饰以嵌入或镌刻的几何图案。

游戏：这种人们轮流用头部顶动一粒弹子的游戏在两个半族之间（克比吉利瓦特人）进行，或者在村庄和部落之间（阿姆尼亚帕人）进行。阿姆尼亚帕人用玉米粒标记输赢分数；克比吉利瓦特人为赢得箭镞而入局。

舞蹈和面具：男女通常都会跳舞和歌唱，阿胡阿人有时以仪式化的情爱挑战的形式进行。马库拉普人和阿姆尼亚帕人在祭坛前起舞，或者围绕一棵特意为仪式支起来的树。阿姆尼亚帕人戴涂绘或装饰过的葫芦面具。面具放置在棚屋的圆顶上，似乎并不是任何禁忌或宗教崇拜的对象。戴面具的舞者身穿棕榈纤维编织的服装，手握一根杖具，杖头装有一个鸟的蜡像。

乐器：神圣的葫芦拨浪鼓的使用者仅限于阿胡阿人、雅乌提人和阿利卡普人的萨满师。图帕利人和瓜哈塔噶沙人不知此为何物，他们的响铃腰带用水果壳制作。雅乌提人、阿姆尼亚帕人和瓜哈塔噶沙人使用带葫芦制或竹制共鸣箱的节奏喇叭（见图 17-2 左）。阿姆尼亚帕人和瓜哈塔噶沙人称他们的喇叭和面具为"众神"。单簧管成对地使用，一位音乐家同时演奏两种乐器（马库拉普人、阿胡阿人）。真正的排笛有四根敞管和四根闭管，双排（阿胡阿人）（见图 17-2 右下）。其他部落举办仪式时只用一种准排笛，准排笛有两到八个哨子，双排，每个哨子都配有蜡簧片和音孔（见图 17 - 3）。

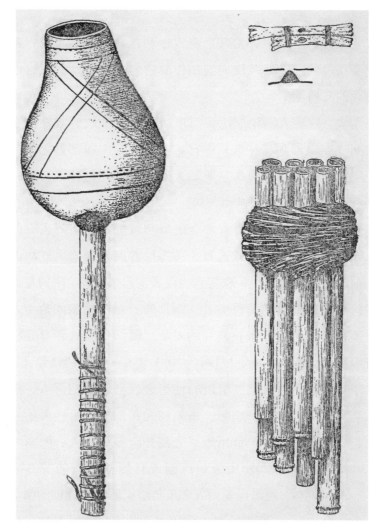

图 17 - 2　瓜波雷乐器

左：阿姆尼亚帕人的喇叭。右上：瓜哈塔噶沙人模仿鸟鸣的哨子。右下：阿胡阿人的双排笛。

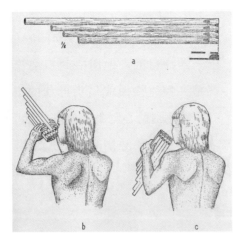

图 17 - 3　马库拉普人的准排笛

这些乐器可以同时演奏两个音符。玛塔考式（mataco）的侧吹排笛有四孔一哨（见图 17 - 4[①]），为图帕利人、瓜哈塔噶沙人和阿姆尼亚帕人所用。斯奈塞特（Snethlage，1939）提到"严整的乐队"演奏的器乐。

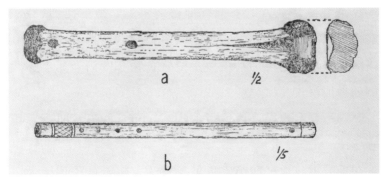

图 17 - 4　瓦利人的骨笛

---

① 图为骨笛，原书疑有误。——译者注

毒品和饮料：节庆期间，萨满师使用一种有麻醉作用的鼻烟，它是安吉科树（Angico）的碎木、烟叶和一种特殊树皮的灰烬的混合物。出于治疗目的，他用一两根细管将其注入患者的鼻孔，管子一端是一颗往往做成鸟头形状的小坚果。这种混合物用小研钵、臼杵和毛刷精心制备，放进竹管里保存。

人们用木薯、玉米和甜薯酿制啤酒。瓜哈塔噶沙人用一种特殊的叶子发酵。

宗教、民俗、神话

瓜波雷河地区的印第安人似乎相信存在一种看不见的液体，这种液体于他们而言利弊不定。萨满师用适当的动作将其攫获和操控，渗入食物、患者或敌人的身体。布朗科河地区的萨满师全套行头中包括一个鼻烟管、一块带手柄的魔法板，以及一根用羽毛装饰的棍棒。板子用作制备鼻烟混合物的托盘；羽毛棒一旦承载魔法液，似乎就有神秘的重量，很难扛到祭坛上。一扇编织屏风充当祭坛，它也是大多数仪式的核心。萨满师在它跟前跪下，对它说话，在一旁留置食物和啤酒。瓦瑶罗人禁止妇孺参加仪式。

萨满治疗术遵循广泛流行的模式，包括吸气、向患者呼气和吐唾沫。

在瓜波雷河地区印第安人的信仰里，鬼神的作用巨大。按照阿胡阿人的说法，鬼神都是死者的灵魂，从米诺瓦利（Minoi-ri）王国返回人世。它们害敌保友，首先保护萨满师。斯奈塞特（Snethlage，1937：141）声称，他清楚地听到了应为鬼神发出的声音。阿姆尼亚帕人和瓜哈塔噶沙人将创世归功于阿里夸农，即芭囡玛考扎的丈夫、文化英雄阿里卡普厄之父。另一位英雄是农耕先师考纳诺波。大洪水据说是神秘人物巴哈巴萨神造成的，幸存的只有一对夫妇，二人重新繁衍了世界。在神话人物当中，还有引发雷电的风神苏瓦克瓦克，以及鬼神巨子吉帕普阿，后者也是演奏超自然乐器的大师。月亮和太阳是最早的男人，一起耕种一个菜园子。太阳兄烧死了月亮弟，父亲萨希把他遣送去天空。阿胡阿人说，神秘的两兄弟是世界的起源，他们带来了火与黑暗。他们伪装成鸟，从监护老翁那里偷走火种。兄弟俩衰老以后，人类受到被洪水摧毁的威胁，他们的姐姐拯救了来自最优秀的家庭的两对孩子，将他们安放到一条木筏上。

斯奈塞特（Snethlage, 1937）搜集了三则阿胡阿人的故事。故事说到一位老婆婆爱上了女婿；一对已婚夫妇时而为蟾蜍，时而为人类，交替地过日子；一只黄鹿带来了农业（欣古河上游的巴凯利人亦持此说）。

（英译法：樊尚·德巴纳）

参考文献

Roger Courteville, *Le Matto-Grosso*, Paris, 1938.

P. H. Fawcett, « Bolivian Exploration, 1913-1914 », *The Geographical Journal*, vol. 45, 1915, p. 219-228.

Gonçalves da Fonseca, « Navegação feita da cidade do Gram-Pará até a boca do Rio de Madeira… », *Collecção de noticias para a historia e geografia das nações ultramarinas, que vivem nos dominios portuguezes, ou lhe são vizinhas*, Lisboa, vol. 4, nº 1, 1826.

J. D. Haseman, « Some Notes on the Pawumwa Indians of South America », *American Anthropologist*, new series, vol. 14, 1912, p. 333-349.

Claude Lévi-Strauss, *Tribes of the Machado-Guaporé Hinterland*, manuscrit, non daté.

Missão Rondon, *Apontamentos sobre os trabalhos realizados pela Comissão de Linhas Telegráficas*, Rio de Janeiro, 1916.

Erland Nordenskjöld, *Forschungen und Abenteuer in Südamerika*, Stuttgart, 1924 a.

–, *The Ethnography of South-America seen from Mojos in Bolivia*, Elanders Boktryckeri Aktiebolag, Comparative ethnographical studies, Gotteborg, 1924 b.

Cândido Mariano da Silva Rondon, *Lectures Delivered by Colonel Cândido Mariano da Silva Rondon*, Rio de Janeiro, 1916.

João Severiano da Fonseca, *Viagem ao redor do Brasil, 1875-1878*, 2 vol., Rio de Janeiro, 1880-1881. (Nouvelle édition, 1895, Rio de Janeiro.)

Emil Heinrich Snethlage, *Atiko y : Meine Erlebnisse bei den Indianern des Guaporé*, Berlin, 1937.

–, *Musikinstrumente der Indianer des Guaporé-Gebietes*, Berlin, Baesslerarchiv, vol. 1, 1939.

参考文献

I. « French Sociology », *in* Georges Gurvitch et Wilbert E. Moore (éd.), *Twentieth Century Sociology*, New York, Philosophical library, 1945, p. 503-537.

La version française paraît en 1947 : « La sociologie française », in Georges Gurvitch et Wilbert E. Moore (éd.), *La Sociologie au XXe siècle*, Paris, PUF, p. 513-545.

II. « Souvenir of Malinowski », *VVV*, 1942, n° 1, p. 45.

III. « L'œuvre d'Edward Westermarck », *Revue de l'histoire des religions*, 1945, n° 129, p. 84-100.

IV. « The Name of the Nambikuara », *American Anthropologist*, 1946, vol. 48 (1), p. 139-140.

V. Comptes rendus, *L'Année sociologique*, troisième série, t. I (1940-1948), p. 329-336, p. 353-354.

Deux de ces comptes rendus sont parus d'abord en anglais, dans une version légèrement différente : la recension de « The Cheyenne Way » dans *Journal of Legal and Political Sociology* en

1942 (vol. 1, p. 155-157) et celle de « Sun Chief » dans *Social Research* en 1943 (vol. 10, n° 4), p. 515-517.

Ⅵ. « La technique du bonheur », *Esprit*, novembre 1946, n° 127, p. 643-652.

Paru initialement dans *L'Âge d'or*, Paris, Calmann-Lévy, 1945, n° 1, p. 75-83.

Ⅶ. « Guerre et commerce chez les Indiens de l'Amérique du Sud », *Renaissance*, revue trimestrielle publiée par l'École libre des hautes études, 1943, t. 1 (1-2), p. 122-139.

Paru également en portugais, en 1942, dans la *Revista do arquivo municipal de São Paulo* (vol. 87, p. 131-146).

Ⅷ. « The Social and Psychological Aspects of Chieftain-ship in a Primitive Tribe : the Nambikuara of Northwestern Mato Grosso », *Transactions of the New York Academy of Sciences*, vol. 7 (1), p. 16-32.

La version française paraît en 1947 sous le titre « La théo-rie du pouvoir dans une société primitive », *in* Boris Mirkine-Guetzévitch (éd.), *Les Doctrines politiques modernes*, New York, Brentano's, p. 41-63.

Ⅸ. « Reciprocity and Hierarchy », *American Anthropologist*, 1944, vol. 46 (2), p. 266-268.

Ⅹ. « La politique étrangère d'une société primitive », *Politique étrangère*, mai 1949, n° 14 (2), p. 139-152.

Ⅺ. « *Indian Cosmetics* », *VVV*, 1942, n° 1, p. 33-35.

Ⅻ. « The Art of the Northwest Coast at the American Museum of Natural History », *Gazette des beaux-arts*, sep-tembre 1943, n° 24, p. 175-182.

Le texte original français a été publié en 2004, sans les illustrations ni les notes, dans les *Cahiers de l'Herne*, « Claude Lévi-Strauss », Michel Izard (dir.), Paris, 2004, p. 145-148.

XIII. « The Social Use of Kinship Terms Among Brazilian Indians », *American Anthropologist*, 1943, vol. 45 (3), p. 398-409.

XIV. « On Dual Organization in South America », *Americd Indígena*, Mexico, 1944, IV, p. 37-47.

XV. « The Tupi-Cawahib », *in* Julian Steward (éd.), *Handbook of South American Indians*, vol. III, Washington, Bureau of American Ethnology, Smithsonian Institution, 1948, p. 299-305.

XVI. « The Nambicuara », *in* Julian Steward (éd.), *Handbook of South American Indians*, *op. cit.*, vol. III, p. 361-369.

XVII. « The Tribes of the Right Bank of the Guaporé River », *in* Julian Steward (éd.), *Handbook of South American Indians*, *op. cit.*, vol. III, p. 371-379.

克洛德·列维-斯特劳斯简介

克洛德·列维-斯特劳斯于 1908 年 11 月 28 日出生于布鲁塞尔，曾任法兰西公学社会人类学讲席教授（1959—2008），1973 年入选法兰西科学院院士，2009 年 10 月 30 日逝世于巴黎。著作包括：

- 《南比夸拉印第安人的家庭和社会生活》（*La Vie familiale et sociale des Indiens nambikwara*，Paris，Société des américanistes，1948）

- 《亲属制度的基本结构》（*Les Structures élémentaires de la parenté*，Paris，PUF，1949；rééd. Paris-La Haye，Mouton & Co，1967；rééd. Paris，Éditions de l'École des hautes études en sciences sociales，2017）

- 《种族与历史》（*Race et histoire*，Paris，Unesco，1952；Paris，Denoël，1967；Paris，Gallimard，«Folio Essais»，n° 58，et «Folioplus»，n° 104，2007）

●《忧郁的热带》（*Tristes tropiques*，Paris，Plon，1955；Pocket，«Terre humaine»，n° 3009，1984）

●《结构人类学》（Ⅰ）（*Anthropologie structurale*，Paris，Plon，1958；Pocket，«Agora»，n° 7，1985）

●《图腾制度》（*Le Totémisme aujourd'hui*，Paris，PUF，1962）

●《野性的思维》（*La Pensée sauvage*，Paris，Plon，1962；Pocket，«Agora»，n° 2，1985）

●《神话学》（Ⅰ-Ⅳ）：《生食和熟食》，1964；《从蜂蜜到烟灰》，1967；《餐桌礼仪的起源》，1968；《裸人》，1971（*Mythologiques*，1. *Le Cru et le Cuit*，1964；2. *Du miel aux cendres*，1967；3. *L'Origine des manières de table*，1968；4. *L'Homme nu*，Paris，Plon，1971）

●《结构人类学》（Ⅱ）（*Anthropologie structurale deux*，Paris，Plon，1973；Pocket，«Agora»，n° 189，1997）

●《面具之道》（*La Voie des masques*，Genève，Skira，2 vol.，1975，éd. revue，augmentée et suivie de *Trois excursions*，Paris，Plon，1979；Pocket，«Agora»，n° 25，1988）

●《遥远的目光》（*Le Regard éloigné*，Paris，Plon，1983）

●《一言既出》（另一汉译为《人类学讲演集》）（*Paroles données*，Paris，Plon，1984）

●《嫉妒的制陶女》（*La Potière jalouse*，Paris，Plon，1985；Pocket，«Agora»，n° 28，1991）

●《近观和远眺——迪迪埃·埃里蓬访谈录》（*De près et de*

loin，entretiens avec Didier Eribon，Paris，Odile Jacob，1988）

●《猞猁的故事》（*Histoire de lynx*，Paris，Plon，1991；Pocket，«Agora»，n° 156，1993）

●《看·听·读》（*Regarder écouter lire*，Paris，Plon，1993）

●《怀念巴西》（*Saudades do Brasil*，Paris，Plon，1994）

●《克洛德·列维-斯特劳斯作品集》（*Œuvres*，Paris，Gallimard，«Bibliothèque de la Pléiade»，2008）

●《面对现代世界问题的人类学》（*L'Anthropologie face aux problèmes du monde moderne*，Paris，Seuil，«La Librairie du XXIe siècle»，2011）

●《月亮的另一面》（*L'Autre Face de la lune. Écrits sur le Japon*，Paris，Seuil，«La Librairie du XXIe siècle»，2011）

●《我们都是食人族》（*Nous sommes tous des cannibales*，Paris，Seuil，«La Librairie du XXIe siècle»，2013）

●《致亲爱的二老：列维-斯特劳斯家书》［«*Chers tous deux*». *Lettres à ses parents（1931 - 1942）*，Paris，Seuil，«La Librairie du XXIe siècle»，2015］

●《受难的圣诞老人》（*Le Père Noël supplicié*，Paris，Seuil，«La Librairie du XXIe siècle»，2016）

●《罗曼·雅各布森与克洛德·列维-斯特劳斯书信集：1942—1982》（Roman Jakobson et Claude Lévi-Strauss，*Correspondance. 1942 - 1982*，Paris，Seuil，«La Librairie du XXIe siècle»，2018）

樊尚·德巴纳简介

樊尚·德巴纳是日内瓦大学现代法语语言文学系教授，襄助出版《克洛德·列维-斯特劳斯作品集》（Gallimard，2008）并撰写序言，主持校订本《忧郁的热带》一书的刊行。

著作包括：

● 《目光远大的克洛德·列维-斯特劳斯》（与弗雷德里克·凯克合著）［*Claude Lévi-Strauss. L'homme au regard éloigné*（avec Frédéric Keck），Paris，Gallimard，«Découvertes»，2009］

● 《告别旅行——介于科学和文学之间的法国民族学》（*L'Adieu au voyage. L'ethnologie française entre science et littérature*，Paris，Gallimard，«Bibliothèque des sciences humaines»，2010）

●《作家的文学史》（与让-路易·冉奈尔、马里耶勒·马塞、米歇尔·缪拉合编）［*L'Histoire littéraire des écrivains*（avec Jean-Louis Jeannelle，Marielle Macé et Michel Murat），Paris，PUPS，2013］

部落名称对照表

阿比纳耶人 Apinayé

阿比亚卡人 Apiaca

阿哈瓦克人 Arawak

阿胡阿人 Arua

阿拉拉人 Arara

阿利卡普人 Aricapu

阿姆尼亚帕人 Amniapä

阿农泽人 Anunze

阿尧伊提人 Arauiti

艾伊瓜耶圭人 Eyiguayegui

爱斯基摩人 Eskimo/Esquimaux

奥纳人 Ona

巴哈纳瓦特人 Paranawat/Paranauad

巴翰丹丹人 Parintintin

巴凯利人 Bakairi

博罗罗人 Bororo

博托库都人 Botocudo

布胡葆拉人 Burubora

查巴库兰人 Chapacuran

查科人 Chaco

丹比拉人 Timbira

蒂亚瓦纳科（文明）Tiahuanaco

多贡人 Dogon

瓜哈塔噶沙人 Guaratägaja

瓜亚基人 Guayaki

瓜耶库鲁人 Guaycuru

圭亚那人 Guyane

海达人 Haida

霍皮人 Hopi

喀拉哈人 Karaja

卡巴希巴人 Cabahiba

卡比什人 Kabishi

卡比希人 Cabishi

卡比夏纳人 Cabishiana

卡杜维奥人 Kaduveo

卡玛尤拉人 Kamayura

卡内拉人 Canella

卡亚波人 Cayapo/Kayapó

科曼奇人 Comanche

克比吉利瓦特人 Kepikiriwat

克里克人 Creek

库斯特诺人 Kustenau

夸扣特尔人 Kwakiutl

朗科卡姆卡人 Ramkokamekra

马查多人 Machado

马库拉普人 Macurap

马尼萨瓦人 Manitsaua

马萨卡人 Massaca

玛塔考人 Mataco

梅希纳库人 Mehinaku

蒙杜鲁库人 Munduruku

米亚拉特人 Mialat

摩霍斯人 Mojos

莫雷人 Moré

穆恩金族 Murngin

纳德内语族 Na Dené

纳胡夸人 Nahukwa/Nahuqua

南比夸拉人 Nhambikwara/Nambikwara

努特卡人 Nootka

帕雷西人 Paressi

帕丽库尔人 Palikur

帕梅拉人 Palmella

帕乌瓦人 Pawumwa

普胡葆拉人 Purubora

奇布查人 Chibcha

奇尔卡特人 Chilkat

奇基托斯人 Chiquitos

奇努克人 Chinook

乔克托人 Choctaw

钦姆什安人 Tsimshian

冉族 Gé

萨巴纳人 Sabané

萨利什人 Salish

萨鲁玛族 Saluma/Saruma/Solondé

塞拉半族 Cera

色杭特人 Serenté

晒延人 Cheyenne

苏雅人 Suya

塔巴纽玛人 Tapanyuma

塔格纳尼人 Tagnani

塔胡特人 Tarutê

塔浑德人 Tarundé

塔克瓦提卜人 Takwatib

塔克瓦提夫-厄里瓦浑人 Tak-
　　wativ Eriwahun

塔克瓦提普氏族 Clan Takwatip

塔述伊特人 Tashuitê

塔乌伊特人 Tauitê

特林吉特人 Tlingit

特吕麦人 Trumai

特瑞诺人 Tereno

图加尔半族 Tugare

图库莽菲人 Tucumanfét

图帕利人 Tupari

图皮-卡瓦西卜人 Tupi-kawahib

图皮南巴人 Tupinamba

图皮人 Tupi

瓦利人 Huari

瓦乌拉人 Waura

瓦瑶罗人 Wayoro

维哈费德人 Wiraféd

乌埃托人 Aueto/Auetö

乌安塔查人 Uaintaçu

西里亚诺人 Sirionó/Siriono

欣古族 Xingu

雅乌提人 Yahuti

亚伯菲人 Jabotifet

亚普提人 Yaputi/Japuti/Yabuti

尧拉皮提人 Yaulapiti

伊堡特瓦特人 Ipotewat

伊戴尼人 Itene

雍古族 Yolngu

可可族/科科族 Cocozu/
　　Kôkôzu

人名地名对照表 *

阿道夫·邦德烈 Adolph Bandelier

阿道夫·彼得·埃尔金 Adolphus Peter Elkin

阿尔贝·巴耶 Albert Bayet

阿尔贝·德芒戎 Albert Demangeon

阿尔贝托·伏伊采 Alberto Vojtěch Frič

阿尔弗莱德·克罗伯 Alfred L. Kroeber

阿尔弗莱德·克诺夫 Alfred A. Knopf

阿尔弗莱德·拉德克利夫-布朗 Alfred Radcliffe-Brown

阿尔弗莱德·梅特娄 Alfred Métraux

阿尔弗莱德·格朗迪迪埃 Alfred Grandidier

阿基尔-戴尔马 François Achille-Delmas

阿拉斯加 Alaska

阿兰·迪博斯克拉尔 Alain Dubosclard

阿里卡普厄 Arikapua

阿里夸农 Arikuagnon

阿诺尔德·范热内普 Arnold van Gennep

埃德加·罗凯特-平托 Edgar Roquette-Pinto

埃莉奥诺尔·德弗韦 Eleonore Devevey

埃利亚斯·诺贝尔 Elias Norbert

埃米尔·努里 Émile Nourry

埃米尔·涂尔干 Émile Durkheim

埃米里奥·维尔姆斯 Emilio Willems

艾略特·史密斯 Elliot Smith

艾曼纽尔·卢瓦耶 Emmanuelle Loyer

艾米尔·斯奈塞特 Emil Heinrich Snethlage

爱德华·萨丕尔 Edward Sapir

爱德华·泰勒 Edward B. Tylor

爱德华·韦斯特马克 Edward Westermarck

爱德华·亚当斯·霍贝尔 Edward Adamson Hoebel

安德烈·布勒东 André Breton

安德烈·特韦 André Thevet

安的列斯群岛 Antilles

安东尼奥·迪·坎鲍斯 Antonio Pires de Campos

安东尼奥·迪·索萨 Antonio Pyreneus de Souza

安孔区 Ancon

安娜·西格斯 Anna Seghers

奥古斯特·孔德 Auguste Comte

奥里诺科河 rio Orénoque

奥利维耶·勒鲁瓦 Olivier Leroy

奥托米-帕姆 Otomi-Pame

奥托·诺登斯基尔德 Otto Norden-skjöld

巴哈巴萨神 Bäräbassa

巴科罗罗 Bakororo

巴克·罗杰斯 Buck Rogers

巴朗-迪梅尔加苏河 rio Barāo de Melgaço

芭囡玛考扎 Pananmäkoza

保罗·福孔奈 Paul Fauconnet

保罗·基尔霍夫 Paul Kirchhoff

保罗·拉丁 Paul Radin

弗迪南·德·索绪尔 Ferdinand de Saussure

弗朗索瓦·西米昂 François Simiand

弗朗西斯·吉伦 Francis Gillen

弗朗西斯·E. 威廉姆斯 Francis E. Williams

弗雷德·埃根 Fred Eggan

弗雷德里克·凯克 Frédéric Keck

弗里德里希·H. 雅各比 Friedrich Heinrich Jacobi

弗洛里亚诺镇 Floriano

伏利日曼 F. Fligelman

高尔巴契尼 Antonio Colbacchini

高梅莫拉乔河 rio Comemoração

瓜波雷河 rio Guaporé

哈里·阿佩特 Harry Alpert

海因里希·欣特曼 Heinrich Hintermann

赫尔曼·梅耶 Hermann Meyer

黑石城 Piedras Negras

亨利·柏格森 Henri Bergson

亨利·贝尔 Henri Berr

亨利·拉布雷 Henri Labouret

亨利·莱曼 Henri Lehmann

亨利·洛吉耶 Henri Laugier

亨利·瓦卢瓦 Henri Vallois

亨利·于贝尔 Henri Hubert

红花河 rio Vermelho

吉多·伯嘉尼 Guido Boggiani

吉尔达·萨尔蒙 Gildas Salmon

吉尔·德勒兹 Gilles Deleuze

吉帕拉纳河 rio ji-Paraná

吉帕普阿 Kipapua

加布里埃尔·塔尔德 Gabriel Tarde

加法雷尔 Gaffarel

杰汉·维拉 Jehan Vellard

杰伊纳河 rio Juina

卡尔·波普尔 Karl Popper

卡尔·冯·登·施泰宁 Karl von den Steinen

卡尔弗顿 V. F. Calverton

卡尔·卢埃林 Karl N. Llewellyn

卡尔·斯泰娄 Carl F. Th. Strehlow

卡夸尔镇 Cacoal

吕西安·费弗尔 Lucien Feb-
vre

吕西安·列维-布留尔 Lucien
Lévi-Bruhl

罗贝尔·迪翁 Robert Dion

罗贝尔·布里福 Robert Briffault

罗贝尔·戈代 Robert Godet

罗贝尔·赫兹 Robert Hertz

罗贝尔·蒙塔涅 Robert Mon-
tagne

罗伯特·罗维 Robert Harry
Lowie

罗伯特·瑞德菲尔德 Robert
Redfield

罗伯托·罗西里尼 Roberto
Rossellini

罗杰·巴斯蒂德 Roger Bastide

罗杰·古特维尔 Roger Cour-
teville

罗兰·巴尔特 Roland Barthes

罗兰·狄克逊 Roland B. Dixon

罗曼·雅各布森 Romain
Jackobson

罗斯福河 rio Roosevelt

罗歇·凯卢瓦 Roger Caillois

罗歇·拉孔布 Roger Lacombe

洛朗·让皮埃尔 Laurent
Jeanpierre

马查多高地 Haut Machado

马查多河 rio Machado

马代拉河 rio Madeira

马克·布洛赫 Marc Bloch

马克斯·施密特 Max Schmidt

马拉乔岛 Marajó

马利诺·迪·里韦罗 M. E.
de Rivero

马莫雷河 rio Mamoré

马塞尔·格里奥尔 Marcel
Griaule

马塞尔·葛兰言 Marcel Granet

马塞尔·毛斯 Marcel Mauss

马托格罗索州 Mato Grosso

玛格丽特·米德 Margaret Mead

玛丽·德玛蒂 Marie Desmartis

玛塞拉·高艾荷·迪·索萨
Marcela Coelho de Souza

麦哲伦·冈达沃神父 Pero de
Magalhães Gandavo

曼努埃尔·德·诺夫雷加 Ma-
noel de Nóbrega

乔治·德斐 Georges Davy

乔治·德弗罗 Georges Devereux

乔治·古尔维奇 Georges Gur-
vitch

乔治-亨利·吕凯 Georges-
Henri Luquet

乔治·莫奈 Georges Monnet

让·巴赞 Jean Bazin

让·德·莱利 Jean de Léry

让·戈特曼 Jean Gottmann

让·凯罗尔 Jean Cayrol

让-路易·于弗兰 Jean-Louis
Huvelin

让·莫福海 Jean Meuvret

让·瓦尔 Jean André Wahl

茹鲁埃纳河 rio Juruena

若尔热特·苏斯代尔 Geor-
gette Soustelle

萨米埃尔·斯基蓬 Samuel
Skippon

萨希 Sahi

塞莱斯廷·布格莱 Célestin
Bouglé

塞萨尔·阿比塞梯 Cesar Al-
bisetti

桑格河 rio Sangue

桑切斯·拉布拉多 Sánchez
Labrador

尚特皮·德·拉·索赛 Chan-
tepie de la Saussaye

圣地亚哥-德尔埃斯特罗 San-
tiago del Estero

圣蒂夫 Saintyves

圣洛伦索河 rio São Lourenço

圣米盖尔河 rio São Miguel

圣塔伦市 Santarém

圣维森特（平原）San Vicente

十月十二日河 rio Doze de Ou-
tubro

苏瓦克瓦克（风神）Ssuawak-
wak

苏亚雷斯·迪·索萨 Soares
de Souza

塔尔科特·帕森斯 Talcott
Parsons

塔克瓦提普人阿贝塔拉 Tak-
watip Abaitara

塔穆里帕河 rio Tamuripa

塔帕若斯河 rio Tapajós

唐·塔拉耶斯瓦 Don Talayesva

man

约翰·库珀 John Montgomery Cooper

约翰·斯旺顿 John R. Swanton

约翰·肖尔茨 John Sholtz

詹姆斯·弗雷泽 James George Frazer

詹姆斯·库克 James Cook

朱尔·西翁 Jules Sion

朱利安·H. 斯图尔德 Julian Haynes Steward

图书在版编目（CIP）数据

结构人类学（0）/（法）克洛德·列维-特劳斯著；
（法）樊尚·德巴纳编；张祖建译 . ——北京：中国人民
大学出版社，2024.6
（列维-斯特劳斯文集）
ISBN 978-7-300-32857-7

Ⅰ.①结… Ⅱ.①克… ②樊… ③张… Ⅲ.①结构人
类学 Ⅳ.①G912.4

中国国家版本馆 CIP 数据核字（2024）第 106313 号

列维-斯特劳斯文集

结构人类学（0）

［法］克洛德·列维-斯特劳斯（Claude Lévi-Strauss） 著
［法］樊尚·德巴纳（Vincent Debaene） 编
张祖建 译
Jiegou Renleixue（0）

出版发行	中国人民大学出版社	
社　　址	北京中关村大街 31 号	**邮政编码**　100080
电　　话	010 - 62511242（总编室）	010 - 62511770（质管部）
	010 - 82501766（邮购部）	010 - 62514148（门市部）
	010 - 62515195（发行公司）	010 - 62515275（盗版举报）
网　　址	http://www.crup.com.cn	
经　　销	新华书店	
印　　刷	北京尚唐印刷包装有限公司	
开　　本	890 mm×1240 mm　1/32	**版　　次**　2024 年 6 月第 1 版
印　　张	10 插页 5	**印　　次**　2024 年 6 月第 1 次印刷
字　　数	208 000	**定　　价**　99.00 元